卓越法律人才培养计划丛书

国际经济法

典型案例评析

张海燕　邓婷婷　编著

中南大学出版社
www.csupress.com.cn

图书在版编目(CIP)数据

国际经济法典型案例评析/张海燕,邓婷婷编著.
—长沙:中南大学出版社,2016.7
ISBN 978 - 7 - 5487 - 2411 - 7

Ⅰ.国...Ⅱ.①张...②邓...Ⅲ.国际经济法 - 案例
Ⅳ.D996

中国版本图书馆 CIP 数据核字(2016)第 182814 号

国际经济法典型案例评析

张海燕　邓婷婷　编著

□责任编辑	谢金伶
□责任印制	易红卫
□出版发行	中南大学出版社
	社址:长沙市麓山南路　　邮编:410083
	发行科电话:0731-88876770　　传真:0731-88710482
□印　　装	长沙印通印刷有限公司

□开　　本	730×960　1/16	□印张 20.25	□字数 361 千字
□版　　次	2016 年 7 月第 1 版	□印次	2016 年 7 月第 1 次印刷
□书　　号	ISBN 978 - 7 - 5487 - 2411 -7		
□定　　价	40.00 元		

编委会

主　　编　张海燕　邓婷婷

副 主 编　江万里　江　虹

参编人员　（按章节编写顺序排序）

邓婷婷　中南大学法学院讲师
　　　　香港城市大学法学博士

张海燕　中南大学法学院副教授
　　　　武汉大学法学博士

侯盼盼　中南大学法学院硕士研究生

黄文旭　湖南师范大学法学院讲师
　　　　华东政法大学法学博士

江万里　湖南农业大学公共管理与法学学院讲师
　　　　湖南师范大学法学博士生

江　虹　湖南农业大学公共管理与法学学院讲师
　　　　湖南师范大学法学博士生

前　言

　　国际经济法以国际经济关系为调整对象，是一门涵盖了国际经济关系各个方面、实践性与实用性极强的法律学科。随着经济全球化的发展，国际经济法的内容日益丰富，国际经济关系的法律调整更为统一，国际经济争议的解决机制更加有效。因此，在我国积极参与和促进国际经济法治的今天，学习和应用国际经济法更加具有现实意义和迫切性。

　　国际经济法教学的基本目的之一在于培养学生养成国际经济法的思维方式，而案例教学法则是国际经济法教学的基本方法。本书正是因这一需要而编写的。

　　本书的编写旨在帮助法学学科的学生更好地理解和掌握国际经济法的基础理论和基本知识。我们希望通过这本案例教材以及案例教学法引导学生学会运用国际经济法的实证分析方法，结合国际经济法的基本知识，用以分析国际经济法的具体问题。同时，帮助他们学会如何在复杂纷繁的国际经济法律实践中清楚梳理国际经济法律关系的基本脉络，充分领悟国际经济法律制度的发展性、实践性和实用性。

　　本书共分为九章，精心选编并深入分析了国际经济法的基本原则、国际货物买卖法、国际货物运输法、世界贸易组织法、国际技术转让法、国际投资法、国际金融法、国际税法和国际经济争议解决机制等涉及国际经济法基本领域的 61 个典型案例（事例）。本书案例的编选原则是尽量做到反映中国涉外经济交往的最新动态和发展趋势；案例的选编素材尽量广泛参考和借鉴中国国际经济法学界近年来的理论成果和案例资源；案例的选编结构尽量做到全面覆盖国际经济法各个分支领域的基础理论和基本知识；案例按基本案情、法律分析、资料阅读和延伸思考四个版块进行编写，尽量做到全面叙述案情和分析裁决。本书具有如下特点：

　　第一，体例新颖。本书以国际经济法的基础理论和基本知识为线索，就每个具体案例设基本案情、法律分析、资料阅读和延伸思考四个版块，这一体例可以充分体现实践、法律与理论的有机结合。

第二，保持原汁原味的意境。本书在相关案例的资料阅读版块提供了案件裁决的英文原文，通过阅读裁决原文帮助学生理解案件审理的推理过程，在增强学生掌握和运用法律的能力的同时，提高其英文阅读水平。

第三，具有启发性。本书在每个具体案例的法律分析之后都设计了延伸思考版块，其目的就是为了给学生以充分的思考空间，启发学生运用理论与法律分析解决实践问题。

本书由中南大学法学院的张海燕、邓婷婷共同主编，湖南农业大学公共管理与法学学院的江万里、江虹，湖南师范大学法学院的黄文旭以及中南大学法学院的硕士研究生侯盼盼也参与了本书的撰写，具体分工如下：

张海燕：第二章、第三章

邓婷婷：第一章、第四章

江万里：第六章、第七章

江　虹：第八章

黄文旭：第五章、第九章

侯盼盼：第二章、第三章

中南大学法学院的硕士研究生马春雪、侯盼盼等为本书的资料收集及校对等做了大量的工作，我们在此致以真挚的谢意。

尽管我们在编写过程之中尽力做到认真勤勉，但由于编写案例教材的经验不足，加之司法实践的经验缺乏，书中不妥之处在所难免。我们真诚地希望广大读者批评指正，使本书能够更好地适用国际经济法教学的需要。

编者

2016 年 7 月

目　录

第一章　国际经济法的基本原则

第一节　国家经济主权原则

国家主权原则在国际经济领域表现为国家对自然资源的永久主权，也即国家的经济主权。国家的经济主权是国家主权不可分割的部分，是新的国际新秩序的基础。

国家经济主权表现在国家对其全部财富和资源的拥有权、使用权和处置权，以及对经济活动的支配权等方面。在内容上，该原则包括国家对其境内一切自然资源享有永久主权，国家对外国投资者及其活动享有管理和监督权，以及国家有权决定对境内的外国资产实施国有化或征收的措施等。

★　**典型事例：**

苏伊士运河国有化

苏伊士运河始建于 1859 年，1869 年竣工。运河全长约 190 公里。它直接连通红海与地中海，使大西洋、地中海与印度洋联结起来。苏伊士运河开通国际航运后，大大缩短了东西方航程，与绕道非洲好望角相比，从欧洲大西洋沿岸各国到印度洋缩短了 5 500～8 000 公里；从地中海各国到印度洋缩短了 8 000～10 000 公里；对黑海沿岸来说，则缩短了 12 000 公里。自 1869 年 11 月 17 日运河正式开通后，英法两国长期垄断运河的控制权，每年获得巨额利润。1858 年成立的苏伊士运河公司最初由法国控制。1882 年，英国占领埃及后，在运河地区建立了海外最大的军事基地，驻扎了将近 10 万军队，直接控制了运河。1922 年，英国承认埃及独立后，仍保留在运河区的驻兵权，运河继续由以英国和法国为两大股东的苏伊士运河公司掌控。

第二次世界大战后，埃及人民坚决要求收回苏伊士运河的主权，并为此进行了不懈的斗争。1956 年 7 月 26 日，埃及总统纳赛尔向全世界宣布，埃及政府将苏伊士运河公司收归国有。同年 10 月，英国和法国联手以色列对埃及发起军事进攻，企图用武力重新夺回苏伊士运河主权。以色列率先军事侵略埃及西奈半岛，并迅速向运河区挺进。英法空军两天后对埃及发起空袭，然后空投伞兵和调集海军陆战队登陆塞得港，展开占领运河的地面攻击。埃及军民在包括中国在内的世界进步力量的有力支持下，英勇抗击，最终挫败了三国的武装进攻。英法军队不得不于当年 12 月全部撤出埃及。以色列随后也被迫撤军。震惊世界的苏伊士运河战争以埃及的胜利和殖民主义者的失败宣告结束。苏伊士运河收归国有后，埃及政府成立了苏伊士运河管理局，对运河实行国有化管理。

【法律规定】

(一)1962 年《关于自然资源永久主权的决议》①

大会宣布：

(1)各民族和各部族对本族的自然财富和自然资源行使永久主权时，必须为各自国家的发展着想，为有关国家的人民的福利着想。

(2)对这些资源进行勘探、开发和处置，以及为此目的而输入所需的外国资本时，都应当遵守各民族和各部族在准许、限制或禁止上述活动方面自行认为有必要或应具备的各种规则和各种条件。

(3)上述活动如果获得批准，那么，输入的资本以及此项资本的收益应当受批准条件、现行的国内法以及国际法的管辖。所获得的利润必须按照投资人与接受国双方逐项自由议定的比例，加以分配；同时，应当认真注意确保该接受国对本国自然财富和自然资源的主权，绝对不受损害。

(4)采取国有化、征收或征用措施，应当以公用事业、社会安全或国家利益等理由或原因作为根据，这些事业、安全或利益被公认为远较纯属国内外个人的利益或私家的利益重要得多。在此类场合，采取上述措施以行使其主权的国家应当按照本国现行法规以及国际法的规定，对业主给予适当的赔偿。在赔偿问题发生争执时，应当尽量提交采取上述措施国家的国内司法裁判。但主权

---

① 联合国大会第 17 届会议通过的第 1803(XII)号决议。

国家及其他当事人如另有协议,则应通过仲裁或国际审判解决争端。

(5)各国必须根据主权平等原则,互相尊重,以促进各民族和各部族自由地、有效地行使对本族自然资源的主权。

(6)为促进发展中国家的经济开发而实行的国际合作,不论其方式是公私投资、交换货物、交换劳务、技术援助,或是交换科学情报,都应以促进这些国家的独立发展为目的,并且应以尊重这些国家对本国自然财富和自然资源的主权为基础。

(7)侵犯各民族和各部族对本族自然财富和自然资源的各种自主权利,就是完全违背联合国宪章的精神和原则,阻碍国际合作的发展,妨碍和平的维持。

(8)对主权国家相互间自由签订的外国投资协定,应当诚意遵守;各国以及各种国际组织均应依据《联合国宪章》以及本决议所规定的各项原则,严格地、诚心诚意地尊重各民族以及各部族对本族自然财富和自然资源的主权。

(二)1974 年《各国经济权利和义务宪章》

第二条

1. 每个国家对其全部财富、自然资源和经济活动享有充分的永久主权、包括拥有权、使用权和处置权在内,并得自由行使此项主权。

2. 每个国家有权:

(a)按照其法律和规章并依照其国家目标和优先次序,对在其国家管辖范围内的外国投资加以管理和行使权力。任何国家不得被迫对国外投资给予优惠待遇。

(b)管理和监督其国家管辖范围内的跨国公司的活动,并采取措施保证这些活动遵守其法律、规章和条例及符合其经济和社会政策。跨国公司不得干涉所在国的内政。每个国家在行使本项内所规定的权利时,应在充分顾到本国主权权利的前提下,与其他国家合作。

(c)将外国财产的所有权收归国有、征收或转移,在收归国有、征收或转移时,应由采取此种措施的国家给予适当的赔偿,要考虑到它的有关法律和规章以及该国认为有关的一切情况。因赔偿问题引起的任何争论均应由实行国有化国家的法院依照其国内法加以解决,除非有关各国自由和互相同意根据各国主权平等并依照自由选择方法的原则寻求其他和平解决办法。

第二节 公平互利原则

公平互利原则是国际经济关系中的基本原则。《各国经济权利和义务宪章》第十一条规定："所有国家在法律上一律平等，并作为国际社会的平等成员，有权充分和有效地参加——包括通过有关国际组织并按照其现有的和今后订定的规则参加——为解决世界经济、金融和货币问题作出国际决定的过程，并公平分享由此而产生的利益。"

根据公平互利原则，不仅在一般国际经济关系中应当遵循平等互惠原则，而且在经济实力悬殊的发达国家与发展中国家的经济关系中也应当谋求实质的平等，使得：①在国际经济合作的各个领域，发达国家应为发展中国家提供有利的外部条件；②发达国家在向发展中国家提供援助时不应附加任何有损后者主权的条件；③发达国家向发展中国家施行、改进和扩大普遍的、非互惠的和非歧视的待遇；④在促进发展中国家取得现代科学技术方面，要有利于促进发展中国家的技术转让和建立本国技术，并按照适合于发展中国家的经济方式进行。①

★ 典型事例：

1979 年 GATT 东京回合谈判达成"授权条款"②

1979 年 GATT 东京回合谈判结束时，缔约方通过了《对发展中国家以差别及更优惠待遇、互惠和更全面参与的决定》(Decision on Differential and More Favorable Treatment, Reciprocity and Full Participation of Developing Countries)。因为该条款的内容主要是授权发达国家可以背离最惠国待遇原则，给予发展中国家缔约方差别及更优惠待遇，也因为它不是一项强制性义务，该项决议通称"授权条款"(Enabling Clause)。授权条款第 1 条规定，"尽管有 GATT 第 1 条的规定，缔约方仍然可以给予发展中国家差别及更优惠的待遇，而不必给予其他缔约方此种待遇"。第 2 条(a)项是授权条款的核心内容，该条明确授权"发达缔约方根据普惠制向来自发展中国家的产品"提供差别及更优惠的待遇。

---

① 王传丽. 国际经济法:第 3 版[M]. 北京:高等教育出版社,2012.
② Decision of 28 November 1979, L/4903 of 3 Dec. 1979, GATT, Basic Instrument and Selected Document(BISD)26S. 203 (1980).

【法律规定】

Differential and More Favorable Treatment, Reciprocity and Full Participation of Developing Countries

Decision of 28 November 1979

（L/4903）

Following negotiations within the framework of the Multilateral Trade Negotiations, the CONTRACTING PARTIES decide as follows:

1. Notwithstanding the provisions of Article I of the General Agreement, contracting parties may accord differential and more favourable treatment to developing countries, without according such treatment to other contracting parties.

2. The provisions of paragraph 1 apply to the following:

（a）preferential tariff treatment accorded by developed contracting parties to products originating in developing countries in accordance with the Generalized System of Preferences;

（b）differential and more favourable treatment with respect to the provisions of the General Agreement concerning non-tariff measures governed by the provisions of instruments multilaterally negotiated under the auspices of the GATT;

（c）regional or global arrangements entered into amongst less-developed contracting parties for the mutual reduction or elimination of tariffs and, in accordance with criteria or conditions which may be prescribed by the CONTRACTING PARTIES, for the mutual reduction or elimination of non-tariff measures, on products imported from one another;

（d）special treatment of the least developed among the developing countries in the context of any general or specific measures in favour of developing countries.

3. Any differential and more favourable treatment provided under this clause:

（a）shall be designed to facilitate and promote the trade of developing countries and not toraise barriers to or create undue difficulties for the trade of any other contracting parties;

（b）shall not constitute an impediment to the reduction or elimination of tariffs and other restrictions to trade on a most-favoured-nation basis;

（c）shall in the case of such treatment accorded by developed contracting parties to developing countries be designed and, if necessary, modified, to respond positively to the development, financial and trade needs of developing countries.

4. Any contracting party taking action to introduce an arrangement pursuant to paragraphs 1, 2 and 3 above or subsequently taking action to introduce modification or withdrawal of the differential and more favourable treatment so provided shall:

(a) notify the CONTRACTING PARTIES and furnish them with all the information they may deem appropriate relating to such action;

(b) afford adequate opportunity for prompt consultations at the request of any interested contracting party with respect to any difficulty or matter that may arise. The CONTRACTING PARTIES shall, if requested to do so by such contracting party, consult with all contracting parties concerned with respect to the matter with a view to reaching solutions satisfactory to all such contracting parties.

5. The developed countries do not expect reciprocity for commitments made by them in trade negotiations to reduce or remove tariffs and other barriers to the trade of developing countries, i. e., the developed countries do not expect the developing countries, in the course of trade negotiations, to make contributions which are inconsistent with their individual development, financial and trade needs. Developed contracting parties shall therefore not seek, neither shall less-developed contracting parties be required to make, concessions that are inconsistent with the latters' development, financial and trade needs.

6. Having regard to the special economic difficulties and the particular development, financial and trade needs of the least-developed countries, the developed countries shall exercise the utmost restraint in seeking any concessions or contributions for commitments made by them to reduce or remove tariffs and other barriers to the trade of such countries, and the least-developed countries shall not be expected to make concessions or contributions that are inconsistent with the recognition of their particular situation and problems.

7. The concessions and contributions made and the obligations assumed by developed and less-developed contracting parties under the provisions of the General Agreement should promote the basic objectives of the Agreement, including those embodied in the Preamble and in Article XXXVI. Less-developed contracting parties expect that their capacity to make contributions or negotiated concessions or take other mutually agreed action under the provisions and procedures of the General Agreement would improve with the progressive development of their economies

and improvement in their trade situation and they would accordingly expect to participate more fully in the framework of rights and obligations under the General Agreement.

8. Particular account shall be taken of the serious difficulty of the least-developed countries in making concessions and contributions in view of their special economic situation and their development, financial and trade needs.

9. The contracting parties will collaborate in arrangements for review of the operation of these provisions, bearing in mind the need for individual and joint efforts by contracting parties to meet the development needs of developing countries and the objectives of the General Agreement.

第三节　国际合作以谋发展原则

《各国经济权利和义务宪章》规定："国际合作以谋发展是所有国家的一致目标和共同义务。每个国家都应对发展中国家的努力给予合作，提供有利的外界条件，给予符合其发展需要和发展目标的积极协助，要严格尊重各国的主权平等，不附带任何有损它们主权的条件，以加速它们的经济和社会发展。"

根据这一原则，要促进所有国家的经济发展，首先必须促进发展中国家的经济发展，促进发展中国家的发展权。同时，为促进所有国家，特别是发展中国家的经济发展，就必须加强国际合作。国际合作和发展是密切联系在一起的，只有承认发展中国家的发展权，才能实现真正的国际合作，也只有通过国际合作，才能保证所有国家尤其是发展中国家的发展。

★ **典型事例：**

《欧洲经济共同体-非洲、加勒比和太平洋地区（国家）洛美协定》加速南北合作

1975 年 2 月 28 日，非洲、加勒比和太平洋地区的 46 个发展中国家和欧共体 9 国在多哥首都洛美签署《欧洲经济共同体-非洲、加勒比和太平洋地区（国家）洛美协定》（简称《洛美协定》）。自 1975 年以来，《洛美协定》共执行了四期，2002 年 2 月，非洲、加勒比和太平洋地区与欧盟就第五期《洛美协定》达成协议，并于同年 6 月在科托努正式签署，称《科托努协定》，《洛美协定》宣告结束，该协定曾是非洲、加勒比和太平洋地区与欧盟进行对话与合作的重要机制,也是迄今最重要的南北合作协定。

1975 年 2 月在洛美签署了首个《洛美协定》,1976 年 4 月起生效,有效期 5 年。《洛美协定》在约定欧共体给予非洲、加勒比和太平洋地区国家贸易优惠安排的同时,还规定欧共体在 5 年内向非洲、加勒比和太平洋地区国家提供 33.6 亿欧洲货币单位(约合 42 亿美元)的财政援助;1979 年 10 月、1984 年 12 月、1989 年 12 月,《洛美协定》3 次修订续签。2000 年 6 月,欧盟与非洲、加勒比和太平洋地区国家就第 5 期《洛美协定》达成协议,并在科托努正式签署,称《科托努协定》,协定有效期为 20 年。《科托努协定》主要规定:民主、人权、法制和良政为执行该协定的基本原则,欧盟有权中止向违反上述原则的国家提供援助;欧盟逐步取消对非洲、加勒比和太平洋地区国家提供单向贸易优惠政策,代之以向自由贸易过渡,双方最终建立自由贸易区,完成与世贸组织规则接轨;欧盟将建立总额为 135 亿欧元的第 9 个欧洲发展基金,向非洲、加勒比和太平洋地区国家提供援助,并从前几个发展基金余额中拨出 10 亿欧元用于补贴重债穷国等。2003 年 4 月 1 日,《科托努协定》正式生效,但除财政议定书外,大部分条款在 2000 年 5 月 31 日该协定正式签字后立即生效,指导欧盟与非洲、加勒比和太平洋地区国家的贸易和援助关系长达 25 年的《洛美协定》亦随即终止。

【法律规定】

The Cotonou Agreement

Signed in Cotonou on 23 June 2000

Revised in Luxembourg on 25 June 2005

Revised in Ouagadougou on 22 June 2010

ARTICLE 1

Objectives of the partnership

The Community and its Member States, of the one part, and the ACP States, of the other part, hereinafter referred to as the "Parties" hereby conclude this Agreement in order to promote and expedite the economic, cultural and social development of the ACP States, with a view to contributing to peace and security and to promoting a stable and democratic political environment.

The partnership shall be centred on the objective of reducing and eventually eradicating poverty consistent with the objectives of sustainable development and the gradual integration of the ACP countries into the world economy.

These objectives and the Parties' international commitments, including the

Millennium Development Goals, shall inform all development strategies and shall be tackled through an integrated approach taking account at the same time of the political, economic, social, cultural and environmental aspects of development. The partnership shall provide a coherent support framework for the development strategies adopted by each ACP State.

Sustained economic growth, developing the private sector, increasing employment and improving access to productive resources shall all be part of this framework. Support shall be given to the respect of the rights of the individual and meeting basic needs, the promotion of social development and the conditions for an equitable distribution of the fruits of growth. Regional and sub-regional integration processes which foster the integration of the ACP countries into the world economy in terms of trade and private investment shall be encouraged and supported. Building the capacity of the actors in development and improving the institutional framework necessary for social cohesion, for the functioning of a democratic society and market economy, and for the emergence of an active and organized civil society shall be integral to the approach. Systematic account shall be taken of the situation of women and gender issues in all areas—political, economic and social. The principles of sustainable management of natural resources and the environment, including climate change, shall be applied and integrated at every level of the partnership.

ARTICLE 2

Fundamental principles

ACP-EC cooperation, underpinned by a legally binding system and the existence of joint institutions, shall be guided by the internationally agreed aid effectiveness agenda regarding ownership, alignment, harmonisation, results-oriented aid management and mutual accountability, exercised on the basis of the following fundamental principles:

—equality of the partners and ownership of the development strategies: for the purposes of implementing the objectives of the partnership, the ACP States shall determine the development strategies for their economies and societies in all sovereignty and with due regard for the essential and fundamental elements described in Article 9; the partnership shall encourage ownership of the development strategies by the countries and populations concerned; EU development partners shall align their programmes with these strategies;

—participation: apart from central government as the main partner, the partnership shall be open to ACP parliaments, and local authorities in ACP States and different kinds of other actors in order to encourage the integration of all sections of society, including the private sector and civil society organisations, into the mainstream of political, economic and social life;

—the pivotal role of dialogue and the fulfilment of mutual obligations and accountability: the obligations assumed by the Parties in the framework of their dialogue shall be central to their partnership and cooperation relations; the Parties shall work closely together in determining and implementing the necessary processes of donor alignment and harmonisation, with a view to securing a key role for ACP States in these processes;

—differentiation and regionalisation: cooperation arrangements and priorities shall vary according to a partner's level of development, its needs, its performance and its long term development strategy. Particular emphasis shall be placed on the regional dimension. Special treatment shall be given to the least developed countries. The vulnerability of landlocked and island countries shall be taken into account. Particular emphasis shall be put on regional integration, including at continental level.

ARTICLE 3

Achievement of this Agreement's objectives

The Parties shall, each as far as it is concerned in the framework of this Agreement, take all appropriate measures, whether general or particular, to ensure the fulfilment of the obligations arising from this Agreement and to facilitate the attainment of the objectives thereof. They shall refrain from any measures liable to jeopardise these objectives.

第二章 国际货物买卖法

第一节 《联合国国际货物销售合同公约》的适用范围

　　《联合国国际货物销售合同公约》(简称《公约》)第 1 条规定, 本公约适用于营业地在不同国家的当事人之间所订立的货物销售合同: (a)如果这些国家是缔约国; 或(b)如果国际私法规则导致适用某一缔约国的法律。由此我们可以看出, 《公约》在确定国际货物销售合同时, 采用了属地主义原则, 要求当事人营业地位于不同的国家, 对于当事人的国籍不予考虑。对于营业地的确定, 《公约》第 10 条规定, 如果当事人有一个以上的营业地, 则以与合同及合同的履行关系最密切的营业地为其营业地, 但要考虑到双方当事人在订立合同前任何时候或订立合同时所知道或所设想的情况; 如果当事人没有营业地, 则以其惯常居住地为准。

　　在《公约》的适用范围上, 货物销售合同的客体必须是有形动产。同时, 《公约》第 2 条对客体范围作出了限制, 即《公约》不适用于以下的销售: (a)购供私人、家人或家庭使用的货物的销售, 除非卖方在订立合同前任何时候或订立合同时不知道而且没有理由知道这些货物是购供任何这种使用; (b)经由拍卖的销售; (c)根据法律执行令状或其他令状的销售; (d)公债、股票、投资证券、流通票据或货币的销售; (e)船舶、船只、气垫船或飞机的销售; (f)电力的销售。

　　《公约》视供应尚待制造或生产的货物的合同为销售合同, 但受以下限制: 如果"订购"尚待制造或生产的货物的当事人保证供应制造或生产所需的"大部分"重要材料, 则尚待制造或生产的货物的合同不受本公约约束。《公约》还适用于卖方除交付货物、转移财产和交付单据等义务外还承担供应劳动力或其他服务的合同，但劳动力或服务的提供不构成卖方的"绝大部分"义务。

在合同形式上，《公约》第 11 条规定："销售合同无须以书面订立或书面证明，在形式方面也不受任何其他条件的限制。销售合同可以用包括人证在内的任何方法证明。"也就是说，《公约》对于销售合同形式采用的是"不要式"原则，销售合同可以采用书面形式、口头形式或其他形式。我国 1986 年加入《公约》时对该项进行了保留，但已于 2013 年撤回。

★ 典型案例一：

Sky Cast, Inc v. Global Direct Distribution, LLC①

【基本案情】

原告 Sky Cast, Inc.（以下简称 Sky Cast），是一家混凝土灯杆制造商，主要营业地位于 Guelph, Ontario（加拿大）。被告 Global Direct Distribution, LLC（以下简称 Global），主要营业地位于 Lexington, Kentucky（美国），需要购买一批混凝土灯杆。2006 年 4 月初，Global 与 Sky Cast 就商品规格以及交易方式等进行磋商，并于 2006 年 4 月 20 日向 Sky Cast 下了订单。订单要求 Sky Cast 向 Global 提供三种不同规格的灯杆，数量共为 100 根，总价款为 $ 115 658.30，并通过船舶运输将货物运送至佛罗里达的 St. Lucie 港。此外，订单还要求 Sky Cast 提供与货物相关的风力载荷认证证书，并在两周之内将第一批 20 根混凝土灯杆装船运往目的地。

按照 Sky Cast 与 Global 之间形成的贸易惯例，Sky Cast 应每两周将 20 根灯杆装船运往目的地，也就是在 7 月初须将 100 根灯杆全部运送完毕。4 月 25 日，Sky Cast 通过电子邮件告知 Global，于 5 月 1 日将 50 根混凝土灯杆装船运往佛罗里达 St. Lucie 港。货物于 5 月 4 日到达目的港，Global 接受了这些灯杆。之后，在履行合同的过程中，Sky Cast 遇到了产品问题，以致不能按照之前的交易惯例，按时交货。不过，Sky Cast 还是于 6 月 19 日、7 月 7 日分别将 14 根灯杆和 21 根灯杆装船运往 St. Lucie 港，其没能够完全履行交付合同项下 100 根灯杆的义务，只交付了 85 根灯杆，但是 Global 最终接受了这些灯杆并用于项目建设。

---

① 联合国国际贸易法委员会. 法规判例法案例. [DB/OL]（2008 - 04 - 28）[2016 - 04 - 01]. http://cisgw3. law. pace. edu/cases/080318u1. html.

随后，因合同违约问题，Sky Cast 于 2006 年 12 月向美国地方法院提起诉讼，称 Global 并没有付清货物价款，尚欠 $ 83 203.78，要求根据签订的货物销售合同，判决 Global 支付尚未支付的价款 $ 83 203.78、相应利息以及律师费用。

Global 提起反诉，声称 Sky Cast 没能够按照其在货物销售合同中的承诺，按时按量交付混凝土灯杆，构成违约。Sky Cast 的违约行为使自己遭受到了损失，包括存储费 $ 13 156.02 以及利益损失 $ 146 885.76。

为了支持自己的主张，Sky Cast 主张争议适用美国《统一商法典》(UCC)。相反的，Global 认为争议中合同双方当事人位于不同的国家，因此该合同应受《联合国国际货物销售合同公约》调整，而非适用美国《统一商法典》。

经过审理，法院支持了原告 Sky Cast 的主张，判定被告 Global 的行为构成违约，须支付原告货物剩余价款、相应利息以及诉讼费用。

【法律分析】

本案首先要解决的是法律适用问题。如果货物销售合同当事人营业地位于不同国家，并且这些国家都是《公约》的缔约国或国际私法规则导致适用某一缔约国的法律，那么该合同适用《公约》。本案争议中的合同，是一份关于混凝土灯杆的销售合同。首先，买卖中的混凝土灯杆符合《公约》对货物的要求，即属于有形动产；其次，原告 Sky Cast 主要营业地位于 Guelph, Ontario（加拿大），被告 Global 主要营业地位于 Lexington, Kentucky（美国），原告与被告的主要营业地属于不同国家，并且加拿大与美国都是《公约》的缔约国；最后，尽管本应受到《公约》约束的合同当事人可以约定不适用《公约》，但是排除适用《公约》的声明应该明确。而本案合同当事人没有表明《公约》不适用于他们之间的合同。因此，法院认定争议中的合同应受《公约》调整，而非适用美国《统一商法典》。

接下来要解决违约责任问题。Sky Cast 要求判定 Global 违约，并支付未支付的价款 $ 83 203.78、相应利息以及律师费用。Sky Cast 已经向 Global 提供了订单中大部分的灯杆，Global 接受了这些灯杆并用于项目建设之中是没有争议的。也就是说，针对 Sky Cast 已交付的货物部分，由于 Global 的接受，该分批交货合同部分有效成立。Sky Cast 就已交付的货物开出发票，Global 没有付清货物价款，因此 Global 构成违约。

Global 反诉称 Sky Cast 没有及时将货物装船造成延迟交付，使自己遭受了损失；并且根据《公约》第 39 条，自己有两年的时间通知 Sky Cast 货物与合同不符。根据订单的时间来看，至诉讼提起之日，该期限显然还没有届满。

但法院认为即使 Global 通知了 Sky Cast 货物与合同规定不符，也不必然支持其主张。根据《公约》第 74 条，一方当事人违反合同应负的损害赔偿额，应与另一方当事人因他违反合同而遭受的包括利润在内的损失额相等。这种损害赔偿不得超过违反合同一方在订立合同时，依照他当时已知道或理应知道的事实和情况，对违反合同预料到或理应预料到的可能损失。而本案中 Global 没有确切的证据来证明其遭受的损失，因此其要求利益损失的主张不予支持。

法院支持了原告 Sky Cast 的主张，判决被告 Global 支付货物剩余价款以及相应利息，并承担诉讼费用。被告的诉求不予支持。

【资料阅读】

1. 王传丽. 国际贸易法[M]. 北京：法律出版社，2012.

2. 于志宏. 国际货物买卖合同法律适用问题分析[J]. 武汉大学学报，2003，56(4).

3. BP Oil International, Ltd. v. Empresa Estatal Petroleos de Ecuador(Petro Ecuador), 332 F. 3d 333, 336 (5th Cir. 2003).

4. Asante Technologies, Inc. v. PMC-Serra, Inc., 164 F. Supp. 2d 1142, 1151 – 1152 (N. D. Cal. 2001).

5. 法官 James. B. Todd 的意见：

Since Sky Cast is a foreign corporation with its principal place of business in Guelph, Ontario, Canada, and since Global is a company with its principal place of business in Lexington, Kentucky, U. S. A., it appears that the contract in dispute is contract is controlled by the CISG, which governs a contract for the sale of goods between parties whose principal places of business are in different nations if those nations are signatories to the treaty. In this case, both the United States of America, where Global's principal place of business is located, and Canada, where Sky Cast is located, are signatories to the CISG. Although the parties to a contract normally controlled by the CISG may exclude the applicability of the CISG to their contract, any such exclusion must be explicit. In this case, there is no indication that the parties elected not to have the CISG apply to their contract.

Since this contract concerns the sale of goods between parties in different countries (Canada and the United States of America), since these two countries are signatories to the CISG, and since there is no indication that the parties opted out of the CISG, the court concludes that the CISG governs this contract and that it preempts the applicability of Article 2 of the UCC to this transaction for the sale of goods that ordinarily would be controlled by Article 2 of the UCC. However, even though the CISG, rather than Article 2 of the UCC, controls this contract, the court also concludes that that fact does not operate to defeat Sky Cast's motion for summary judgment on its breach of contract claim, and the court further concludes that based on the undisputed facts of this case, at least as to liability, Sky Cast is entitled to summary judgment on its breach of contract claim. This conclusion is based on the fact that Sky Cast supplied the goods that were purchased by Global in the various Purchase Orders, that Global accepted these goods and made no efforts to reject these goods, that these goods were used in the construction project, and that Global failed to pay Sky Cast in full for the total amount of the invoices Sky Cast sent to Global concerning these goods. Therefore, liability on Sky Cast's breach of contract claim against Global is no longer an issue. The only remaining aspect of Sky Cast's claim for breach of contract is the amount of damages to which Sky Cast is entitled.

【延伸思考】

1. Sky Cast 能否主张 Global 的行为构成侵权？如果主张侵权，根据侵权行为可以适用合同履行地的法律，那本案是否可以适用美国的州法律？如果可以主张侵权，该如何理解违约行为与侵权行为的关系？

2. 合同一方当事人以违约行为作为诉因，而另一方当事人辩称对方当事人构成侵权，那么在适用法律时，如何判定当事人的行为是违约还是侵权？

★ **典型案例二：**

Mayer Alejandro v. Onda Hofferle GmbH & Co. ①

【基本案情】

原告 Mayer Alejandro(以下简称 MA)是一家营业地位于阿根廷的公司，被告 Onda Hofferle GmbH & Co. (以下简称 OHG)是一家德国公司。1988 年，

---

① 联合国国际贸易法委员会. 法规判例法案例. [DB/OL](2007 - 05 - 23)[2016 - 04 - 05]. http://cisgw3. law. pace. edu/cases/000424a1. html.

MA 作为卖方与买方 OHG 签订了一份关于煤炭买卖的合同，合同中规定了"FOB 布宜诺斯艾利斯"条款。

之后，MA 以 OHG 未履行支付价款义务为由向阿根廷地方法院提起诉讼。OHG 随之提起反诉，称 MA 提供的煤炭水分超额，不适用于该货物通常使用的目的，也不符合合同的规定，MA 这种不适当履行合同义务的做法已给自己造成了经济损失，要求损害赔偿。地方法院驳回了 OHG 的反诉，判决 OHG 支付 MA 要求的价款。

OHG 不服，提起了上诉。上诉法院判定争议中的货物销售合同符合《公约》第一条第 1 款(b)项，所以《公约》约束本合同。针对本案争议的焦点，法院认为尽管《公约》规定了卖方交付货物的义务，以及货物与合同不符时买方的权利，但是没有包含任何买方可遵循判断货物质量的程序规定。因此这方面的不足需要其他法律来弥补，根据阿根廷国际私法规则，得出货物瑕疵的证明适用阿根廷商法典。根据《公约》以及阿根廷商法典的规定，上诉法院驳回了买方 OHG 的上诉请求并支持了地方法院的判决。

【法律分析】

本案首先要解决的是法律适用问题。上诉法院在审查该货物销售合同是否受《公约》调整时，从合同当事人、适用范围等方面进行了判断。《公约》第 1 条规定，本公约适用于营业地在不同国家的当事人之间所订立的货物销售合同：(a)如果这些国家是缔约国；或(b)如果国际私法规则导致适用某一缔约国的法律。

首先，从合同当事人来看，原告 MA 营业地位于阿根廷，被告 OHG 营业地位于德国，满足当事人位于不同国家的要求。但是阿根廷成为《公约》缔约国的时间是 1988 年 1 月 1 日，德国成为《公约》缔约国的时间是 1991 年，而本案中合同成立的时间为 1988 年，早于德国成为《公约》缔约国的时间，不满足《公约》第 1 条第 1 款(a)项，即当事人营业地所在国是《公约》缔约国。那么接下来要看根据国际私法规则能否导致适用某一缔约国的法律。本案是在阿根廷的法院进行审理的，合同又含有涉外因素，因此要根据阿根廷的国际私法判断本案适用的准据法。阿根廷的国际私法规定，有关合同的案件，适用合同履行地的法律。在国际货物买卖中，合同的主要履行义务是卖方完成货物交付，支付价款不包括在内。本案争议中的合同包括"FOB 布宜诺斯艾利斯"条款，那么货物交付地点就是布宜诺斯艾利斯(阿根廷)，也就是说合同履行地是布宜诺斯艾利斯。根据阿根廷国际私法，阿根廷的相关法律予以适用。至此，本案争议中的货物销售合同当事人营业地位于不同的国家，并根据国际私法规则适用缔约国阿根廷的法律，而且阿根廷对此条款未作出保留。其符合《公约》第 1 条第 1 款(b)项的要求，即国际私法规则导致适用某一缔约国的法律。

其次，从客体来看，《公约》适用的范围是有形动产。本案中交易的货物为煤炭，煤炭是有形资产，属于《公约》客体的适用范围。至于原、被告的诉求内容是否属于《公约》的适用范围，根据《公约》第 4 条："本公约只适用于销售合同的订立和卖方和买方因此种合同而产生的权利和义务。特别是，本公约除非另有明文规定，与以下事项无关：(a)合同的效力，或其任何条款的效力，或任何惯例的效力；(b)合同对于所售货物所有权可能产生的影响。"本案中，原告以被告未履行支付价款义务为由提起诉讼；被告则称原告提供的煤炭水分超额，不适用该货物通常使用的目的，也不符合合同的规定，这种不适当履行合同义务的做法给自己造成了经济损失，要求损害赔偿。因此，原、被告的诉求内容是关于卖方和买方因合同产生的权利与义务问题，符合《公约》的适用范围。

最后，双方当事人可以不适用《公约》，但是应明确约定排除《公约》的适用。从 OHG 的陈述以及提供的证据来看，合同没有明确排除《公约》的适用。基于以上原因，法院判定争议中的货物销售合同适用《公约》。

确定了适用的法律之后，要解决违约责任问题。虽然《公约》包含了货物与合同不符时，买方可采取的救济方式等条款，但是没有规定买方接收了存在瑕疵的货物时，按照什么标准及程序来判断货物的质量等问题。法院分析到，根据《公约》第 7 条第 2 款"凡本公约未明确解决的属于本公约范围的问题，应按照本公约所依据的一般原则来解决，在没有一般原则的情况下，则应按照国际私法规定适用的法律来解决。"法院在寻求《公约》以及一般原则无果后，转而寻求国际私法的相关规定。如前所述，本案货物销售合同履行地位于阿根廷，那么该问题的解决适用阿根廷商法典。根据阿根廷商法典第476 条，任何关于货物质量的争议，必须有专家的意见。而买方没有提供相关专家意见，他所提供的证据只有一家德国公司对货物的检验报告，是不能代替专家意见的，因此不能判断煤炭与合同不符。最终法院驳回 OHG 的上诉请求，维持原判。

【资料阅读】

1. 左海聪. 国际商法[M]. 北京：法律出版社，2013.

2. 车丕照.《联合国国际货物销售合同公约》的可适用性问题[J]. 对外经贸实务，2008(4).

3. 宋锡祥，张琪.《联合国国际货物销售合同公约》适用中的问题及在我国的实践[J]. 法学，2008(1).

4. 法官 Rodolfo A. Ramirez 的意见：

The material facts that gave rise to the controversy involve an international sale of charcoal, with an FOB Buenos Aires clause, during the year 1988. The Seller, domiciled in the Argentine Republic, brought an action against the German buyer for breach of the obligation to pay the price for the goods. The Buyer refused the claim and counterclaimed for damages, arguing that the charcoal that it received did not conform to the contract.

A threshold question is to determine whether the questions arising out of the contract fall within the sphere of application of the United Nations Convention for the International Sale of Goods, adopted in Vienna, 11 April 1980, adopted in Argentina by law 22.465 [EDLA 1983 – 83].

In accordance with the prescription of Article 1(1), the Convention applies to sales contracts between parties that have their places of business in different States (a) when these states are Contracting States, that is to say, they have subscribed to the Convention; or when (b) the rules of private international law lead to the application of the law of a Contracting State.

The contract at issue does not fit within the intended application of Art. 1(1) (a) because, although the Convention has been in force in Argentina since 1 January 1988—the same year that the parties concluded the contract—it did not enter into force in Germany until 1 January 1994. We therefore proceed to analyze whether the contract falls within Article 1(1)(b).

According to qualified legal doctrine, in internal international private law, the Civil Code establishes general norms for every type of contract. And in accordance with the Civil Code's articles 1209 and 1210, the characteristic that determines the location of those contracts that have some contact with Argentina—by their celebration and completion in that territory—is the place of performance.

Consequently, we must determine the place of performance of the contract in question. In reciprocal contracts, the place of performance determines what legal system the contract falls within. And it being an international sale, the main performance of the contract is the delivery of the goods; performance by the seller does not involve the payment of money.

Remembering that the contracting parties have included the clause FOB Buenos Aires, it is clear that the fundamental part of the contract was performed with the delivery of the goods on board the ship in the agreed port.

Consequently, every time that the above-mentioned rules of private international law designate the law of the Republic of Argentina—being treated as a Contracting State—one can conclude that the litigation in question is within the sphere of application of the Convention, by virtue of Article 1(1)(b).

It is interesting to relate here the opinion of Bernard Audit, who is studying the scope of the Convention, assigned to the cited Article 1(1)(b) considerable importance because it incorporates the rules of the Convention into the law of Contracting States, under pretext of applicable law in international relations; or also, the material dispositions of the Convention become the common law for international sales in the countries that adopt it.

The Convention regulates in detail the obligations of the seller with respect to the delivery of the goods and the rights of the buyer in case the quantity, quality and type of goods do not correspond to what was stipulated in the contract; regulations that coincide in essence with the content of Argentina's Civil Code and Commercial Code. But the Convention does not contain any rule—nor general principal—concerning the procedure to follow in order to determine the quality of goods, when the quality is questioned by the one who acquires the goods.

【延伸思考】

1. 对于属于《公约》适用范围的事项，但是《公约》未作出具体规定的，该如何确定适用的法律？是适用相关的国内法还是公约依据的一般原则？亦或是国际贸易习惯？

2. 易货贸易是否适用《公约》？

★ **典型案例三：**

Vision Systems, Inc. et al, Vision Fire & Security Pty, Ltd. v. EMC Corporation①

【基本案情】

原告 Vision Systems, Inc.（以下简称 VSI）是一家跨国公司的子公司，主要营业地曾位于 Hingham（美国），现位于 Norwell, Massachusetts（美国）。原告 Vision Fire & Security Pty, Ltd.（以下简称 VFS）也是该跨国公司的子公司，主要营业地位于 Mt. Waverley, Victoria（澳大利亚）。被告 EMC Corporation（以下简称 EMC）是一家位于 Hopkinton, Massachusetts（美国）的公司。下文中 VSI 和 VFS 统称为"Vision"（除非有必要个别分析）。

Vision 在得知 EMC 需要烟雾探测原件（SDUs）来融入其开发的 Symm 5 数据储存系统后，便与 EMC 谈判有关 SDUs 买卖的相关事宜。VSI 在位于 Hingham 的办公室里向 EMC 提供了商品报价并接受了 EMC 的订单，订单规定了"FOB Hingham, Massachusetts"条款。EMC 与 VSI 的第一份合同是由 VSI 的商业开发部总监 Ronald D. Ouimette（以下简称 Ouimette）签订的，他直接负责 VSI 和 EMC 之间的交易，是订单与交付等交易事项的主要负责人，并保留着与 EMC 签订的合同。之后，EMC 开始从 Vision 处购买 SDUs，并将其融入 Symm 5 数据储存系统。而实际上，SDUs 的研发和制造都由 VFS 完成。

2000 年 11 月，EMC 通知 Vision 自己正在开发 Symm 6 数据储存系统。根据 EMC 的通知，Vision 开始设计新型 SDUs 用于 Symm 6 数据储存系统。与此同时，部分 EMC 的员工赶到澳大利亚对供应商 VFS 制造商品的能力和商品质量进行考察，并发现 Vision 对 SDUs 的研发与制造都在澳大利亚进行。2001 年 7 月，Vision 希望利用为 EMC 制造新型 SDUs 的这条生产线，制造更多的商品卖给除 EMC 之外的其他生产高科技设备的制造商。而 EMC 向 Vision 保证会以一定价格购买一定数量的 SDUs 用于 Symm 6 数据存储系统，使 Vision 能够收回对新型 SDUs 投入的研发成本。

之后 Vision 与 EMC 开始磋商新型 SDUs 买卖的相关事宜，并打算签订书面合同。磋商进行了几个月，双方在将近一年的时间里交换了很多书面合同

---

① 联合国国际贸易法委员会. 法规判例法案例. [DB/OL]（2008 - 01 - 09）[2016 - 04 - 08]. http://cisgw3. law. pace. edu/cases/050228u1. html.

草案，但最终没能达成一致协议，也没有签订任何书面合同。

Vision 成功研发了新型 SDUs，在缺少书面合同的情况下，开始向 EMC 提供用于 Symm 6 数据储存系统的 SDUs。之后 EMC 因投入太大，于是向 Vision 提出降低商品价格的要求。2002 年 11 月，EMC 通知 Vision 不再购买新型 SDUs 了。至此 EMC 共购买了 1 247 件新型 SDUs，总价款为 \$ 872 900。

Vision 认为 EMC 损害了自己的权益，将其告上法庭，并提出以下主张：①根据美国《统一商法典》，EMC 违约；②根据《公约》，EMC 违约；③EMC 违反了禁反言规则；④EMC 违反了善意与公平交易原则；⑤EMC 构成不当得利……

【法律分析】

针对 EMC 提出的第 2 条主张，法院认为本案不应适用《公约》。原因如下：

《公约》适用于主要营业地位于不同国家的当事人之间订立的货物销售合同，营业地位于不同国家是适用该条约的先决条件。当事人具有多个营业地时，判断营业地是否位于不同国家，主要考虑的因素是营业地是否与合同及其履行有密切联系。

本案中原告 VSI 的主要营业地位于 Norwell, Massachusetts（美国），VFS 的主要营业地位于 Mt. Waverley, Victoria（澳大利亚），也就是说原告具有多个营业地，那么接下来要确定原告的哪一个营业地和本案争议中的货物销售合同及其履行有着最密切的联系。

VSI 是在位于 Hingham, Massachusetts 的办公室里向 EMC 提供了商品报价并接受了 EMC 的订单的，EMC 与 VSI 的第一份合同是 VSI 的商业开发部总监 Ouimette 签订的，他直接负责和 EMC 之间的商业交易，是订单与交付等交易事项的主要负责人，并保管着与 EMC 签订的主要合同。同时，货物销售合同还包含了"FOB Hingham, Massachusetts"条款，这表明货物交付地点即合同主要义务履行地是 Massachusetts。因此，我们可以判定与货物销售合同有最密切联系的是 Massachusetts，即 VSI 的营业地。既然 VSI 的营业地与货物销售合同及其履行有着最密切的联系，那么货物销售合同当事人的营业地便都位于美国，不符合《公约》第 1 条的规定：当事人营业地须位于不同的国家。所以本案不能够适用《公约》。

【资料阅读】

1. 西蒙娜·拉蒙特-布莱克. 国际贸易法 [M]. 韩立余，译. 北京：中国人民大学出版社，2011.

2. 刘万啸.《联合国国际货物销售合同公约》的适用探析［J］. 山东大学法律评论，2007（1）.

3. Kuwaiti Danish Computer Co. v. Digital Equipment Corporation，438 Mass. 459，473（2003）.

4. 法官 Allan van Gestel 的意见：

Count II

Count II is grounded upon the United Nations Convention on Contracts for the International Sale of Goods（"CISG"）. CISG is an international version of the Uniform Commercial Code. Vision points to CISG because，unlike the UCC，it has no Statute of Frauds provision.

CISG，however，applies to contracts for the sale of goods made between buyers and sellers in different countries. "This Convention applies to contracts of sale of goods between parties whose places of business are in different States：（a）when the States are Contracting States. . . ：CISG，Art. 1（1）（a）'Contracting State' is a country which is a signatory to CISG. " The international component is a jurisdictional prerequisite to the application of CISG.

Contracts between a United States company，like EMC here，and the United States subsidiary of a foreign company，like VSI here，"do not fall within the ambit of the CISG". Similarly，CISG does not apply to the sale of goods between parties if one party has "multiple business locations" unless it is shown that that party's international location "has the closest relationship to the contract and its performance".

Here，EMC is an American corporation，based in Hopkinton，Massachusetts. Vision，with which EMC was dealing，is multi-national，with entities such as VFS within its corporate family in Australia and entities like VSI，also an American corporation，located in Massachusetts. The center of gravity of the transaction，however，seems clearly in Massachusetts. As noted above，EMC's first contact with Vision was with Ronald Ouimette，a business development executive employed by VSI. Ouimette was directly responsible for developing the business relationship between Vision and EMC. Ouimette remained Vision's principal contact with EMC. He was the "Account Manager for EMC"，and was EMC's main contact person for "orders，deliveries，etc. ".

Additionally, James Rose, another VSI employee, was principally responsible for various engineering issues relating to the integration of Vision's products into EMC's data storage systems. He was the only other Vision employee in regular contact with EMC.

The June 10, 2002, e-mail from Ouimette came from "Vision Systems, Inc., 35 Pond Park Road, Hingham, MA".

And, most tellingly, all price quotations to EMC were provided by VSI; all sales to EMC were F. O. B Hingham, Massachusetts; and all orders from EMC were submitted to VSI at its Hingham office.

As a matter of law, the jurisdictional prerequisites to applicability of CISG are not met.

【延伸思考】

1. 国际货物销售合同一方当事人拥有不同营业地时,什么条件下可以适用《公约》?什么条件下不能适用《公约》?

2. 假如本案中 VFS 的营业地也与合同存在着一定的联系,那么本案是否受《公约》调整?

第二节 《联合国国际货物销售合同公约》的成立

一、要约

要约是向一个或一个以上特定的人提出的订立合同的建议。一项有效的要约必须满足以下条件:①向一个或一个以上特定的人发出。非向一个或一个以上特定的人提出的建议,仅应视为要约邀请。②内容十分确定,并且表明要约人具有当其要约被接受时而受约束的意思。《公约》规定一个建议如果写明货物并且明示或暗示地规定数量和价格或规定如何确定数量和价格,即为十分确定。要约人必须具有当其要约被接受时而受约束的意思,是因为要约的目的是为了订立销售合同,因此要约一旦被对方接受,合同即告成立,要约人受到约束。③要约送达受要约人。因为要约未送达受要约人或要约不是送达受要约人的,受要约人不知要约的内容,是不能表示承诺的。①

---

① 王传丽. 国际贸易法[M]. 北京:法律出版社,2008:38.

要约于送达受要约人时生效。一项要约，即使是不可撤销的，都可以撤回，只要撤回通知于要约送达受要约人之前或同时送达受要约人。① 至于要约是否可以撤销的问题，《公约》规定在未订立合同之前，要约可予撤销，但撤销通知须于受要约人作出承诺之前送达受要约人，在这一点上，《公约》的规定与英美法相类似。当要约载明作出承诺的期限或以其他方式表示要约是不可撤销的，以及受要约人有理由信赖该项要约是不可撤销的，而且受要约人已本着对该项要约的信赖行事时，要约是不可以撤销的，这一点则反映了大陆法的原则。由此可见，《公约》针对要约是否可撤销这一问题兼顾了英美法系与大陆法系的相关规定。

二、承诺

承诺是受要约人对要约表示无条件接受的意思表示。② 一项有效的承诺必须满足以下条件：①由受要约人作出。要约是向受要约人提出的订立合同的建议，因此表示接受必须由受要约人作出。②与要约条件一致。为了销售合同的有效订立，进而促进商业贸易的发展，《公约》并没有要求承诺与要约的条件完全一致。承诺对要约表示接受但载有添加或不同条件的答复，如所载的添加或不同条件在实质上并不变更该项要约的条件，则除要约人在不过分迟延的期间内以口头或书面通知反对其间的差异外，仍构成承诺。此种情况下，合同的条件就以该项要约的条件以及承诺通知内所载的更改为准。③接踵而至的问题是如何确定承诺中对要约的更改是否构成实质上的变更。《公约》认为，有关货物价格、付款、货物质量和数量、交货地点和时间、一方当事人对另一方当事人的赔偿责任范围或解决争端等的添加或不同条件，均视为在实质上变更要约的条件。④ ③承诺在要约有效的时间内作出。对于规定了期限的要约，承诺应在相应期限内作出。未规定期限的要约，承诺应在合理期限内作出。④承诺通知必须送达要约人。如果根据要约或依照当事人之间确立的习惯做法，受要约人可以做出某种行为，例如用发运货物或支付价款等有关的行为来作出承诺。此时被要约人无须向要约人发出通知，并且承诺于该项行为做出时生效。但该项行为必须在所规定的期间内做出。

---

① 《联合国国际货物销售合同公约》第 15 条第 2 款。
② 王传丽. 国际贸易法[M]. 北京：法律出版社，2008：40.
③ 《联合国国际货物销售合同公约》第 19 条第 2 款。
④ 《联合国国际货物销售合同公约》第 19 条第 3 款。

缄默或不行动本身不等于承诺。承诺可以是口头的，也可以是书面的，或者是通过特定的行为表示接受要约的。在各国实践中，对承诺生效的时间存在分歧。① 《公约》采纳了到达生效原则，承诺于表示接受的通知送达要约人时生效。

★ 典型案例一：

Easom Automation Systems, Inc. v. Thyssenkrupp Fabco, Corp. ②

【基本案情】

原告 Easom Automation Systems, Inc. (以下简称 EAS) 是一家主要从事自动化设备的设计、制造、整合以及安装的公司，主要营业地位于密歇根州麦迪逊海茨市(美国)。被告 Thyssenkrupp Fabco, Corp. (以下简称 TF) 是一家加拿大新斯科舍省的公司，总部设在安大略省(加拿大)，为顾客提供重金属冲压件等设备。EAS 与 TF 达成一项协议，约定由 EAS 为 TF 设计、制造以及安装 Sport Bar 装备系统。

2005 年 7 月 19 日，EAS 向 TF 发出了一系列报价，报价中载明为 TF 设计、制造 Sport Bar 装备系统的设备，货物总价款为 $ 5 400 000.00，交货日期是 2006 年 3 月 30 日。当天，TF 便口头上指示 EAS 可以开始着手 Sport Bar 装备系统的相关工作了。

2005 年 8 月 30 日，TF 签发了一份书面的订购单，其中包含法律适用条款：卖家对实家发出的要约作出承诺时，合同成立，合同成立的各方面内容必须适用买家总部注册地的法律，并按照该地的法律进行解释。任何关于合同的法律诉讼行为都必须在买家总部注册地所在省的法院提起，也就是说该合同引起的争议适用加拿大的法律。

2005 年 8 月至 10 月，EAS 在设计与制造 Sport Bar 装备系统设备期间，TF 的代表就设备相关问题定期召开会议。2005 年 10 月 21 日，TF 的负责人指示 EAS 于 2005 年 12 月 31 日前交付 Sport Bar 装备系统设备，并完成位于安大略省(加拿大) Sport Bar 装备系统安装的后续工作。EAS 在设备原件装船之前，粘附上了自己的姓名与地址。2005 年 12 月 31 日，EAS 将设备装船

---

① 英美法系国家采用投邮生效原则，大陆法系国家采用到达生效原则，意大利、比利时等采用了解生效原则。

② 联合国国际贸易法委员会. 法规判例法案例. [DB/OL](2009 – 04 – 28)[2016 – 04 – 11]. http://cisgw3. law. pace. edu/cases/070928u1. html.

运往加拿大。

EAS 表明自己同意提前交付设备的原因是 TF 承诺为加快安装 Sport Bar 装备系统做一些辅助工作，但实际上 TF 并没有兑现这些承诺。然而此时，EAS 的员工已经在设施所在地安大略省，为 Sport Bar 装备系统的安装、测试进行了相应的工作。之后，TF 在继续运营着 Sport Bar 装备系统的同时，并没有付清 $ 1 484 498.05 的价款以及相应利息。因此 EAS 对设备行使了"留置权"，并向美国地方法院提起诉讼，要求 TF 支付货物剩余价款以及相应利息。而 TF 主张合同中约定了争议适用加拿大法律，要求美国地方法院以"不方便法院"为由驳回 EAS 的诉求。法院认为在最终确定适用的法律之前，驳回 TF 的请求。

【法律分析】

本案首先要解决的是法律适用问题。原告 EAS 称本案所涉及的货物销售合同应适用美国密歇根州《专用工具留置权法》。根据该法律的相关规定，虽然当前 TF 拥有设备的所有权，但 EAS 可以享有设备的留置权。被告 TF 则主张给予 EAS 的采购订单构成要约，EAS 通过承诺要约，依照采购订单中所述的法律/法院选择条款来制造 Sport Bar 装备系统设备，意味着同意合同适用加拿大法律。既然适用加拿大法律，那么美国密歇根州《专用工具留置权法》则不适用，EAS 也因此不能享有设备的留置权。即使美国密歇根州《专用工具留置权法》适用于本诉讼，EAS 也清楚地放弃了自己的留置权（采购订单明确包含了以下条款："卖方放弃设备的留置权和权利要求以及交付的设备必须是第三方不能主张或拥有权利的等"）。不管哪种情况，EAS 的留置行为都是不合法的。

而 EAS 则辩称，于 2005 年 7 月 19 日向 TF 送达的一系列报价，载明了货物总价款、交货日期等信息。TF 于当天口头上表示同意该报价的条件之后，EAS 便立刻开始着手该装备系统的相关工作。这些法律事实表明 EAS 的报价构成要约，TF 口头上同意的行为构成承诺。至此，EAS 与 TF 之间形成了国际货物销售合同关系，那么本案由货物销售合同所引起的争议应适用《公约》。

首先，法院认为，原告 EAS 主要营业地位于美国，被告 TF 主要营业地位于加拿大，并且加拿大与美国都是《公约》的缔约国，所以争议中的货物销售合同满足《公约》第 1 条第 1 款 (a) 项的规定，即合同当事人营业地位于不同国家，并且这些国家都是《公约》的缔约国。又因为 EAS 的报价没有排除《公约》的适用，TF 的采购订单虽规定了合同受加拿大法律约束，但 EAS 接受合同适用加拿大法律并没有明示排除《公约》的适用，因此《公约》可以视为加拿大国内法，予以适用。基于以上原因，无论是 EAS 的报价还是 TF 的采购订单构成要约，该合同都将适用《公约》。

其次，要判定合同双方当事人中哪一方的文件构成要约。根据《公约》第 14 条，向一个或一个特定的人提出订立合同的建议，如果十分确定并且表明要约人具有当其要约被接受时而受约束的意思，即构成要约。2005 年 7 月 19 日，EAS 向 TF 送达了一系列的报价，该系列报价包含了货物名称、货物数量以及货物总价款 $ 5 400 000.00。该系列报价是向 TF 发出的，而非不特定的人；同时，该系列报价表明了买卖的货物，载明了货物名称并且明确地规定了货物数量和价格，这便十分确定并且表明 EAS 在得到 TF 承诺时，承受该建议的约束，因此 EAS 发出的报价可以构成一项有效的要约。

《公约》第 18 条规定，受要约人声明或做出其他行为表示同意一项要约，即是承诺，缄默或不行动本身不等于承诺。TF 口头上指示 EAS 开始着手相关工作，没有对要约作出添加、限制或其他更改，意味着其接受 EAS 发出的要约，构成一个有效的承诺。至此，原告 EAS 与被告 TF 之间的国际货物销售合同有效成立，由合同引起的争议也将适用《公约》。

最后，关于商品留置权的问题，《公约》没有相关规定，《公约》只适用于销售合同的订立和卖方、买方因此种合同而产生的权利和义务。因此，EAS 是否有权留置设备，应根据国际私法规则确定的准据法加以判断。本案中，EAS 的要约构成合同的主体，而合同的订立地、主要履行地都位于美国密歇根州，那么商品留置权问题则适用美国密歇根州《专用工具留置权法》，即原告 EAS 在被告 TF 支付货物价款及相应利息之前，有权留置该设备。

【资料阅读】

1. 余劲松，吴志攀. 国际经济法[M]. 北京：高等教育出版社，2014.

2. 朱岩，潘玮璘. 承诺方式制度比较研究——以我国《合同法》与《联合国国际货物销售合同公约》为例[J]. 法学家，2014(5).

3. 陈立虎. 试析承诺与要约内容一致的判定——以《联合国国际货物销售合同公约》第 19 条为分析对象[J]. 法治研究，2011(3).

4. American Biophysics Corp. v. DuBois Marine Specialities, 411 F. Supp. 2d 61, 63, 64（D. R. I. 2006）.

5. BP Oil International, Ltd. v. Empresa Estatal Petroleos de Ecuador, 332 F. 3d 333, 337（5th Cir. 2003）.

6. Asante Technologies, Inc. v. PMC-Sierra, Inc. , 164 F. Supp. 2d 1142, 1150 (N. D. Cal. 2001).

7. Ajax Tools Works, Inc. v. Can-Eng Manu. Ltd. 2003 U. S. Dist. LEXIS 1306, at (holding that since Germany is a contracting state, "the CISG is an integral part of German law. Where parties designate a choice of law clause in their contract, selecting the law of a contracting state without expressly excluding application of the CISG—German courts uphold application of the Convention as the law of the designated Contracting state. To hold otherwise would undermine the objectives of the Convention which Germany has agreed to uphold").

8. 法官 Denise Page Hood 的意见：

Under the CISG, the July 19, 2005 quote issued by Plaintiff could constitute Plaintiff's offer because the quote was "sufficiently definite and indicated the intention of the offeror to be bound in case of acceptance."See CISG, Art. 14. Article 14 indicates that "a proposal is sufficiently definite if it indicates the goods and expressly or implicitly fixes or makes provisions for determining the quantity and the price."Id. Plaintiff's quote specifically indicates that Plaintiff would design and build the SBA in the amount of $ 5, 400, 000. 00.

Defendant's oral acceptance of the quote is recognized as a valid form of acceptance under the CISG. See CISG, Art. 18. The CISG specifically states that "a statement made by or other conduct of the offeree indicating assent to an offer is acceptance."See CISG, Art. 18(1). Additionally, "an acceptance of an offer becomes effective at the moment the indication of assent reaches the offeror. . . "See CISG, Art. 18(2). The CISG makes provision for the parties to a contract to opt out of the CISG as the governing law and agree that their contract be governed by another law. See CISG, Art. 6. "The parties may exclude the application of this Convention, or. . . derogate from or vary the effect of any of its provisions. "CISG, Art. 6. Courts that have reviewed this provision have held that the parties must expressly opt out of applying the CISG to their agreement.

Under either the Plaintiff's quote or Defendant's purchase orders, the CISG applies as neither the quote nor the purchase orders expressly indicated that the CISG did not apply. Further, stating that the law of Canada applied to the agreement indicates that the CISG applied as well, as the Convention is the law of Canada.

【延伸思考】

1.《公约》第 14 条规定，要约必须明示或暗示地规定数量和价格或规定如何确定数量和价格。而《公约》第 55 条则表明没有明示或暗示地规定价格或规定如何确定价格，合同也有可能有效订立，这是否与《公约》第 14 条相矛盾？

2. 区分实质性更改与非实质性更改要约条件的标准是什么？

★ **典型案例二：**

Australia cotton case①

【基本案情】

根据澳大利亚卖方（Cotton Australia Pty Ltd）的报价，中国买方致函卖方，提出购买澳棉。缔约时，卖方发给买方销售确认书，载明了卖方提供 2000 吨澳棉；4 月交付 500 吨、5 月交付 700 吨以及 6 月交付 800 吨；买方提前 90 日签发信用证。但买方对销售确认书中货物装运批次、每批装货数量以及装运时间进行了修改，并删除了相关违约责任条款。对于上述更改，卖方口头表示接受。2001 年 1 月 14 日，双方签订了销售确认书，内容包括：卖方提供 2000 吨澳棉；分别于 4 月、5 月、6 月与 7 月每次交付 500 吨；买方提前 90 日签发信用证。

在签订合同之后，卖方便开始着手准备工作，例如从纽约市场购买货物以及预定仓库存储货物等以便交付货物。随后，买方因无法取得相应配额及进口许可证，致函卖方表示不能履行合同，亦未依约开立信用证。

由于买方的违约，卖方存储的 2000 吨棉花无法装船，给卖方造成了巨大损失。双方协商未果后，卖方以买方违约为由提起仲裁，请求仲裁庭判决买方赔偿市场差价损失 \$ 451 512.50、仓储费损失 \$ 85 016.50、市场差价和仓储费利息 \$ 10 729.51，并承担仲裁费 \$ 16 100 以及卖方律师费 \$ 27 380。

买方辩称其对销售确认书的修改具体包括：将原来"4 月 500 吨、5 月 700 吨、6 月 800 吨"改为"4 月、5 月、6 月与 7 月每次交付 500 吨"以及删除了交货年份 2001 年和违约责任条款。根据《中华人民共和国合同法》，修改后的销售确认书构成了新要约，有待卖方承诺，因此双方买卖合同并未成立，更不存在违约和赔偿问题。

---

① 联合国国际贸易法委员会. 法规判例法案例.［DB/OL］（2012 - 01 - 18）［2016 - 04 - 15］. http://cisgw3. law. pace. edu/cases/030917c1. html.

而卖方则主张，买方对卖方发出销售确认书的修改，并没有实质上变更要约的条件，而且自己表示接受该项更改。买方的这种接受但有限变更要约的行为仍然构成承诺。至此，合同以卖方发出的销售确认书以及买方对其更改后的条件为准，有效订立。中国国际经济贸易仲裁委员会接受当事人的请求，受理该案件并作出了仲裁裁决。

【法律分析】

本案首先要解决的是法律适用问题。根据已知事实，争议中的合同是国际货物销售合同，合同双方当事人的主要营业地分别在澳大利亚与中国，并且都是《公约》的缔约国，所以根据《公约》第1条第1款，仲裁庭裁定本案适用《公约》。

其次，要判定国际货物销售合同是否已经有效成立。卖方主张送达买方的销售确认书构成要约，买方对其进行非实质性变更仍构成承诺，因此货物销售合同有效订立。然而买方却声称修改后的销售确认书是反要约。同时，签订销售确认书只是签订合同之前的准备过程，只有正式签订了书面合同之后才形成正式的商业交易。

经过调查，仲裁庭认为，根据《公约》第14条第1款，向一个或一个以上特定的人提出的订立合同的建议，如果十分确定并且表明要约人在得到承诺时承受约束的意旨，即构成要约。卖方送达买方的销售确认书包含了货物名称、数量等条件，内容十分确定并且具有买方得到承诺时受到约束的意思表示，因此构成一项有效的要约。

买方对销售确认书所做的修改具体包括：将每次交付的数量由三次分别交付500、700、800吨变为每次交付500吨，分四次交付；交付的时间由4月、5月、6月变为4月、5月、6月和7月；删除交付时间"2001"年；删除了违约责任条款。卖方口头表示接受对要约的变更。根据《公约》第19条，对要约表示接受但载有添加或不同条件的答复，如所载的添加或不同条件在实质上并不变更该项要约的条件，除要约人在不过分迟延的期间内以口头或书面通知反对其差异外，仍构成承诺。如果要约人不做出这种反对，合同的条件就以该项要约的条件以及承诺通知内所载的更改为准；有关货物价格、付款、货物质量和数量、交货地点和时间、一方当事人对另一方当事人的赔偿责任范围或解决争端等的添加或不同条件，均视为在实质上变更要约的条件。仲裁庭认为：货物的数量没有改变；交付货物的起始时间依然是4月，由分三次交付变为4次交付也不能代表对交付时间的实质变更；删除交付货物年份2001年，根据合同的目的，可以合理地推测交货时间就是2001年；

删除责任条款也不意味着改变了当事人的责任范围。所以买方对该销售确认书的修改没有构成实质性的变更,其行为仍然是对卖方要约的承诺,合同条件以买方寄送的修改后销售确认书为准。基于《公约》相关规定以及善意、公平等原则,并结合合同的履行以及双方当事人的谈判情况,货物销售合同已经有效订立。

最后,要解决的问题是相应配额和进口许可证是否可对货物销售合同产生影响。买方声称配额是履行合同的先决条件;卖方在其网站表明只和拿到进口配额的当事人进行商业交易,买方应该承担取得配额的风险,配额的取得与否不影响货物销售合同的效力。仲裁庭认为,对于国际货物销售合同来说,除非明确地声明配额和进口许可证可以成为一种不可抗力或是合同生效的先决条件,否则一般来说,是不能成为未履行义务一方的免责理由的。在本案中,买方作为专门从事纺织业的公司,知道或应当知道从澳大利亚进口棉花要遵循国际贸易的规则,即取得相关配额与进口许可证是买方的责任并为此承担风险。所以,配额与进口许可证不能成为货物销售合同是否生效或买方免除不履行义务责任的理由。

综上,仲裁庭认为卖方送达买方的销售确认书构成要约,买方销售确认书的修改不构成实质性变更,仍然构成承诺,因此货物销售合同已经有效成立。未取得配额和进口许可证不能成为买方不履行合同义务的免责理由。买方应当赔偿卖方因其未履行合同的损失,包括因市场差价带来的损失 $ 85 000,储存费损失 $ 8 500 的,相应利息 $ 4 000,律师费 $ 7 000 以及仲裁费用 $ 16 771。

【资料阅读】

1. 陈治东. 国际贸易法[M]. 北京:法律出版社,2009.

2. 郭瑜. 国际贸易法[M]. 北京:北京大学出版社,2006.

3. 马迁.《联合国国际货物销售合同公约》第 14 条要约内容的确定性[J]. 郑州大学学报(哲学社会科学版),2005,38(3).

4. 仲裁庭的意见:

Whether the sales confirmation has been effectively established

The Seller alleges that the offer and acceptance process has been completed in the sales confirmation, and it has general content, and that therefore, the sales confirmation has legal effect. However, the Buyer alleges that the sales confirmation is a counter-offer, which has not been established, not even to mention contract violation or compensation. Buyer also alleges that signing a sales confirmation was a pre-process for the conclusion of a formal contract, and only after signing a written contract could a normal business transaction be started.

. . .

The Arbitration Tribunal notes that the Buyer's aforesaid allegation was based on the fact that the Buyer made modifications on the quantity, performance period, andcontract violation liability in the sales confirmation, which constituted a counter-offer. Meanwhile, the Arbitration Tribunal notes that the Buyer affixed its seal after making modifications, and that the Buyer has never alleged that the sales confirmation has not been established prior to the arbitration or during the process of negotiation.

Based on articles 14(1), and 19(1) of the CISG, the Seller's sending a sales confirmation with its signature has constituted an offer, and the Buyer's making modification to the sales confirmation has constituted a counter-offer.

Article 19(2) of the CISG states that:

". . . a reply to an offer which purports to be an acceptance but contains additional or different terms which do not materially alter the terms of the offer constituted an acceptance, unless the offeror, without undue delay, objects orally to the discrepancy or dispatches a notice to that effect. If he does not so object, the terms of the contract are the terms of the offer with the modifications contained in the acceptance. "

Article 19(3) of the CISG states that:

"Additional or different terms relating, among other things, to the price, payment, quality and quantity of the goods, place and time of delivery, extent of one parties liability to the other or the settlement of disputes are considered to alter the terms of the offer materially. "

Based on the aforesaid stipulations in the CISG, unless the offeror expressly objects to it, it should be considered that the offeror accepts the modifications. Furthermore, at the court session, the Seller stated that it had orally accepted the modifications made to the sales confirmation. Therefore, the next essential issue is whether the Buyer's aforesaid modifications have materially altered the terms of the offer.

The Buyer modified or deleted the following terms in three places of the sales confirmation. The Buyer：

(1) Adjusted the quantity of the goods in each delivery; from three deliveries with 500 tons, 700 tons, and 800 tons in each delivery to four deliveries with 500 tons in each delivery;

(2) Altered the shipping time from April, May, and June 2001 to April, May, June, and July, deleting "2001";

(3) Deleted item 2 of special terms. The Buyer alleges that it was a term on liability for violation of the contract, and the Seller does not deny that.

The Arbitration Tribunal deems that the aforesaid modifications made by the Buyer can not be considered to materially alter the terms in the offer as stipulated in article 19(3) of the CISG, since based on the aforesaid modifications.

...

In accordance with the conclusion and the performance of the contract and the negotiation and discussion conducted by the two parties, and based on the aforesaid stipulations in the CISG, good faith and equality principles, the Arbitration Tribunal holds that the sales confirmation in this case has been established, that its content is legal and effective, and that the two parties should perform the obligations in the sales confirmation.

As to the Buyer's allegations that the sales confirmation was only a pre-process for the conclusion of a formal contract, that the Seller concealed another contract or sales confirmation, and that the Seller's claims should be dismissed since the Seller was unable to provide the original sales confirmation, these allegations have no legal or factual basis. Therefore, the Arbitration Tribunal does not accept them.

【延伸思考】

1. 本案中买方对卖方要约的修改未达到实质性变更，那么实质性变更具体包括哪些方面？

2. 当要约或者承诺中要求订立书面确认书时，合同的成立是承诺生效时还是确认书签订时？

第三节 违反合同的补救方法

一、违约

违约是指合同当事人没有履行合同义务或没有完全履行合同义务的行为。①《公约》第 25 条规定："一方当事人违反合同的结果，如使另一方当事人蒙受损害，以致实际上剥夺了他根据合同规定有权期待得到的东西，即为根本违反合同，除非违反合同一方并不预知而且一个同等资格、通情达理的人处于相同情况中也没有理由预知会发生这种结果。"由此可得，《公约》将违约分为根本违约与非根本违约。判断根本违约的主要标准是受害方预期利益的丧失。同时，根本违约还须满足受害方预期利益的丧失是由违约行为造成的，并且违约方或处于相同情况中同等资格、通情达理的第三人能够预知这种结果的发生。

对于非根本违约，《公约》未作具体规定。一般理解为一方当事人违反合同，但尚未给另一方当事人造成实质性损害，也就是根本违约之外的情形。

《公约》第 71 条对预期违约作出规定："（1）如果订立合同后，另一方当事人由于下列原因显然将不履行其大部分重要义务，一方当事人可以中止履行义务：（a）他履行义务的能力或他的信用有严重缺陷；或（b）他在准备履行合同或履行合同中的行为显示他将不履行其主要义务。（2）如果卖方在上一款所述的理由明显化以前已将货物发运，他可以阻止将货物交给买方，即使买方持有其有权获得货物的单据。本款规定只与买方和卖方间对货物的权利有关。（3）中止履行义务的一方当事人不论是在货物发运前还是发运后，都必须立即通知另一方当事人，如经另一方当事人对履行义务提供充分保证，则他必须继续履行义务。"预期违约可能是根本违约，也可能是非根本违约。

二、违约的救济

违约救济是指一个人的合法权利被他人侵害时，法律给予受害方的补偿措施。《公约》对于违约救济的规定分为三种情况：合同双方当事人都可以采取的救济方式；卖方违约时买方可以采取的救济方式；买方违约时卖方可以采取的救济方式。

---

① 史学瀛，李树成. 国际商法（3 版）[M]. 天津：南开大学出版社，2013：48.

（一）合同双方当事人都可以采取的救济方式

（1）预期违约时双方当事人可采取的救济方式

《公约》规定，如果订立合同后，一方当事人显然将不履行其大部分重要义务，另一方当事人可以中止履行义务。也就是说援引中止履行合同义务这种救济方法必须是在一方当事人显然将不履行其大部分重要义务的情况下。同时，《公约》对于如何判断"显然将不履行其大部分重要义务"给出了以下两第 71 条第 1 款（a）、（b）种理由：（a）他履行义务的能力或他的信用有严重缺陷；（b）他在准备履行合同或履行合同中的行为显示他将不履行其主要义务。

如果在履行合同日期之前，明显看出一方当事人将根本违反合同，另一方当事人可以宣告合同无效。① 所以当预期违约不构成根本违约时，非违约方可采取中止履行合同的救济方式；当预期违约构成根本违约时，非违约方不仅可采取中止履行合同，还可以宣告合同无效。

（2）分批交货合同发生违约时双方当事人可采取的救济方式

对于分批交付货物的合同，如果一方当事人不履行对任何一批货物的义务，便对该批货物构成根本违反合同，则另一方当事人可以宣告合同对该批货物无效。② 如果一方当事人不履行对任何一批货物的义务，使另一方当事人有充分理由断定对今后各批货物将会发生根本违反合同，该另一方当事人可以在一段合理时间内宣告合同今后无效。③ 买方宣告合同对某一批货物的交付为无效时，如果各批货物是互相依存的，不能单独用于双方当事人在订立合同时所设想的目的，买方可以同时宣告合同对已交付的或今后交付的各批货物均为无效。④

（3）损害赔偿

损害赔偿是违约方承担的最基本违约责任，也是国际贸易中采用最多的补救方法。《公约》规定，当一方违反合同时，另一方有权要求赔偿损失，而且要求损害赔偿的权利并不因其已采取其他救济方法而丧失。损害赔偿的责任范围应与另一方当事人因违反合同而遭受的包括利益在内的损失额相等。这种损害赔偿不得超过违反合同一方在订立合同时，依照他当时已知道或理

---

① 《联合国国际货物销售合同公约》第 72 条。
② 《联合国国际货物销售合同公约》第 73 条第 1 款。
③ 《联合国国际货物销售合同公约》第 73 条第 2 款。
④ 《联合国国际货物销售合同公约》第 73 条第 3 款。

应知道的事实和情况，对违反合同预料到或理应预料到的可能损失。①

（二）卖方违约时买方可以采取的救济方式

卖方违约的情形通常有：不交货、迟延交货、所交货物与合同规定不符。根据《公约》的规定，如果卖方不履行他在合同和《公约》中的任何义务，买方可采取的救济方式有：①要求履行义务；②要求交付替代物；③要求对货物不符合合同之处进行修改；④给予卖方一段合理的额外时间使其履行义务；⑤对不履行义务作出补救；⑥撤销合同；⑦要求减价；⑧请求损害赔偿；⑨中止履行合同。

（三）买方违约时卖方可以采取的救济方式

买方违约的情形通常有拒收货物或迟收货物、拒付款或延付货款。买方发生违约时，卖方可采取的救济方式有：①要求履行义务；②给予买方一段合理的额外时间使其履行义务；③撤销合同；④请求损害赔偿；⑤中止履行合同；⑥要求支付利息。

★ **典型案例一：**

中国山东 H 有限责任公司 V. 丹麦 N 公司②

【基本案情】

2004 年 8 月 27 日，中国山东 H 有限责任公司（买方）与丹麦 N 公司（卖方）签订了一份关于印刷机的国际货物买卖合同。合同分为两个部分，合同正文和附录。合同规定，卖方以 $ 954 932. 00 的价格卖给买方一台 FBZ 4200 九色柔印标签印刷机，交付条件为 CIF 青岛（中国）。商品必须由卖方位于美国的工厂生产制造，卖方在收到预付款 4 个半月之后将货物装船。此外合同还就付款期限、付款单、装载、质量保证、检查和索赔、不可抗力、安装调试、迟延交货的处罚等作出了明确的规定。

合同第 17 条规定，如果机器在正确的操作指示下不能正常工作，或在修理、调整之后仍不能正常工作的情况下，卖方应在 4 周之内解决问题。4 周之后，机器仍然不能在正常指令下工作，卖方应支付罚款给买方。罚款的金额为合同价款总额的 0.5% 到 5%，日期不间断计算。如果在修理和调整的 8 周之后，机器因其自身设计或制造问题不能满足买方要求，买方有权要求替

---

① 《联合国国际货物销售合同公约》第 74 条。

② 联合国国际贸易法委员会. 法规判例法案例. ［DB/OL］（2010 - 05 - 14）［2016 - 04 - 18］. http://cisgw3. law. pace. edu/cases/070724c1. html.

换机器或宣布合同无效以及获得合同价款总额5%的赔偿。合同第19条是仲裁条款,规定由合同及其履行引起的有关争议应该通过友好的谈判来解决。如果达不成解决协议,那么争议提交中国国际经济贸易仲裁委员会深圳分会(SCCIETAC)裁决,并根据当下有效的仲裁规则进行仲裁;仲裁判决是最终裁决,约束双方当事人;仲裁和执行费用由违约一方当事人承担。

合同有两个附件,附件一是机器的明细单,附件二是机器质量的检验标准。附件二规定,当使用适当的原料油墨以及在良好的运行环境下,打印单元精度 ±0.1 mm、模切精度 ±0.15 mm、打印速度175 m/min。

2005年3月1日,机器装船离开美国。3月下旬,到达山东(中国)的H港。买方接收货物并付清价款。机器的保质期是从2005年3月1日至2006年9月1日。2005年6月5日,买方对货物进行初步验收,验收报告称,机器的所有功能已检验,其他相关问题见附件。附件记载,打印单元精度和模切精度没有检验。

之后买方发现机器存在严重瑕疵,不能正常使用。针对机器的瑕疵,双方当事人进行了几次谈判并以会议纪要的形式完整记录了该过程,卖方的职工对此签名确认。2006年7月中旬,卖方在亚太地区的技术人员修理、调整了机器,但是机器的瑕疵并没有解决。2006年7月25日,买方向中国T市的进出口检验检疫局就检验该印刷机提出申请。7月27日,T市进出口检验检疫局给出了检验报告。检验报告中提到:在使用适当的油墨以及良好的运行环境下,打印单元精度超过 ±0.1 mm;打印速度小于175 m/min。

因此买方认为商品瑕疵问题是设计或制造引起的,并于2006年8月28日,向SCCIETAC提起仲裁,并提出:①在仲裁判决宣布的60日之内,卖方提供合格的替代机器。保质期为从接受新机器之日起之后的12个月。如果卖方不能提供的新机器或交付的机器不能通过检验,将撤销合同。在合同撤销之后,买方返还已交付机器,卖方返还已付价款。②卖方应赔偿买方遭受的损失,损失金额为初次交付机器之日起至新机器到达之日,合同价款 $954 932.00 的5%。③卖方承担仲裁费用。

【法律分析】

首先,合同没有约定法律适用条款,但因为争议中的合同是国际货物销售合同,合同的双方当事人的主要营业地分别位于中国和丹麦,而中国和丹麦又都属于《公约》的缔约国,双方当事人也没有明确排除《公约》的适用,因此仲裁庭裁决本案由货物销售合同引起的争议受《公约》调整。

其次,关于违约责任问题。《公约》第25条规定:"一方当事人违反合同的结果，如使另一方当事人蒙受损害，以至于实际上剥夺了他根据合同规定有权期待得到的东西，即为根本违反合同，除非违反合同一方并不能预知而且一个同等资格、通情达理的人处于相同情况中也没有理由预知会发生这种结果。"在合同签订之后，买方按照合同规定接收货物并支付价款，履行了自己的合同义务。而之后发现印刷机不能正常使用，买方多次通知了卖方，告知其印刷机存在瑕疵，不符合合同规定，并要求卖方采取补救措施。卖方也多次承诺解决问题，并派遣技术职工调整、修理机器，其间买方也都予以积极配合。然而，印刷机的质量瑕疵始终没有能够消除，由此表明机器在合理的时间及努力下不可能被修好。

因印刷机不能在合理的时间内修好，那么买方便不可能实现合同的目的，也就是说买方的合同期待被剥夺。又因为买方已经明确地表明了对印刷机核心特性的要求，如打印单元精度 ±0.1 mm、模切精度 ±0.15 mm、打印速度 175 m/min，而作为印刷机的销售者，是能够预见印刷机可能会出现瑕疵，以致不能满足买方对印刷机的要求。

《公约》第 39 条规定："(1)买方对货物不符合同，必须在发现或理应发现不符情形后一段合理时间内通知卖方，说明不符合同情形的性质，否则就丧失声称货物不符合同的权利。(2)无论如何，如果买方不在实际收到货物之日起两年内将货物不符合同情形通知卖方，他就丧失声称货物不符合同的权利，除非这一时限与合同规定的保证期限不符。"而本案中，买方在发现货物存在瑕疵后，于货物保质期内多次通知卖方并要求其解决货物瑕疵问题，因此积极行使了自己的权利。据此，卖方的行为构成根本违约。

最后，仲裁庭支持买方诉求的理由如下：

①在仲裁判决宣布的 60 日之内，卖方提供合格的替代机器。保质期为接受新机器之日起之后的 12 个月。如果卖方不能提供新机器或交付的机器不能通过检验，合同将撤销。在合同撤销之后，买方返还已交付机器，卖方返还已付价款。

仲裁庭基于以下理由支持买方的该项请求：第一，《公约》第 46 条第 2 款和第 3 款规定，如果货物与合同不符，买方只有与合同不符情形构成根本违约时，才可以要求交付替代货物，而且关于替代货物的要求，必须与依照《公约》第 39 条发出的通知同时提出，或者在该项通知发出后一段合理时间内提出；如果货物与合同不符，买方可以要求卖方通过修理对不符合同之处做出补救，除非他考虑了所有情况之后，认为这样做是不合理的。修理的要求必须与依照《公约》第 39 条发出的通知同时提出，或者在该项通知发出后一段合理时间内提出。本案中,当卖方违约时,买方按照《公约》第39条和合同第15、17条的规定通知了卖方。因此,买方有权要求卖方用符合合同的印刷机(新机器)替换不符合合同的印刷机(旧机器)。第二,给予新机器一个合理保质期限是有必要的,起始计算日期也需要确定。仲裁庭认为,旧机器的保质期是从装船之日起18个月,与之相较,新机器的保质期从接受之日起12个月是合理的。第三,买方撤销合同有着法律和合同基础。《公约》第49条规定:"卖方不履行其在合同或本公约中的任何义务,买方可以宣告合同无效。"合同的第17条也规定,如果因自身的设计或制造瑕疵而不能满足承诺要求,买方可以要求替换机器或撤销合同以及要求损害赔偿。卖方不能交付新机器或交付的机器不能通过检验的情况,是买方可以宣布合同无效的一种情形。

②卖方应赔偿买方5%合同价款的损失。

目前,事实证明旧机器一直处于调整和修理过程中,不能满足买方对货物的要求。这不仅剥夺了买方根据合同规定有权期待得到的东西,而且在机器反复调试的2年间,花费了买方大量的物力和财力。合同第17条规定,如果在安装和调整的8周之后,机器因其自身设计或制造问题不能满足承诺要求,买方有权要求替换机器或宣布合同无效以及获得合同价款总额5%的赔偿。基于此,仲裁庭支持买方第二个诉求,即要求卖方应赔偿买方合同价款的5%。

③卖方承担仲裁费用。

仲裁庭认为本案争议是由卖方的根本违约引起的,根据合同的仲裁条款,由卖方承担仲裁费用。

综上,本案中卖方提供与合同不符的货物属于根本违约的情况,买方有权利要求卖方交付替代物或要求卖方对货物不符合合同之处进行修改。当卖方对货物进行修改之后仍不能与合同相符,买方有权宣布合同无效,并要求卖方赔偿相应的损失。

【资料阅读】

1. 史学瀛,李树成. 国际商法[M]. 天津:南开大学出版社,2013.

2. 西蒙娜·拉蒙特-布莱克. 国际贸易法[M]. 韩立余,译. 北京:中国人民大学出版社,2011.

3. 王帅,张乃文. 浅谈CISG中的根本违约制度及对我国的借鉴意义[J]. 法制与经济,2013,(3).

4. 仲裁庭的意见:

Regarding the liability for breach of the Contract

After the signing the Contract, the Buyer paid the contract price as provided and fulfilled its contractual obligations. The Machine supplied by the Seller does not conform to the Contract. This is supported by the Meeting Minutes signed by the parties, the Annexes and the Certificate of Inspection issued by the T City Entry-Exit Inspection and Quarantine Bureau.

The conclusion of the Certificate of Inspection is that:

1. Under stable materials, printing ink and favorable environment, the print to print precision is over ±0.1 mm;

2. The print speed is slower than 175 m/min.

In summary, based on the above-mentioned facts, we determine that the said problems result from design and/or manufacturing defects.

The above conclusion demonstrates that the Seller failed to fulfill its quality guarantee obligation under Article 14 of the Contract; the nine color Flexo label printing machine it sold to the Buyer does not conform to the Contract.

Article 25 of the CISG provides that:

"A breach of contract committed by one of the parties is fundamental if it results in such a detriment to the other party as substantially to deprive him of what he is entitled to expect under the contract, unless the party in breach did not foresee and a reasonable person of the same kind in the same circumstances would not have foreseen such a result."

Article 39 of the CISG provides that:

"(1)The buyer loses the right to rely on a lack of conformity of the goods if he does not give notice to the seller specifying the nature of the lack of conformity within a reasonable time after he has discovered it or ought to have discovered it."

"(2)In any event, the buyer loses the right to rely on a lack of conformity of the goods if he does not give the seller notice thereof at the latest within a period of two years from the date on which the goods were actually handed over to the buyer, unless this time-limit is inconsistent with a contractual period of guarantee."

The facts of the present case are:

In the 18 months Guarantee Period from 1 March 2005 to 1 September 2006, the Buyer informed the Seller several times about the non-conformity of the Machine and required the Seller to take make-up measures. The Seller also promised to solve the problems many times and sent technology staffs to adjust and repair the Machine with which the Buyer actively cooperated. However, the quality defects cannot be eliminated in the end which reflects that the quality defects of the Machine cannot be made up for within a reasonable time with reasonable efforts.

Hence, the Buyer cannot realize its purpose of the Contract, i. e., the contractual expectations of the Buyer is deprived of. This result could be fairly foreseen by the Seller because the parties have made express requirements of the core characteristics such as the overprint precision and the speed. And the Seller cannot claim it can not foresee such a detriment to the buyer.

All of the above the facts are supported by the Meeting Minutes of 21 April 2005, 28 April 2005 and 26 May 2005 signed by the parties, the Annexes of the Inspection Report of 25 June 2005, and the Meeting Minutes of 1 April 2006.

According to the CISG and the facts, the Tribunal determines that the Seller breached the Contract by providing a non-conforming Machine. The non-conformity of the Machine substantially deprived the Buyer of what it expected under the Contract. Hence, the breach is a fundamental breach. The Seller is responsible for the liability for the breach in accordance with the CISG and Chinese law and the Contract.

【延伸思考】

1. 结合本案分析，发生根本违约时，违反合同一方并不能预知会发生这种结果时可以免责，那么判断违反合同一方不能预知会发生这种结果的根据是什么？

2. 合同履行完毕时，发现货物与合同不符，能否宣布合同无效？同时判断合同履行完毕的依据是什么？

★ 典型案例二：

医疗器械买卖案例①

【基本案情】

2003 年 7 月 31 日，一家乌克兰公司(买方)与一家瑞士公司(卖方)签订

---

① 联合国国际贸易法委员会. 法规判例法案例. [DB/OL] (2006 - 10 - 19) [2016 - 04 - 22]. http://cisgw3.law.pace.edu/cases/050705u5.html.

了一份关于医疗器械买卖的合同。之后因卖方违约，买方向乌克兰商贸会国际商事仲裁院提起仲裁，请求宣布合同无效以及要求损害赔偿。

买卖合同中规定：货物运输方式为航空运输；货物总价款为€195 000；付款方式是分期汇款，合同签订7天之后支付10%，器械装船时支付剩余的90%；签发航空收据的日期视为交付的日期；交付的器械需要附有提单、品质认证书、保险单和装箱单；从买家付款之日起，如果货物迟延交付的时间超过90天，那么从第91天起，卖家每天需要额外支付货物价款的0.3%以清偿买家被税务机关征收的罚款；合同争议适用瑞士法律。

根据合同的规定，买方于2003年8月6日支付了€195 00的价款，8月28日支付了剩余的价款€175 500，并要求卖方将器械装船运往敖萨德（乌克兰）。随后卖方将货物交与运输经营人负责货物的运输。2003年10月11日，运输经营人将器械交与海运承运人，装入集装箱运送往雷埃夫斯（希腊），并签发了提单1。2003年11月21，船舶到达雷埃夫斯港口，集装箱被卸下并打开，之后器械被装入另一个集装箱，装船运往伊斯坦布尔（土耳其），并签发了提单2。2003年12月8日，装有器械的船舶到达敖德萨。因器械存在一定程度的损坏，且不能达到其预期使用目的，并且卖方交予买方的文件中缺少品质认证书、保险单，因此买方拒绝收货，货物便一直处于敖萨德海关的控制之下。2005年2月22日，买方因没有完成进口货物通关，遭到乌克兰税务机关罚处49 649.86 UAH。

之后，买方多次联系卖方，要求卖方提供相关货物运输保险的证据以寻求保险救济。但卖方只在2004年7月19日通过邮件提供了一份瑞士的保险合同，而此时，保险合同已终止。因保险事故的通知时间不合适，保险人拒绝赔偿损失。

买方在与卖方交涉多次无果的情况下，于2005年3月提起仲裁，要求宣布合同无效以及赔偿损失。

【法律分析】

首先，要解决法律适用的问题。合同中关于仲裁的条款，约定由合同引起的争议适用瑞士法律。但瑞士国际私法联邦法典规定，国际公约优先于国内法适用。因本案涉及的合同是国际货物销售合同，并且买方营业地位于乌克兰，卖方营业地位于瑞士，这两个国家都是《公约》的缔约国，双方没有明确表示排除《公约》的适用，因此本案中由货物销售合同引起的争议适用《公约》。

其次，关于卖方是否存在违约的行为，根据《公约》第30条，卖方必须根据合同和本公约的规定，交付货物，移交一切和货物有关的单据并转移货物所有权。本案中，卖方在交付货物的过程中，确实存在违反合同条款的行为，尤其是将货物运输方式由约定的航运改为海运，从而延长了运输时间，导致延迟交付货物12天；卖方也没有及时提供合同规定的相关运输单据（保险单和品质认证书），这些文件（尤其是品质认证书）的缺失，没能够使货物顺利进口通关，买方也因此没能够顺利在敖德萨港口接收货物。卖方这些违反合同的行为，实际上剥夺了买方根据合同规定有权期待得到的东西，因此属于根本违约。

最后，我们需要判断买方可采取的救济方式。根据《公约》第49条、第81条第2款，卖方不履行其在本公约中的任何义务属于根本违反合同，买方有权宣布合同无效。当合同被宣布无效时，已经全部或局部履行合同的一方，可以要求另一方归还他按照合同供应的货物或支付的价款。本案中，卖方没有适当地履行交付货物的义务，以致买方不能顺利接收货物，属于根本违约，买方可以请求宣布合同无效。同时买方已按照合同的规定支付了价款，合同被宣布无效时，买方当然可以要求卖方返还已支付€195 000的价款。

根据《公约》第81第1款以及瑞士合同与贸易法典，宣告合同无效解除了双方在合同中的义务，但违约方应负责的任何损害赔偿仍要负责。如果义务人履行义务不适当或者完全不履行义务，在不能证明自己无过错的情况下，要赔偿因此造成的损失。本案中，买方因缺少货物相关品质认证书而没有完成货物进口通关，遭到乌克兰税务机关罚处49 649.86 UAH，卖家不能够证明已交予买方货物相关品质认证书和保险单。所以根据合同的规定，从买家付款之日起（也就是2003年8月28日），卖家每天需要支付货物价款的0.3%来清偿买家被税务机关征收的罚款，因此买方向卖方要求的€7 012（等于49 649.86 UAH）的损失赔偿也是合理的，应予以支持。

买方的其他损害赔偿请求未得到支持，包括买方主管参加乌克兰经济法院复查本案所花费用€1 600、缴纳滞箱费€3 060、货物储藏费€1 882、利润损失€71 067以及海关扣留集装箱导致的损失€1 499。因为买方未能向仲裁庭提供遭受到这些损失的相关事实证据。

综上，卖方在根本违约时，买方有权宣布合同无效，并要求相关损害赔偿。所以本案中，卖方在没有适当交付器械的情况下，构成根本违约，买方要求宣布合同无效、卖方返还€195 000价款及赔偿罚款损失€7 012是合理的，应予以支持。其余损害赔偿请求因不能提供相关证据不予支持。

【资料阅读】

1. 王传丽. 国际贸易法[M]. 北京：法律出版社，2012.

2. 虞汪日. 国际商事合同违约损害赔偿计算若干问题探讨——以《联合国国际货物销售合同公约》为例[J]. 中南民族大学学报（人文社会科学版），2007，27(3).

3. 孔庆璋. 论《联合国国际货物销售合同公约》宣告合同无效——兼析我国《合同法》法定合同解除制度[J]. 法制与社会，2015(21).

4. 仲裁庭的意见：

In the contract arbitration clause (para. 12.3 of Contract # 057), the parties have determined the substantive law of Switzerland as the applicable law.

Since Contract # 057 is an international sales agreement and the places of business of both parties are located in the States which are Contracting parties to the UN Convention on the Contracts of International Sale of Goods (Vienna, 1980), the provisions of the Convention apply to relationships of the parties. Furthermore, by virtue of art. 1 of the Switzerland Federal Code on Private International Law international legal agreements possess supremacy.

According to art. 30 of the Vienna Convention, the seller must deliver the goods, hand over any documents relating to them and transfer the property in the goods, as required by the contract and this Convention.

The Seller, during the delivery of the goods, has committed a number of fundamental breaches of the contract conditions, in particular: Seller has unilaterally changed the type of transportation (sea transport instead of the air transport) which entailed longer term transportation and as a result breach of the goods delivery term (the delay composed twelve days), the Seller did not pass in time transportation documents envisaged in para. 6.5 of the Contract (insurance policy and quality certificate) absence of which (in particular, of the quality certificate) made it impossible to conduct import customs clearance of the goods and acceptance of the goods by the Buyer in the seaport of the Odessa according to the Contract conditions.

Since Seller has not properly fulfilled its obligations with regard to the delivery of the goods, the Buyer, according to art. 49(1)(a) of the Vienna Convention, is entitled to declare the avoidance of the contract.

Consequently, Buyer's claim on avoidance of Contract # 057 is admitted by the Tribunal as well founded and is to be satisfied.

According to art. 81 (2) of the Vienna Convention, when the contract is avoided, the party who has performed the contract either wholly or in part may claim restitution from the other party of whatever the first party has supplied or paid under the contract. Consequently, Buyer's claim for recovery from the Seller of the prepayment transferred by the Buyer in the amount of € 195 000 is well-founded, is confirmed by the materials of the case and is to be satisfied.

In accordance with art. 81 (1) of the Vienna Convention, avoidance of the contract releases both parties from their obligations under it, subject to any damages which may be due.

According to art. 97 (1) of the Contract and Trade Law Code (Federal on Amendments to the Swiss Civil Code), if obligations are not performed properly or are not performed at all, the obligor is to restitute the damages caused in case the obligor is not able to prove its non-culpability.

As it was mentioned in para. 4 of the present award, the Seller has not presented to the Tribunal the evidence of the delivery of the quality certificate and insurance policy regarding the shipped goods; consequently, Seller has not proved its non-culpability. Non-delivery of the abovementioned documents to the Buyer by the Seller made it impossible for the Buyer to conduct customs clearance of the goods and for the Buyer to accept the goods which, in turn, entailed calculation of the fine in the amount of 49 649. 86 UAH by the tax authority for the breach of the Ukrainian currency legislation. The fine is to be levied upon the Buyer on the basis of Resolution of Economic Court of Appeal (Ukraine) of 22 February 2005.

In para. 10. 2 of Contract # 057 of 31 July 2003, the parties have foreseen that in case of the delay of delivery of the goods for more than 90 days from the date of the payment for the goods by the Buyer, the Seller is obliged to pay to the Buyer additionally, starting from the 91st day, 0. 3% of the cost of the non-delivered goods per day in discharge of the fines levied upon the Buyer by the Ukrainian tax authorities.

Consequently, Buyer's claim for recovery from the Seller of the losses in the amount of €7 012 (which is equal to 46 649. 86 UAH)is well founded and is to be satisfied.

【延伸思考】

1. 结合本案例分析，构成根本违约的行为有哪些？

2. 发生根本违约时，什么情况下不适合采取宣布合同无效的救济方式？

第四节　货物风险的转移

风险的转移是指货物灭失或毁损的风险何时由卖方转移到买方承担。根据《公约》的规定，货物发生风险转移的前提是特定化，即货物在划拨合同项下前不发生转移。货物划拨合同项下之后，从买方接收货物时起，或如果买方不在适当时间内这样做，则从货物交给他处置但他不收取货物从而违反合同时起，风险移转到买方承担。如果货物是在卖方营业地交付，从买方接收货物时起，风险转移到买方承担；在买方有义务在卖方营业地以外的某一地点接收货物时，当交货时间已到而买方知道货物已在该地点交给他处置时，风险方始转移。① 但是，货物风险从交货时起由卖方转移于买方的前提是卖方无违约责任，如果卖方发生违约行为，那么即使已经交付了货物，风险也并不因此转移给买方。《公约》允许当事人在合同中约定有关风险转移的规则。如果当事人在合同中对风险转移作出了具体规定，那么该规定优先于《公约》适用。例如，当事人在合同中选择了 FOB 或 CIF 贸易术语，那么风险转移的时间节点不再是交货而是货物装船时。

在判断风险转移的时间节点即交货时间时，《公约》分为三种情况加以区分：

①涉及运输的交货。涉及运输的交货分为两种情况：第一，卖方没有义务在指定地点交货，此时风险于货物交与第一承运人时转移给买方；第二，卖方须在指定的地点交货，此时风险于卖方在该特定地点将货物交与承运人时转移给买方。

②不涉及运输的交货。不涉及运输的交货也分为两种情况：第一，在卖

---

① 《联合国国际货物销售合同公约》第 69 条。

方营业地交货，风险从买方接收货物时转移给买方或买方不在适当时间内接收货物，则从货物交给他处置但他不收取货物从而违反合同时起，风险移转到买方承担；第二，在卖方营业地以外地点交货，当交货时间已到而买方知道货物已在该地点交给他处置时，风险开始转移给买方。

③在途运输的货物。对于在运输途中销售的货物，从订立合同时起，风险就转移到买方承担。但是，如果卖方通过向买方转移运输单据作为交货依据，那么从货物交付给签发载有运输合同单据的承运人时起，风险就由买方承担。尽管如此，如果卖方在订立合同时已知道或理应知道货物已经遗失或损坏，而他又不将这一事实告知买方，则这种遗失或损坏应由卖方负责。

★ **典型案例：**

树苗买卖案例①

【基本案情】

原告是意大利的一家苗圃公司，被告是德国的一家苗圃公司。2001年3月12日，被告（买方）向原告（卖方）送达了购买树苗的订单。订单包含运输方式、树苗名称和数量以及运输费用等。

2001年3月22日，卖方将树苗准备完毕，之后将树苗装入买方承运人货车时，发现买方提供的货车内已经载有10个袋装货物托盘，剩余的装载空间只有6 m³，而不是约定的8 m³。卖方负责人便通知买方将少装载一些植物，以防植物在运输过程中发生任何可能的损害。但是买方却希望所有的植物都通过此辆货车运输。于是卖方将植物放进黄麻袋，装到货车内托盘的周围，运往买方所在地。与此同时，卖方开出货物发票，总金额€8 263.31。

2001年3月23日，承运人将货物交付给买方，并收取运费€1 000。买方负责人在接收货物的时候，发现其中一种植物没有主芽，于是在交货单上就货物瑕疵做了批注，并于2001年3月26日写信告知卖方货物存在瑕疵。②

2001年6月20日，卖方写信提醒买方支付价款，而买方因植物存在瑕疵拒绝支付价款。因此，双方就合同履行问题发生争议，卖方向德国地方法院提起诉讼，要求买方支付植物的价款€8 263.31以及自2001年4月23日起，按照优惠贷款利率5%计算的利息。

---

① 联合国国际贸易法委员会. 法规判例法案例. ［DB/OL］（2007－09－12）［2016－04－25］. http://cisgw3.law.pace.edu/cases/061023g1.html.

② 具体内容摘录见【资料阅读】部分。

【法律分析】

首先，要解决法律适用问题。本案所涉及的合同是国际货物销售合同，卖方营业地位于意大利，买方营业地位于德国，当事人营业地位于不同国家。另外，当事人在备忘录中约定争议适用德国法律，没有明确表明排除《公约》的适用，因此《公约》可以视为德国国内法予以适用。

其次，本案争议的焦点是植物发生损坏时，风险是否已经转移。《公约》第 67 条规定，"如果销售合同涉及到货物的运输，但卖方没有义务在某一特定地点交付货物，自货物按照销售合同交付给第一承运人以转交给买方时起，风险就转移到买方承担"。本案中货物销售合同涉及运输，而且当事人缺少指定交付货物地点的协议，所以卖方应该把货物移交给第一承运人，以运交给买方。卖方在将货物交付给第一承运人时就完成了自己交付货物的义务，此时风险便转移到买方承担。值得注意的是，"交付"要求承运人实际控制货物，也就是说货物装载完毕时才完成交付。那么，货物损害发生时卖方是否已经将植物交付给承运人了呢？

根据专家的意见，交付的货物质量明显低于平均水平，这些质量瑕疵是植物培养不当造成的。另外植物明显的局部损伤（表皮损伤等）不是自然原因造成的。很显然，损坏的植物在运输过程中被装在其他货物周围，托盘上的袋装货物肯定会与植物发生摩擦。而且当植物卸载时袋装货物早已被卸下，袋装货物卸载过程也会对植物造成损坏。考虑到植物的体积和外观，损坏应该发生在运输过程中。但损害的发生不能归咎于运输本身，而应当是运输之前的装载方式。买方接收的植物发生了同种类型的局部损坏，可以断定在将货物装入运输工具时，存在不当行为，此时卖方还没完成将货物交付给承运人，所以植物发生局部损坏的时间是在货物交付给承运人之前。

因此，不管是植物由培养不当造成的质量瑕疵，还是由不当装载方式造成的局部损坏，都发生在将货物交与承运人之前，所以植物损害的风险没有转移给买方，卖方应当承担植物损害的责任。

最后，须判定买方分别可采取的救济方式。买方在收到植物之后，发现植物存在瑕疵，与合同不符，并及时地告知了卖方，完成了自己的通知义务。根据《公约》第 50 条，如果货物与合同不符，不论价款是否已付，买方都可以减低价格。针对各种树苗的损害情况，根据专家意见，可允许买方适当减价，减价后买方应支付的借款变为 €1 588.10。

根据《公约》第 78 条，如果一方当事人没有支付价款或有任何其他拖欠金额，另一方当事人有权对这些款额收取利息，所以买方应支付卖方自 2001

年 4 月 23 日起，按照利率 5% 计算的利息。

综上，卖方将货物交付第一承运人之前，损害已经发生，那么风险没有转移给买方，卖方承担货物损坏的责任。而针对货物存在瑕疵，与合同不符，买方可要求适当减价，而卖方则可要求买方支付减价后的价款以及相应的利息。

【资料阅读】

1. 左海聪. 国际商法[M]. 北京：法律出版社，2013.

2. 孙丹美.《联合国国际货物销售合同公约》风险转移规则简析[J]. 法制与社会，2010(19).

3. 丘国中.《联合国国际货物销售合同公约》风险转移模式探析[J]. 中北大学学报（社会科学版），2008，24(1).

4. 买方对瑕疵的说明：

"Your delivery of 23 March 2001.

Specification of lack of conformity During unloading we identified the following defects：

1）*Robinia umbraculifera*：broken crowns, in some respects so damaged that no crowns exist anymore;

2）*Sophora japonica*：no main sprouts;

3）*Juglans regia*：the stem circumference measures 6 cm at the maximum. There are no side branches. These are seedling shoots, partially twisted;

4）*Ginko biloba*：these plants were loaded at the bottom of the truck. Parts of their terminals have broken apart;

5）*Catalpa Nana*：see no. 1;

6）*Ailanthus altissima*：main sprouts are broken apart—chipped bark at the stems;

7）*Aesculus Briottii*：bark tearing at the stems, affected by red pustules.

As discussed, we will clarify these problems in discussions in the summer at your place in Italy."

5. 法院判决意见：

Since Buyer timely complied with its duty to give notice with regard to the defects mentioned above, the burden would be on Seller to substantiate that the delivered goods were in conformity with the contract at the time of passing of risk. Seller did not do so. In the absence of a contrasting contract provision, here a sale for delivery of goods in terms of Art. 31(a) CISG is to be presumed, since the sales contract required the delivery of the goods. Seller fulfilled its obligation to deliver the goods by handing them over to the carrier procured by Buyer. This is not over-ruled by the contract term which provided for delivery "free of charge". According to the general rule of Art. 67(1) CISG, for sales requiring delivery, the risk passes to the buyer when the goods are handed over to the carrier. "Handing over" requires that the carrier take custody of the goods, which implies an actual surrender of the goods to the carrier. In this respect, it is no doubt necessary for the seller to load the goods onto or into the respective means of transport. Thus, the risk only passes when loading is completed. According to the expert opinion, the quality of the delivered goods is significantly below average. These quality defects have not been caused by poor care on the part of Seller's employees, but instead by poor cultivation of the plants. Furthermore, the evident local damages that the plants suffered (bark damage, broken sprouts and crowns as documented by the expert) were not caused by nature. Taking into account their shape and appearance, the damage was caused by improper storage within the transport vehicle. Apparently, the damaged plants were stored below other plants (bale cargo). Whenever the transport vehicle moved during its journey, the bales must have grinded against the plants. The transport itself was not critical to the occurrence of the damage but the way the plants were loaded before transport. As the same type of plant damage appeared frequently in the case at hand, it must be assumed that there had been some general improper conduct occurred during the loading of the plants into the transport vehicle. The damage might in theory also have occurred during unloading. Yet, it is hardly imaginable that the same damage would have appeared so frequently. The witnesses have convincingly and uniformly stated that the damage was discovered during unloading and that it was not caused by their careful unloading by hand. One witness credibly stated that he could not remember having unloaded any goods prior to the unloading at Buyer's place of business in Burgebrach. In any event, he knew that the canvas cover was properly closed at the time of arrival at Buyer's location. Even the customs sign was still attached. He further stated that any unloading by opening the side walls and pulling out any bale cargo was practically impossible. Consequently, no damage to the plants could have occurred by a different unloading process after the passing of risk to Buyer.

【延伸思考】

1. 合同当事人能否约定风险转移的时间？若可以，当约定与《公约》规定冲突时优先适用约定还是《公约》？

2. 结合本案思考，判断货物交付给第一承运人之前是否发生了损害，是由卖方证明货物交付给第一承运人时是符合合同要求的，还是由买方证明货物交付给第一承运人之前就已经存在损害？

第五节　国际贸易术语

贸易术语是以不同的交货地点为标准，用简短的概念或英文缩写字母表示交货的地点、商品的价格构成、买卖双方在交易中的费用、责任与风险的划分。①《国际贸易术语解释通则》最近一次修订是在 2010 年，于 2011 年 1 月 1 日生效，简称 INCOTERMS® 2010。国际贸易惯例对贸易当事人不产生强制性约束力，INCOTERMS® 2010 的生效也并不意味着 INCOTERMS 2000 的失效，当事人在订立贸易合同时，仍然可以选择适用 INCOTERMS 2000 甚至 INCOTERMS 1990。

传统的《国际贸易术语解释通则》只在国际销售合同中运用，此种交易的运输都需要跨越国界。INCOTERMS® 2010 正式认可所有的贸易术语既可以适用于国际贸易也可以适用于国内交易。

迄今为止，国际商事交易中，采用最多的是装运港交货的三种术语。

1. FOB...named port shipment

FOB(Free On Board)，即装运港船上交货，又称"船上交货"。使用这一贸易术语时，要注明装运港的名称，例如"FOB 上海"，则表示的交易条件为卖方将货物运送至买方指定的上海港口的船舶上，并承担货物装上船之前的一切费用和货物灭失或损害的一切风险。用集装箱运输的货物通常是在集装箱码头交货，在这类情况下应该使用 FCA。美国惯例把 FOB 笼统地解释为在某处某种运输工具上交货，其适用范围很广。《1990 年美国对外贸易定义修订本》对 FOB 的解释有 6 种，主要区别在于卖方装货地点的不同：第一种是卖方将货物装入内陆指定发货地点的指定内陆运输工具上；第四种是卖方在出口地点的内陆运输工具上交货；第五种是卖方将货物装入指定装运港的

---

① 余劲松，吴志攀. 国际经济法[M]. 北京：高等教育出版社，2014：65.

船舶上。第五种与 INCOTERMS® 2010 中 FOB 条款的含义相近。美洲国家之间，多采用《1990 年美国对外贸易定义修订本》对贸易术语的解释，因此在同美国、加拿大等国家的当事人订立包含 FOB 贸易术语的合同时，必须对 FOB 含义的解释进行明确说明，以免发生不必要的误会。

2. CIF... named port of destination

CIF（Cost, Insurance and Freight），即"成本加保险费、运费"，又称"成本加运保费"，如"CIF 洛杉矶"，表示卖方按合同规定将货物交至运往洛杉矶港口的船上，并负担货物装上船为止的一切费用和货物灭失或损害的风险，同时还要负责办理货物运输和保险手续，支付运费、保险费。

在适用 CIF 术语时，须注意替买方投保并支付保险费是卖方的一项义务，但卖方只有义务投保海上货物运输的最低险别，即平安险。买方如要投保其他险别或特种险，应在合同中说明并自己负担该项加保费用。

3. CFR... named port of destination

CFR（Cost and Freight），即"成本加运费"，如"CFR 利物浦"是指卖方在合同规定的装运期内，在装运港将货物装上运往利物浦港口的船上，并负担货物装上船之前的一切费用和货物灭失或损坏的风险，同时负责租船订舱，支付船舶抵达利物浦的正常费用。

CFR 与 CIF 合同买卖双方责任的划分基本是相同的，不同之处在于 CFR 合同的卖方不负责办理投保手续和支付保险费，不提供保险单。

★ **典型案例一：**

Klockner, Inc. v. Navrom①

【基本案情】

原告 Klockner, Inc. 是一家纽约公司，想要购买钢板。钢板由罗马尼亚公司 Metal Import Export 制造，之后卖给德国杜伊斯贝格公司 Klockner & Co.，然后再转卖给原告 Klockner Inc.。被告 Navrom 是一家船运公司，承担货物的运输。

Klockner, Inc. 与 Klockner & Co. 签订的钢板买卖合同包含 CIF 条款，即 CIF 布里奇波特，康乃狄克（美国）。订单还包含了"附注"条款，规定任何运费的波动差价或附加费、终端码头管理费或装载费、任何强加的关税或税务

---

① LexisNexis. Lexis. com China. [DB/OL]. [2016 - 04 - 25]. http://www.lexisnexis.com/ap/auth/.

都由买方即 Klockner, Inc. 承担。

Metal Import Export 为了安排货物的运输，与 Navrom 签订了租船合同，将钢板从罗马尼亚运往布里奇波特。之后，根据该租船合同的协议条款，Navrom 就已装船货物签发了 8 份提单。每份提单的收货人都是 Klockner & Co.，4、5 和 6 号提单是收货人为 Klockner & Co. 的不可转让记名提单，7 号和 8 号提单是"凭指示"交货的提单。之后 Klockner & Co. 将 8 份提单转让给 Klockner, Inc.，其中 7 号和 8 号提单没有经过背书。

在海上运输过程中，恶劣天气使海水灌入船舱，对货物造成了损失。之后 Klockner, Inc. 在布里奇波特依据 8 份提单接受了钢板，并就钢板遭到的损害提起诉讼，要求被告 Navrom 赔偿自己因海水灌入船舱造成的货物损失。

【法律分析】

本案中争议的焦点是 Klockner, Inc. 与 Klockner & Co. 签订的买卖合同是否是 CIF 合同以及 4~8 号提单的转让是否影响货物所有权和风险的转移。

首先，本案中涉及的买卖合同是否是 CIF 合同，Navrom 主张 CIF 合同应由卖方承担成本、运费和保险费，而 Klockner, Inc. 与 Klockner & Co. 的买卖合同中规定了 Klockner, Inc. 承担运费的波动差价或附加费等，因此不符合标准的 CIF 合同条件。

法官认为，本案中 Klockner, Inc. 订单中额外的规定不会与 CIF 买卖合同本质特征产生不可调和的矛盾，双方当事人只是在合同中指定了买方承担运费的波动差价或附加费等额外费用，这与标准 CIF 合同的偏差如此之小，以至于不能作为推翻当事人订立 CIF 合同意图的理由。买卖合同中清楚地记载了"CIF 布里奇波特，康乃狄克"，也就是说双方当事人具有订立 CIF 买卖合同的意图，而 Navrom 没有提供买卖双方不想订立 CIF 合同的证据。所以本案中 Klockner, Inc. 订单中的额外规定不会影响 CIF 合同的成立，也就是说 Klockner, Inc. 与 Klockner & Co. 签订的买卖合同是 CIF 合同。

其次，关于 4~8 号提单的转让是否影响货物所有权和风险的转移，Navrom 认为记名提单以及未经背书的"凭指示"提单不能将货物权利转移给 Klockner, Inc.，理由如下：第一，本案中涉及的提单，作为权利的凭证，规定了收货人 Klockner & Co. 是货物的所有权人；第二，4、5 和 6 号提单是收货人为 Klockner & Co. 的不可转让记名提单，7 号和 8 号提单是"凭指示"提单，而 Klockner & Co. 没有将 7 号和 8 号提单背书转让给 Klockner, Inc.；第三，当货物损害发生时，Klockner & Co. 而非 Klockner, Inc. 拥有钢板的所有权。因此 Klockner, Inc. 没有权利提起诉讼。

法官意见认为，根据 CIF 买卖合同的规定，Klockner, Inc. 是预定的收货人，Navrom 也在布里奇波特将货物交付给了 Klockner, Inc.，而且卖方将货物装船后，将提单与其他单据一起及时提交给买方，就已经完成了交付货物任务，任何背书行为对于买方获得相关权利来说都不是必须的。因此，Klockner, Inc. 可以取得货物的所有权，并且当货物装上船之后，货物丢失或毁损的风险便转移给了 Klockner, Inc.。

综上，尽管法院有时认为价格条款的改变与真正的 CIF 买卖合同相冲突，但现在越来越多的案件对 CIF 买卖合同采取更宽容的解释。列举 CIF 合同中卖方或买方的其他责任，属于"除非另有协议"条款，"除非另有协议"这一表述在协议中经常用到，所以应被看作是对 CIF 条款的完善，而非是违背 CIF 条款。如果对 CIF 合同的修改不足以改变 CIF 合同的本质特征，从商业角度依然能够理解 CIF 条款处于支配地位，那么需要遵循合同当事人的意思表示，判定该合同仍然属于 CIF 合同。既然对 CIF 条款的非实质修改不影响 CIF 买卖合同的成立，并且 CIF 买卖合同中提单的未背书行为不影响买方获得货物所有权，那么本案中 Klockner, Inc. 依据 CIF 买卖合同获得了钢卷的所有权，并且承担钢卷被装上船之后的风险，拥有向承运人就货物损失索赔的权利，因此 Navrom 应赔偿 Klockner, Inc. 相应的损失。

【资料阅读】

1. 左海聪. 国际商法[M]. 北京：法律出版社，2013.

2. 杨轶雯.《2010 通则》项下 FOB、CFR、CIF 三种贸易术语的比较及选用[J]. 经济研究导刊，2015(17).

3. 周凯丽. CIF 合同的性质与卖方交货义务的履行[J]. 法制与社会，2010(32).

4. Pierre N. Leval 法官的意见：

The CIF Sale

Although courts have on occasion held that variables in the price term were necessarily inconsistent with a true CIF sale, more recent cases have taken a more liberal view. In Warner Bros. & Co. v. Israel, the Second Circuit recognized that in construing a CIF contract for the sale of sugar, provisions requiring adjustments in purchase price and conditions of shipment were to be read "in their context with the other terms of the contract and given such effect as the contract as a whole shows the parties intended". And in Dixon Irmaos & Cia. , Ltda. , v. Chase Nat'l Bank, the Second Circuit affirmed a trial court's finding that under a CIF contract the seller has the option of prepaying freight or shipping freight collect and crediting it on the invoice.

The Uniform Commercial Code and the cases provide a firm basis for rejecting Navrom's argument that the variations in the contract between Klockner, Inc. and Klockner & Co. destroyed the conditions of a CIF sale.

Navrom's contention fails for other reasons too. As the cases and authorities suggest, the intention of the parties is key in determining whether a CIF contract has been entered into. Navrom offers no evidence that buyer and seller did not intend to form a CIF contract. In fact, Navrom completely ignores the specifically stated intention of the parties, to enter into a CIF sale. Plaintiff's purchase order and Klockner & Co. 's

invoice stated clearly that the terms of the sale were CIF Bridgeport. In my view, the extra provisions in the purchase order do not create irreconcilable inconsistencies with the essential characteristics of a CIF sale, as might, for example, a term which specifically shifted the risk of loss to Klockner & Co. or incorporated a "no arrival, no sale" clause. Here, the special terms of plaintiff's purchase do neither. They simply assign contingent additional costs to the buyer in the event that such costs are incurred. In short, the "deviations" from a standard CIF contract are too slight to provide a basis for overriding the plain intention of the parties to make a CIF contract.

The Bills of Lading

Navrom also argues that the straight bills and order bills of lading could not pass title to Klockner, Inc. It is undisputed that Klockner, Inc. was the intended recipient of the cargo and that, under the terms of the contract of sale, it was entitled to possession of the goods upon arrival at Bridgeport. Furthermore defendant delivered the goods to Klockner, Inc. at Bridgeport.

The only reasonable part of defendant's position is its entitlement to assurance that because of the flaws in the documents it cannot be subjected to two inconsistent judgments in favor of conflicting claimants.

【延伸思考】

1. 构成 CIF 合同的最基本条件是什么?

2. 从本案件出发,试分析对标准 CIF 合同的改变达到何种程度时,可以影响 CIF 合同的成立?

★ 典型案例二:

A. M. Knitwear Corp. v. All America Export-Import Corp. ①

【基本案情】

1973 年 6 月,买方 All America Export-Import Corp. 与卖方 A. M. Knitwear Corp. 就购买一定数量的纱线签订了合同。买方所用的是自己的订货单格式,标注日期为 1973 年 6 月 4 日,还包含以下内容:货物说明、可以接受分批装运、如何标记包装盒、货物的数量以及货物的价款。另外,在表格中"装船经由"一栏记载着:"从你方工厂拣货并运到 Moore-McCormak 港装船,之后运送至 Santos, Brazil"。在表格价格一栏,记载着"FOB PLANT PER LB. $ 1.35"。然而,印刷着 FOB 字样的一栏为空,并且为 FOB 条款的记录留出了空间。双方约定了由卖方将货物装入买方准备的集装箱即可,但没有签订具体的书面协议。另外,卖方也没有与买方约定,当卖方将货物装入集装箱并通知买方之后,风险便转移给买方。

为了将货物运送往目的地,买方电话通知了纽约的 A 公司(一个海关经纪人和货运代理人,也是本案中的第三人)来安排当地的货物运输公司将货物装运到港口。随后,A 公司安排了 B 公司(本案另一个第三人)来运输货物。B 公司准备了空的集装箱来装载货物。1973 年 6 月 22 日,B 公司将集装箱运送到了卖方所在地。6 月 25 日,卖方将货物装入集装箱并在同一天通知了买方货物已装入集装箱。买方随即让货运代理人 A 公司通知 B 公司将已载货物的集装箱运送到 Moore-McCormak 港。在当天晚上大约 8 点钟,A 公司安排的 B 公司运输人员到达之前,有人开着拖拉机到达集装箱所在地并将货物装到车上带走。这辆车上没有任何标志,也不能判断其车主是谁。在离开之前,司机签发了一个提单,但是签字是模糊的。很显然这个人是个小

---

① LexisNexis. Lexis. com China. [DB/OL]. [2016-04-26]. http://www.lexisnexis.com/ap/auth/.

偷并偷走了该货物。

6 月 25 号之后不久，买方向卖方通过标注日期为 1973 年 7 月 2 日，数额为 $ 24,119.10 的支票来支付已装入集装箱货物的价款。但买方在得知没有收到货物之后停止了支付行为，卖方因此提起诉讼，要求买方支付货物的价款。

一审法院认为卖方将准备交付的货物装入承运人的集装箱，此时，承运人并没有控制、管理该货物，也就是说卖方并没有完成将货物交付给承运人的义务，此时货物损失的风险并没有转移给买方，因此卖方要求买方支付货物的价款的诉求不予以支持。

卖方不服提起上诉，上诉法院支持了一审法院的判决。

【法律分析】

首先，我们要解决的是法律适用问题。本案中卖方不服一审判决，提起上诉。案件审理中，双方当事人主张适用《统一商法典》。根据当事人选择的适用法律，本案争议受《统一商法典》调整。另外，关于合同中贸易术语的解释，将援用《1990 年美国对外贸易定义修订本》的相关规定。

其次，本案争议的焦点是合同中"FOB PLANT PER LB. $ 1.35"条款的含义以及风险承担问题。

针对订单中"FOB PLANT PER LB. $ 1.35"条款的含义，卖方主张其已不具有其通常的含义，该条款仅仅规定货物的价格，即每磅货物 $ 1.35。又因买卖双方就交付条件另外达成了协议，即卖方将货物装入买方准备的集装箱即可，因此当卖方将货物装入集装箱并通知了买方之后，风险便转移给买方。

《统一商法典》规定，除非另有协议，即使 FOB 后连接的是约定价格，仍是交付条款。① 按照《1990 年美国对外贸易定义修订本》对 FOB 含义的解释，"FOB PLANT PER LB. $ 1.35"属于第一种，即卖方须在工厂将货物装入买方指定的集装箱中。如果卖方想要赋予"FOB PLANT PER LB. $ 1.35"条款不同的含义，那么应该在收到订单之后表达自己的不同意见。例如，卖方应说明"FOB PLANT PER LB. $ 1.35"条款只是价格条款而不是交付条件条款②或货物装入集装箱之后灭失的风险就转嫁给买方③。而实际上，卖方并没有对

---

① Uniform Commercial Code, §2-319, subd [1].
② Uniform Commercial Code, §2-319, Form 1.
③ Uniform Commercial Code, §2-319, Form 2.

"FOB PLANT PER LB. ＄1.35"条款表示异议，而是按照自己对协议的理解去解释该条款，这种解释显然与《统一商法典》的规定相冲突。

因此本案中"FOB PLANT PER LB. ＄1.35"条款，按照《统一商法典》以及《1990年美国对外贸易定义修订本》的规定，应解释为卖方须将货物装入买方提供的集装箱，并且承担货物交与承运人之前的一切费用和货物灭失或损害的一切风险。

关于风险转移的问题，卖方主张已与买方达成一致协议，不要求卖方将货物交与承运人，而是将货物装入买方准备的集装箱即可。虽然当事人之间没有书面协议，只是在口头上约定了卖方交货方式，但这一事实可由卖方将货物装入集装箱并通知了买方之后，买方为支付货物价款签发了支票证明。根据该协议，当卖方将货物装到买方准备的集装箱，完成实际交货时，货物灭失的风险便由卖方转嫁给买方。

但是，上诉法官认为，"FOB PLANT PER LB. ＄1.35"应解释为卖方须将货物装入买方提供的集装箱，并且承担货物交与承运人之前的一切费用和货物灭失或损害的一切风险。虽然买卖双方当事人约定了由卖方将货物装入买方提供的集装箱，但这并不意味着风险自货物装入集装箱时便转移给买方。卖方必须将货物置于承运人的控制之下，此时才是风险转移的时间节点。而买方之所以支付价款，是因为其认为卖方已完成将货物交付给适当承运人的义务。若买方得知卖方已将货物装入集装箱，但不确定货物是否已经交予承运人时，是不可能支付价款的。因此，在B公司实际控制、管理货物之前，有人偷走了货物，卖方并没有完成交付义务，货物风险也没有转移给买方。货物交与承运人之前被偷走，这一损失自然由卖方承担。

最后，需要判断第三人A公司是否要承担责任。在承运人接受货物之前，没有形成对货物的保管义务，自然也不需要承担货物毁损或灭失的风险。本案中，B公司提供暂时装载货物的集装箱以及卖方将货物装入集装箱的行为不能说明承运人接收并控制了货物，因此卖方也没有将货物交与B公司。① 既然A公司的授权人B公司没有接收货物，也就是说承运人A公司也始终没有控制、管理货物，即没有形成实际上的委托保管。因此，承运人A公司不需要承担货物灭失的风险。

因此，上诉法院支持了买方的诉求，判决卖方承担货物灭失的风险。

---

① Avisun v. Mercer Motor Frgt (37 AD 2d 517, supra).

【资料阅读】

1. 冷柏军，周婷. 国际贸易术语[M]. 北京：首都经济贸易大学出版社，2008.

2. 刁治綦. FOB 贸易术语在两大国际惯例中的比较分析[J]. 黑龙江对外经贸，2010(6).

3. 胡勇，钱静媛. 国际贸易中出口方采用 FOB 贸易术语的风险研究[J]. 对外经贸实务，2012(11).

4. Cooke 法官的意见：

Despite the provisions of the code which place the risk of loss on the seller in the F. O. B. place of shipment contract until the goods are delivered to the carrier, here the seller contends that the parties "otherwise agreed" so that pursuant to its agreement, the risk of loss passed from the seller to the buyer at the time and place at which the seller completed physical delivery of the subject goods into the container supplied by the buyer for that purpose. In support of this contention, the seller alleges that the language of the purchase order "Pick Up from your Plant" is a specific delivery instruction and that the language "FOB PLANT PER LB. $ 1.35", which appears in the price column, is a price term and not a delivery term. Further support for the seller's contention is taken from the fact that the space provided in the buyer's own purchase order from for an F. O. B. delivery instruction was left blank by the buyer. Thus, the seller contends its agreement with the buyer imposed no obligation on it to make delivery of the loaded container to the carrier.

...

The seller's contention, that the parties intended the F. O. B. term as a price term and not a delivery term, conflicts with the code provision that states that the F. O. B. term is a delivery term "even though used only in connection with the stated price". That the F. O. B. term was not inserted in the space provided for such an expression in the buyer's own purchase order form does not require a determination that the F. O. B. term was intended as a price term, since the drafters of the code recognized that the term F. O. B. will often be used in connection with the stated price. Thus, the place where the term F. O. B. was typed on the buyer's form is not sufficient to suggest that the parties intended a price term, particularly when one considers that the relevant code provision was specifically intended to negate the decisions which treated this term as "merely a price term".

Since the term "FOB PLANT" was a delivery term, the risk of loss was on the seller until the goods were put into the possession of the carrier—unless the parties "otherwise agreed" or there was a "contrary agreement" with respect to the risk of loss. In this respect, the holding in Avisun v Mercer Motor Frgt., cited by the Appellate Division, is illustrative. There, the question was whether the defendant carrier was liable as bailee for goods that were loaded in its trailer but were stolen before it arrived to pick them up. The Appellate Division there determined that until the acceptance of the goods by the defendant carrier, there was no bailment and that making available a vehicle for (p 518) "possible temporary storage" was not an "acceptance". The seller contends that the Avisun case has no relevance to this case because it involves the issue as to when a bailment arises as a matter of law. The seller's interpretation is, however, too limited. The Avisun case is relevant here because, in the same sense that loading the trailer was not an "acceptance" of a bailment by the carrier, the loading of the container by the seller is not "delivery" to the carrier for purposes of the code, unless the parties so agree.

The provisions of the code with respect to risk of loss are subject to the "contrary agreement" of the parties. In this respect, the Official Comment states that "'contrary' is in no way used as a word of limitation and the buyer and seller are left free to readjust their rights and risks in any manner agreeable to them". It is, however, a recognized principle that "if the parties have made a memorial of their bargain the law does not recognize their intent, unless it is expressed in, or may fairly be implied from, their writing". It has also been established that when words have a well-understood meaning the courts are not permitted to search for the intent of the parties. The term "FOB PLANT" is well understood to require delivery to the carrier and does not imply any other meaning. If a contrary meaning was intended, an express statement varying the ordinary meaning is required. The statements made by an officer of the buyer and the other circumstances of this case are not enough to show that the term did not mean what it does in ordinary commercial transactions. One of the principal purposes of the code is to simplify, clarify and modernize the law governing commercial transactions. To allow a commonly used term such as F. O. B. to be varied in meaning, without an express statement of the parties of an intent to do so, would not serve that purpose.

【延伸思考】

1. 当事人在合同条款中约定了 FOB 贸易术语时，是否可以改变条款的某一方面的内容，如风险转移的时间与地点？

2. 试评析 INCOTERMS® 2010 与美国法律中 FOB 含义的异同。

3. 在与美洲国家进行商事交易时，如果采用 FOB 贸易术语，应注意哪些问题？

★ 典型案例三：

韩国××贸易公司 v. 中国汕头经济特区××股份有限公司①

【基本案情】

1995 年 12 月 3 日，原告（韩国××贸易公司）作为卖方与被告（中国汕头经济特区××股份有限公司）签订了关于 600 吨美术纸的买卖合同 No. SHI-951203-SW（以下简称合同）。合同具体包括以下条款：①数量：上下不超过 5%；②价格条款：CFR 汕头②；③价格：每吨 $ 990；④合同总价款：$ 594 000；⑤装运时间：1995 年 12 月 15 日之前；⑥支付方式：信用证。

买卖合同签订之后，买方授权香港 A 公司向 China State Bank H. K. 申请开立以卖方作为受益人的不可撤销信用证，有效期截至 1995 年 12 月 28 日。同时，A 公司和中银保险公司就该批货物签订了保险合同。卖方于 1995 年 12 月 15 日将总价款为 $ 594 889.02 的 600.898 吨货物装船，并于 12 月 19 日将所有文件寄送给开证行 China State H. K.。当天，装运货物的船舶 M. V. Samsun Creator（属于 Samsun 船运公司）沉没，所有的货物都灭失了。

Samsun 船运公司分别于 12 月 19 将事故通知了卖方，卖方又于当日将事故通知了买方并要求其采取相应措施以减轻损失。12 月 20 日，卖方通知了 A 公司运输货物的船舶已沉没。12 月 29 日，卖方委托的银行（韩国 Hana 银行）收到了开证行拒绝付款的通知，声称卖方提供的单据与信用证不符。Hana 银行回复开证行单证不符点不是实质性的，不足以拒绝支付价款，并反复要求开证行依据信用证即期付款的规定尽快支付价款，但却遭到拒绝。之

---

① 联合国国际贸易法委员会. 法规判例法案例. [DB/OL]（2009 - 07 - 22）[2016 - 04 - 25]. http://cisgw3. law. pace. edu/cases/970625c1. html.

② INCOTERMS 1990 年中的 CNF 术语与 INCOTERM® 2010 中 CFR 术语相对应，为论述方便，此外使用 CFR 代替原文中的 CNF。

后,卖方多次写信给 A 公司以及买方要求支付价款,但均遭到买方的拒绝。

买方认为在开立了以卖方为受益人的信用证以及卖方接受了信用证之后,其支付价款的义务就已经完成,卖方对信用证的失效负责。同时,卖方没有提供船舶沉没的官方报告,因而不能判断卖方是否真正交付了货物,进而不能断定风险已转移给买方,所以拒绝支付价款。

随后,卖方申请仲裁,要求买方支付合同价款 \$ 594 889.02、利益损失 \$ 135 503.88、律师费 \$ 18 000 以及仲裁费用。

【法律分析】

首先,本案要解决的是法律适用问题。双方当事人没有在合同中约定适用的法律。基于合同是在中国签订以及仲裁也是在中国进行,所以仲裁庭决定适用《中华人民共和国涉外经济合同法》。① 争议在涉外经济合同法中没有规定的,适用国际贸易惯例,就本案中的争议,与之相关的国际惯例是 1990 年《国际贸易术语解释通则》(INCOTERMS 1990)。因此,本案适用《中华人民共和国涉外经济合同法》以及 INCOTERMS 1990。

其次,关于风险转移问题,双方当事人约定适用国际贸易术语"CFR 汕头",根据 INCOTERMS 1990 的规定,卖方需要在合同规定的装运期内,在装运港将货物装上运往指定目的港的船上,并负担货物越过装运港船舷之前的一切费用和货物灭失或损坏的风险,同时负责租船订舱,支付船舶抵达目的地的正常费用。因此,卖方将货物装上运往指定目的港的船上,就完成了交付义务,此时货物灭失或毁损的风险就转移给了买方。

卖方提供的提单复印件,记载了装运港是 Pusan(韩国),签发的时间是 1995 年 12 月 15 日,并载明了是"清洁提单"。买方没有对提单的真实性、合法性以及有效性提出任何反对意见,所以可以认定卖方已经按照合同交付了货物。当货物越过船舷时(1995 年 12 月 15 日),就意味着已经完成了合同项下交付货物的义务,货物灭失或毁损的风险也已经转移给了买方。因此买方须继续履行支付价款的义务。

最后,须判定单证不符的情况是否可以成为买方不再支付价款的抗辩理由。本案中信用证在单证不符的情况下失效,意味着信用证作为一份独立的合同失效了。但是买卖双方的合同依然有效,并且各自的合同项下义务也还存在。因此即使信用证不能再作为支付的方式了,买方也不能免除支付价款

---

① 案件审理时,《中华人民共和国涉外经济合同法》还没有失效。

的义务。至于买方的损失，可以根据保险合同向保险公司索赔。

综上，在 CFR 贸易条件下，卖方须在装运港将货物装上运往指定目的港的船上，并负担货物越过装运港船舷之前的一切费用和货物灭失或损坏的风险。本案中货物风险已转移给买方，买方须继续履行支付价款的义务，即原告要求被告支付货物价款及相应利息的诉求应予以支持。

【资料阅读】

1. 冷柏军，周婷. 国际贸易术语[M]. 北京：首都经济贸易大学出版社，2008.

2. 程维. 国际贸易术语下的风险转移与规避——以 FOB、CFR、CIF 为例[J]. 商业时代，2012(6).

3. 仲裁庭的意见：

The delivery of the goods by the Seller and the passage of the risk

The key issue of this case is whether the risk of loss has passed to the Buyer. The Contract was formed on a CFR basis. According to Article A3 of CFR Part, INCOTERMS 1990, a seller has no obligation to enter into an insurance contract, and according to Article A5 and B5 of the same, the risk of loss passes to a buyer when the goods pass the rail of the ship. Pursuant to Article 67 of the 1980 United Nations Convention, "the risk passes to the buyer when the goods are handed over to the first carrier for transmission to the buyer in accordance with the contract of sale." Therefore, whether the goods were handed to the first carrier, that is, whether the Seller delivered the goods in accordance with the Contract, should be clarified first. According to INCOTERMS 1990, the Seller's delivery of goods is to load the goods on board at the loading port within the time limit prescribed by the Contract. The Contract provides that the loading port should be a major port in Korea and the loading time should be no late than 15 December 1995. The Seller provided a copy of the bill of lading, which indicates that the loading port was PUSAN, Korea and the bill of lading was issued on 15 December 2005 with "CLEAN ON BOARD". The Buyer did not raise any objection to the truthfulness, legality, and effectiveness of the bill of lading. However, the Buyer did question whether the Seller actually delivered the goods based on the fact that no official maritime report of the sinking ship was provided.

The report of the sinking ship is an evidence of that accident; whether it was true or not or who should take the responsibility will be determined in the following

Section. The Arbitration Tribunal points out that the same kind of sinking accident as in this case could only happen after the goods was loaded on board by the seller. Therefore, if the accident could be proved, then the delivery of the goods by the Seller could also be proved. However, the presumption that no sinking accident is proved means that the Seller did not deliver the goods is incorrect. This is a common sense. Therefore, the buyer cannot use "no official maritime report of the sinking accident was provided" as a reason to question whether the Seller has delivered the goods or not.

Based on the above, the Arbitration Tribunal holds that the Seller has delivered the goods in accordance with the Contract and that the risk of loss has passed to the buyer when the goods passed over the ship's rail on 15 December 1995.

【延伸思考】

1. CFR 贸易术语下不要求卖方对货物投保，那么买方办理投保手续时，需要货物已装船等信息。若卖方没有及时向买方发出货物装船通知，以便买方办理保险手续时，货物在海运途中风险由谁承担？

2. 试结合本案例分析，自 INCOTERMS 1990 起至 INCOTERMS® 2010，CFR 贸易术语含义的改变。

第三章　国际货物运输法

第一节　提单

　　若某一海运合同下的货物只是船舶所运输货物的一部分时，海运合同通过提单来证明。① 提单适用于散杂货定期班轮运输，国际上调整提单运输的国际公约有三个：《海牙规则》《海牙—维斯比规则》和《汉堡规则》。《海牙规则》和《海牙—维斯比规则》都没有对提单下明确定义，《汉堡规则》则规定，提单是指一种用以证明海上运输合同和货物由承运人接管或装船，以及承运人据以保证交付货物的单证。

一、提单的功能

　　提单对运输合同的履行极其重要，我们有必要对提单的功能进行深入的了解。首先，提单可作为装船货物的收据。提单通常包含对货物数量以及承运人接收货物时货物状态等方面的陈述。《海牙—维斯比规则》规定，提单中的事实陈述是承运人收到提单所载货物的初步证据；但是当提单被转让给善意第三人时，提单上的陈述即成为承运人与提单持有人之间的绝对证据；其次，提单可作为运输合同的证明。提单是一种标准合同，会详细记载承运人的权利、义务等内容。就托运人而言，这些条款本身不是运输合同，而仅仅是运输合同的证明。但是当船舶承租人是货物托运人时，船长会签发提单，这种情况下，提单仅仅作为装船货物的收据，而不再是运输合同的证明。船东与承运人之间运输合同的条款只能在租约中找到。然而，若承租人后来将

---

① 　约翰·威尔逊. 海上货物运输法：第 7 版[M]. 袁发强，译. 北京：法律出版社，2014：111.

提单背书转让给支付了对价的善意购买者，提单对背书人来说是运输合同的绝对证据。最后，提单可作为货物的权利凭证。提单持有人不仅可以在卸货港领取货物，还可以作为借款的担保。可通过背书流转的提单持有人，在货物运输途中，可以通过背书转让提单以实现货物所有权的转让。

二、提单的分类

按是否可流通标准，提单分为可转让提单与不可转让提单。可转让的提单分为两种：一是指示提单，即托运人在收货人栏内填写"凭指示"（To order）或"凭某人指示"（To order of...）字样的提单；二是不记名提单，即托运人不指明具体的收货人，而是在收货人处填写"交予持票人"（To bearer）字样的提单。不记名提单非经背书即可转让，只要是持票人就可以提取货物，因此存在很大的风险，在国际贸易中很少使用。指示提单经过背书即可转让，背书实际上是使持票人拥有提单项下货物的所有权，在国际贸易中得到广泛应用。不可转让的提单则是指记名提单，即托运人指定特定人为收货人的提单。

按照承运人接收的货物是否已装船标准，提单可分为已装船提单和收货待运提单。已装船提单是指货物装船以后，承运人签发的载明装货船舶名称和装船日期的提单；收货待运提单主要适用于集装箱运输，是承运人在收取货物以后。实际装船之前签发的提单。①

按照是否包含货物或包装缺陷说明标准，提单可分为清洁提单和不清洁提单。清洁提单是指单据上没有明显声明货物或包装有缺陷的附加条文或批注的提单；不清洁提单则是单据上有该类附加条文或批注的提单。

按照运输方式的种类标准，提单可分为直达提单和联运提单。直达提单是承运人签发的，货物从装运港直接运往目的港的提单；联运提单则是货物由海运和另一种或两种以上不同方式运输签发的提单。

提单中的首要条款（paramount clause）是规定提单所适用法律的条款，通常规定提单受《海牙规则》《海牙—维斯比规则》或承运人所在国商法等调整。在该条款并列举《海牙规则》或承运人所在国的商法时，由法院或仲裁庭择一适用。

---

① 王传丽. 国际贸易法：第 4 版[M]. 北京：法律出版社，2008：75.

★ **典型案例一：**

BII Finance Company Ltd. v. U-States
Forwarding Services Corp. ①

【基本案情】

原告 BII Finance Company Ltd.（以下简称 BII）是一家香港的商业银行，被告 U-States Forwarding Services Corp.（以下简称 U-States）是一家加利福尼亚（美国）公司。香港服装制造出口商 Shineworld Industrial Limited（以下简称 Shineworld）与苏格兰格拉斯哥（买方）Jacobs & Turner, Ltd.（以下简称 Jacobs & Turner）签订了关于夹克衫的国际货物销售合同，并与 U-States 达成协议，安排货物运输。1997 年 6 月 5 日，航运公司 Primaline, Inc.（以下简称 Primaline）作为 U-States 的代理人，向 Shineworld 签发了 4 张提单。尽管提单项下的货物（纸箱装载的夹克衫）已经装船运往苏格兰格拉斯哥，但提单上仅仅载明了"凭指示"，而没有载明由谁指示。

Jacobs & Turner 同意通过信用证支付提单项下货物费用，大概 $ 200 000（争议中涉及的金额是香港货币。此处的金额用美元表示是因为采用了当事人的做法）。Shineworld 为向 BII 贷款 $ 200 000，将 4 张提单转让给 BII。

货物于 1997 年 6 月初装船，7 月到达英国。当货物过境时，BII 将货运单据（包括提单）寄送给 Jacobs & Turner 的开证银行 Clydesdale Bank PLC，（位于苏格兰格拉斯哥）。1997 年 6 月 25 日，Clydesdale Bank 通知 BII，由于其寄出的货运单据和信用证的记载不符，在买方 Jacobs & Turner 同意解决单证不符情况之前不会付款。随后，BII 将单证不符的情况通知了 Shineworld，Shineworld 回应将与 Jacobs & Turner 取得联系，解决单证不符情况。

然而 Shineworld 之后一直没有与 BII 取得联系。实际上，在 1997 年 7 月 15 日，Shineworld 莫名地寄给 Primaline 一封信，要求在没有提交提单正本的情况下，将货物交付给 Jacobs & Turner。这个请求或指示没有在提单中注明，因为 Shineworld 早已将提单转让给了 BII。U-States 与 Shineworld 进行沟通之后，于 1997 年 7 月 15 日，通过其代理人 Primaline 将货物交付给 Jacobs & Turner，而此时 Jacobs & Turner 并没有提交提单正本。另外，也没有证据表明 Jacobs & Turner 已经支付了货款。

---

① LexisNexis. Lexis. com China.［DB/OL］.［2016-04-26］. http://www.lexisnexis.com/ap/auth/.

当 U-States 将货物交付给 Jacobs & Turner 时，并不知道 Shineworld 已将提单正本转让给 BII。直到 1997 年 9 月，BII 才得知货物在没有得到授权交付的情况下，经由 Shineworld 的指示，交付给了 Jacobs & Turner，而自己并没有收到货款。

又因为 Shineworld 没有可查明的资产，BII 不能从 Shineworld 处得到赔偿，所以向 Jacobs & Turner 进行索赔。而 Jacobs & Turner 声称，虽然货物交付地的货物检验员提供了货物无瑕疵的凭证，但是货物确实存在瑕疵。于是 BII 和 Jacobs & Turner 达成协议，由 Jacobs & Turner 向 BII 支付合同货物总价款的 65%。

之后，BII 又向 U-State 和其代理人 Primaline 索赔剩余的合同货物价款。BII 称提单是"凭指示"交付提单，"凭指示"是交货的依据。而 U-States 向 Jacobs & Turner 无单放货是错误交货，因此，应当承担给自己带来的损失。而 U-States 主张提单是"凭指示"提单，Shineworld 是托运人，拥有指定收货人的权利，既然 Shineworld 指示将货物交付给 Jacobs & Turner，那么自己的交付行为是合法的；另外，Jacobs & Turner 支付货款的行为构成和解和清偿，实际上免除了自己的责任。

经过审理，法院判定 U-States 构成错误交货，须支付 BII 合同剩余价款、相应利息、诉讼费以及律师费。

【法律分析】

首先，要解决法律适用问题。本案争议和提单有关，提单的签发者是一家加利福尼亚公司 U-States，根据提单适用签发地法律的条款，本案适用加利福尼亚州法律（当事人也同意）。同时，提单的相关权利、义务，加利福尼亚州法律没有规定的，适用 1936 年美国《海上货物运输法》以及《海牙—维斯比规则》。

其次，我们要判断负有争议的提单是否可以转让。《加利福尼亚统一商法典》第 7104 条第 1 款，提单可转让必须：(a)载明货物交付给持单人或凭指定人的指示；或(b)在国际交易中，货物交给提单指定的人或提单受让人。第 2 款规定，其他提单都是禁止转让的。第 3 款规定，但是禁止转让的提单必须明显地载明"禁止转让"。若没有标明，那么选择认为该提单可转让，并支付对价的购买者，可以视该提单强加给承运人（本案中是 U-States）与提单可转让情况下相同的责任。

本案中提单收货人处载明"凭指示"，并没有规定凭特定人的指示，也没有明确规定将货物交付给持单人。因此，根据《加利福尼亚统一商法典》第

7104 条第 1 款，本案所涉及的提单不能纳入可转让提单的范围。但是，根据第 3 款规定，有争议的提单没有载明"禁止转让"，如果 BII 认为该提单可转让进而购买，并支付了相应对价之后，那么该提单则强加给 U-States 与提单可转让情况下相同的责任。而 U-States 辩称 BII 购买提单时没有支付相应对价，因为该交易是"装运后资金融通"。本案中，BII 选择认为 Shineworld 提供的提单可转让并购买，其将价款预付给 Shineworld 的行为实际上是支付对价。因此，根据第 3 款的规定，即使该提单实际上不可转让，U-States 仍然需要承担与该提单可转让情况下相同的责任。

最后，须判定 U-States 是否对无提单正本放货负责。U-States 主张提单包括这样的条款："承运人（U-States）交货的条件是，持有经过背书的提单正本或提货单。"据此认定其具有可根据提单正本或提货单进行交付货物的选择权。但是这一条款并不能消除 U-States 确保将货物交付给适当当事人（也就是提单正本的持有者或其授权人）的责任。U-States 还主张，承运人在根据托运人的指示无提单正本放货，进而造成错误交付的情况下，不应当承担责任。但是，本案当事人之间并不存在提交提单正本以及完成付款之前可以将货物交付给其他人的协议。U-States 选择根据 Shineworld 的指示将货物交予 Jacobs & Turner，而没有判断 Shineworld 是否为提单的合法持有人以及 Jacobs & Turner 是否为货物合法所有权人，因此 U-States 需要对无提单正本放货负责，赔偿提单受让人 BII 遭受的损失。

关于"和解与清偿"问题，BII 相关负责人表示，接受 Jacobs & Turner 支付部分价款时，仍然保留着提单正本，之后又向 Primaline 和 U-States 索赔货物剩余价款。这说明 BII 接受 Jacobs & Turner 支付部分价款的行为只是为减少自己的损失，并没有免除 Primaline 和 U-States 的责任。

因此，法院判决 U-States 支付 BII 合同剩余价款及相应利息，并承担诉讼费和原告律师费用。

综上，根据《加利福尼亚统一商法典》的规定，"凭指示"提单没有载明指示人，也没有明确规定将货物交与提单持有人时，视为不可转让提单。但是，当提单没有表明"禁止转让"时，如果第三人认为该提单可以转让，并支付对价购买之后，承运人应当承担与该提单可转让情况下相同的责任。而根据《海牙—维斯比规则》，承运人的货物运输责任期间为从货物装上船起至卸完船为止的期间。所以在运输责任期间内，承运人负有确保将货物交付给适当当事人（也就是提单正本的持有者或其授权人）的责任。如果无正本提单放货给提单受让人造成损失，承运人需要对此承担责任。

【资料阅读】

1. 约翰·威尔逊. 海上货物运输法：第 7 版[M]. 袁发强，译. 北京：法律出版社，2014.

2. 王捷. 海上货物运输[M]. 大连：大连海事大学出版社，2015.

3. 郭瑜. 提单转让后托运人对承运人的诉权[J]. 中国海商法年刊，2010，21（2）.

4. 司玉琢，初北平. 论无单放货引起提单物权性的争论[J]. 中国海商法年刊，2006，16.

5. Turner, P. J. 和 Grignon, J. 法官的意见：

Negotiability of the Documents

The bills of lading in this case were consigned "To Order". They were not to the order of any specific person or entity; nor did they specifically provide for delivery of the goods to the bearer. Therefore, the bills of lading do not appear to fall within the scope of subdivision (1) as negotiable.

BII argues, however, that the "To Order" bills of lading are negotiable because they may be interpreted as consigned to bearer, citing to California Uniform Commercial Code section 3109, subd. (a). That section, which provides that a "promise or order is payable to bearer if it... does not state a payee", does not apply here.

Section 3109 is found in division 3 of the California Uniform Commercial Code, which division governs specified commercial paper, rather than in division 7, which division governs documents of title such as bills of lading. The treatment of commercial paper in division 3 of the California Uniform Commercial Code does not override division 7's treatment of documents of title such as the bills of lading in this case.

Authorities in other jurisdictions suggest that there should be a broad interpretation of negotiability and that documents of title need not contain the exact words specified in Uniform Commercial Code section 7104 for negotiability. These authorities are distinguishable because they dealt with situations in which the word "Order" was not used or not used precisely. None of those authorities involved a non-bearer instrument that did not specify the person to whom the "Order" was made.

In one authority, Hawkland, Uniform Commercial Code Series, section

7104:01, article 7, page 27, it is stated, "subsection 7104 (1) specifies words of negotiability that must be included in the terms of a document of title in order to make the document negotiable. Consequently, a document of title that fails to include words of negotiability in its terms is nonnegotiable." The statutory words of negotiability include that the order be to a "named person."

Despite the specific words of negotiability required by California Uniform Commercial Code section 7104, subdivision (1), BII asserts the bills of lading were negotiable because U-States' president testified that a person in possession of an original bill of lading is entitled to possession of the goods it covers. Although it does not appear that the intent of a party bears on negotiability under subdivision (1), the parties' intent is relevant under California Uniform Commercial Code section 7104, subdivision (3) to the treatment as negotiable of a nonnegotiable bill of lading that is not conspicuously marked "nonnegotiable".

Subdivision (3) is a California addition to the Uniform Commercial Code. As noted above, that section provides that, if a nonnegotiable bill of lading is not conspicuously marked "nonnegotiable", a holder who purchased the bill of lading for value "supposing it to be negotiable" may treat the bill of lading as imposing upon the bailee (in this case, U-States) the same liabilities it would have incurred had the document been negotiable. Therefore, even if the bills of lading in this case were not negotiable under subdivision (1), they may be treated as negotiable if BII purchased them for value supposing them to be negotiable, because the bills of lading were not marked "nonnegotiable".

U-States asserts that BII did not purchase the bills of lading for value because it says that the transaction was a "post-shipment financing". Yet, BII advanced moneys to the shipper, Shineworld, against the shipping documents, thereby, in effect, purchasing the bills of lading for value. The evidence is that the parties considered the bills of lading to be negotiable, and BII has elected to treat the bills of lading as negotiable. Accordingly, under California Uniform Commercial Code section 7104, subdivision (3), if the bills of lading are not actually negotiable, U-States has the same liabilities by virtue of the documents it would have incurred had the bills of lading been negotiable.

Improper Delivery of Goods

U-States chose to comply with Shineworld's instruction without determining whether Shineworld was the proper holder of the bills of lading and whether Jacobs & Turner was the party with the right of possession of the goods. Thus, U-States, without requiring the original bills of lading, assumed the risk that neither party had the right to possession and that it would be liable to the holder of the bills of lading by due negotiation. The trial court correctly determined that because BII was the holder of the bills of lading by due negotiation, U-States' misdelivery of the goods to Jacobs & Turner renders U-States liable to BII.

【延伸思考】

1. 本案中提单收货人处填写的是"To order"，那么谁可以作为指示人? 当提单转让后，受让人可以继续指示收货人吗?

2. 在当今国际货物海上运输中，承运人无单放货已大量存在。那么对于收货人来说，此种行为是属于违约还是侵权?

3. 本案中，BII 对于 U-States 的诉讼，是侵权之诉还是违约之诉?

★ 典型案例二:

James N. Kirby, Pty Ltd., Allianz Insurance Ltd. v. Norfolk Southern Railway Company①

【基本案情】

原告 James N. Kirby, Pty Ltd. （以下简称 Kirby），是一家澳大利亚的制造商，另一原告 Allianz Insurance Ltd. （以下简称 Allianz）是一家澳大利亚保险公司。被告 Norfolk Southern Railway（以下简称 Norfolk）是一家美国铁路公司。Kirby 与位于 Huntsville, Ala. （美国）的 General Motors plant 公司签订了器械买卖合同，并雇用 International Cargo Control （以下简称 ICC，澳大利亚货运代理公司）作为自己的货运代理人，将器械从澳大利亚运至 Huntsville, Ala.。另外 Kirby 还与 Allianz 就该批器械签订了全额保险合同。

ICC 签发给 Kirby 的提单包括以下条款:①海运部分将 Savannah, Georgia （美国）作为卸货港，陆运部分以距 Savannah 366 英里的 Huntsville, Ala. 作为终端目的地。②货运代理人的责任限度设定在货物实际价值之下。③对于海运部分，通过适用美国海上货物运输法有关违约责任的规定（每单位 $500），限制 ICC 的责任。对于陆运部分，承运人的责任限定在一个更高的

---

① LexisNexis. Lexis. com China. [DB/OL]. [2016-04-28]. http://www.lexisnexis.com/ap/auth/.

责任数额，即除非托运人对货物价值作出声明，货运代理人的赔偿限额不得超过每件或每单位 666.67 特别提款权或毛重每公斤 2 特别提款权，以其高者为准。④"喜马拉雅"条款，进一步扩大了责任限制的范围，即"任何为履行合同的雇佣人员、代理人或其他人员(包括任何独立承揽人)享有货运代理人相同的抗辩权"。

之后，ICC 又雇用了一家德国航运公司 Hamburg Sud 来承担器械的运输。Hamburg Sud 随后签发了自己的提单(Hamburg Sud bill)给 ICC，提单包含以下条款：①采用美国海上货物运输法违约责任机制，限定承运人责任；②将责任机制规定扩大到陆运部分；③"喜马拉雅"条款，将责任机制适用范围扩大到承运人的代理人以及独立承揽人。

随后，Hamburg Sud 雇用了铁路公司 Norfolk 来承担货物运输的陆运部分，即从 Savannah 到 Huntsville 的运输。货物运输过程中，火车出轨，造成 150 万美金的损失。Allianz 赔偿了 Kirby 货物损失之后，和 Kirby 一起向美国地方法院提起诉讼，要求判定 Norfolk 的行为构成侵权和违约，要求侵权和违约损害赔偿。而 Norfolk 主张，Kirby 要求的损害赔偿不能超过两份提单中责任机制限定的范围，即自己的损害赔偿责任限制为每单位 $ 500。美国地方法院支持了 Norfolk 的主张，将 Norfolk 的责任限制为每单位 $ 500。

原告不服，提起上诉。第十一巡回法院推翻了地方法院的判决，认为不能依据 ICC 签发提单项下的责任机制条款，确定 Norfolk 的赔偿责任范围。因为当 ICC 签发提单时，Norfolk 和 ICC 没有共同利益关系。另外，当 ICC 收到 Hamburg Sud 签发的提单时，不是 Kirby 的代理人，所以 Kirby 不受 Hamburg Sud 签发提单项下责任机制条款的约束。因此判定 Norfolk 应该承担更高标准的责任。

根据复审令，美国最高法院又推翻了巡回法院的判决并发回重审。

【法律分析】

首先，要确定本案适用的法律。Kirby 主张，本案是一件多元化的案件，包括侵权之诉以及违约赔偿之诉。为了决定适用联邦法律还是州法律，法院须判断本案所涉及的合同是否属于海事合同，如果合同属于海事合同，争议便不再是地方性的，此时联邦法律约束该合同。① 而判断合同是否属于海事合同时，既不能像判断海事侵权案例那样，看争议中是否涉及运输的船舶，

---

① Lexis. Kossick v. United Fruit Co. , 365 U.S. 731, 735, 6 L. Ed. 2d 56, 81 S. Ct. 886. http://www.lexisnexis. com/ap/auth/.

也不能简单地看合同的构成及履行。相反的，法院应该注重合同的性质和特征，确切的判断标准是合同是否涉及海上业务或海上交易。①

本案中 ICC 和 Hamburg Sud 签发提单的主要目的是完成从澳大利亚到美国东部海岸的货物运输。虽然这两个提单中规定，有一部分运输是在内陆完成，即器械运输的最后部分是由火车从 Savannah 运往 Huntsville，但是按照概念而非空间的理解方法，最后的陆运部分没有改变合同本质上的海事特征。同时，从 Savannah 到 Huntsville 的陆运部分占 ICC 和 Hamburg Sud 提单项下整个洲际运输的很小一部分，所以有争议的提单是海上货物运输合同的证明。

在一份国际联合运输提单中，如果用不同的法律（海运法律和陆运法律）来解释该海事合同，势必会造成解释的混乱与低效。所以本案中的 Hamburg Sud 提单，海运与陆运部分适用同样的责任机制，"喜马拉雅"条款也应覆盖约束海运和陆运部分的顺次承运人。另外，虽然海事合同可能包含需要根据州法律来解释的当地利益，但当这些利益小于联邦利益时，需要适用联邦法律。为了确保联邦海事法律的协调性，法院援引了美国 1936 年《海上货物运输法》有关责任机制的规定。因此，本案适用 1936 年《海上货物运输法》及联邦海事法律。

其次，本案争议的焦点是 Norfolk 是否受两份提单下责任机制的保护。

第一，对于 ICC 签发的提单，第十一巡回法院援引 Herd 案例②，认为该提单中"喜马拉雅"条款太过模糊不清以致不能清晰地表明限制 Norfolk 的责任，Norfolk（承运人）与 Kirby（托运人）也没有共同利益关系。但是，第十一巡回法院对该案例的分析是不对的，因为该案例并没有要求必须明确指明适用的顺次人，也没有要求承运人与托运人有共同利益关系。另外，第十一巡回法院对本案海上货物运输合同当事人的意图以及合同语言的理解也不正确，Huntsville 距离 Savannah 卸货港 366 英里，当事人一定会预料到合同履行过程中需要陆路运输，所以提单中"喜马拉雅"条款符合在履行合同中会出现多种运输方式的事实，具有明确扩大责任机制适用范围的意图。因此，ICC 签发的提单明确规定了"喜马拉雅"条款，这就意味着该提单的责任机制适用于 Norfolk。

---

① Lexis. North Pacific S. S. Co. v. Hall Brothers Marine Railway & Shipbuilding Co. , 249 U. S. 119, 125, 63 L. Ed. 510, 39 S. Ct. 221.

② Lexis. Robert C. Herd & Co. v. Krawill Machinery Corp. , 359 U. S. 297, 3 L. Ed. 2d 820, 79 S. Ct. 766. [DB/OL]. [2016 - 04 - 28]. http://www.lexisnexis.com/ap/auth/.

第二，对于 Hamburg Sud 签发的提单，我们可以援引 Great Northern 案例①进行分析。Great Northern 案例表明，在货物运输过程中，若第一承运人将货物交由中间承运人来运输，并与中间承运人签订运输合同时，中间承运人的责任承担问题要依据该合同确定，也就是说第一承运人与中间承运人针对相关责任机制规定达成的协议约束托运人，托运人对中间承运人责任承担的抗辩只能依据该协议获得。因此本案中，当 ICC 跟随后的承运人 Hamburg Sud 签订责任机制条款时，Kirby 要受到该责任机制的约束。又因为 Hamburg Sud 提单也规定了"喜马拉雅"条款，所以该"喜马拉雅"条款也适用于 Norfolk。

综上，经过对本案的分析，ICC 和 Hamburg Sud 签发的提单，分别是 Kirby 与 ICC、ICC 与 Hamburg Sud 之间海上货物运输合同的凭证。承运人 ICC 的责任承担范围由 ICC 签发的提单规定，中间承运人 Hamburg Sud 责任承担的范围由 Hamburg Sud 签发的提单规定。而 Kirby 对于 Hamburg Sud 的抗辩，只能根据 ICC 与 Hamburg Sud 之间的海上货物运输合同获得，也就是说中间承运人 Hamburg Sud 在自己签发的提单责任机制范围内，对托运人 Kirby 负责。又因为 Hamburg Sud 提单规定了"喜马拉雅"条款，所以中间承运人 Norfolk 也适用 Hamburg Sud 提单责任机制条款。

既然 ICC 和 Hamburg Sud 签发的提单中，有关责任机制的条款都适用于 Norfolk，所以 Norfolk 的责任限制应该为每单位 $ 500。第十一巡回法院的判决被推翻，本案发回重审。

【资料阅读】

1. 约翰·威尔逊. 海上货物运输法：第 7 版[M]. 袁发强，译. 北京：法律出版社，2014.

2. 曾广明. 海上货物运输[M]. 大连：大连海事大学出版社，2014.

3. 陈芳，郑景元. 论提单的法律性质[J]. 法学评论，2011(4).

4. 李勤昌. 提单的若干概念及其法律问题[J]. 法学研究，2010(1).

5. O'Connor 法官的意见：

Turning to the merits, we begin with the ICC bill of lading, the first of the contracts at issue. Kirby and ICC made a contract for the carriage of machinery from Sydney to Huntsville, and agreed to limit the liability of ICC and other parties

---

① Lexis. Great Northern R. Co. v. O'Connor, 232 U.S. 508, 58 L. Ed. 703, 34 S. Ct. 380[DB/OL]. [2016 – 04 – 28]. http://www.lexisnexis.com/ap/auth/.

who would participate in transporting the machinery. The bill's Himalaya Clause states:

"These conditions for limitations on liability apply whenever claims relating to the performance of the contract evidenced by this bill of lading are made against any servant, agent or other person (including any independent contractor) whose services have been used in order to perform the contract."

The question presented is whether the liability limitation in Kirby's and ICC's contract extends to Norfolk, which is ICC's sub-subcontractor. The Circuits have split in answering this question.

This is a simple question of contract interpretation. It turns only on whether the Eleventh Circuit correctly applied this Court's decision in Robert C. Herd & Co. v. Krawill Machinery Corp. We conclude that it did not. In Herd, the bill of lading between a cargo owner and carrier said that, consistent with COGSA, "the Carrier's liability, if any, shall be determined on the basis of $ 500 per package". The carrier then hired a stevedoring company to load the cargo onto the ship, and the stevedoring company damaged the goods. The Court held that the stevedoring company was not a beneficiary of the bill's liability limitation. Because it found no evidence in COGSA or its legislative history that Congress meant COGSA's liability limitation to extend automatically to a carrier's agents, like stevedores, the Court looked to the language of the bill of lading itself. It reasoned that a clause limiting "the Carrier's liability" did not "indicate that the contracting parties intended to limit the liability of stevedores or other agents... If such had been a purpose of the contracting parties it must be presumed that they would in some way have expressed it in the contract". The Court added that liability limitations must be "strictly construed and limited to intended beneficiaries".

The Eleventh Circuit, like respondents, made much of the Herd decision. Deriving a principle of narrow construction from Herd, the Court of Appeals concluded that the language of the ICC bill's Himalaya Clause is too vague to clearly include Norfolk. Moreover, the lower court interpreted Herd to require privity between the carrier and the party seeking shelter under a Himalaya Clause. But nothing in Herd requires the linguistic specificity or privity rules that the Eleventh Circuit attributes to it. The decision simply says that contracts for carriage of goods by sea must be construed like any other contracts: by their terms and consistent with the intent of the parties. If anything, Herd stands for the proposition that there is no special rule for Himalaya Clauses.

【延伸思考】

1. 结合本案思考包含陆运部分的海上货物运输与国际货物多式联运的区别。

2. 本案中，托运人 Kirby 与中间承运人 Norfolk 没有直接的合同关系，而 Norfolk 却在 Hamburg Sud 签发提单责任机制下向 Kirby 承担责任，提单的这种性质是否可以认为是对合同相对性的突破？

第二节　国际海上货物运输法律制度

国际海上货物运输合同，是指承运人收取运费，负责将托运人托运的货物经海路由一港运至另一港的跨国性合同。[①] 当船东直接或通过代理人间接地承担起海上运输业务，或为海上货物运输提供船舶时，就形成了运输合同关系。一般而言，当船东将其船舶所有或部分舱位投入到某一航程或特定的运输期限时，通常会采取租船合同的形式；如果船东将其船舶投入固定的航线运输，向任何希望托运货物的人提供运输服务，那么合同往往会采取提单运输合同的方式。

根据船舶是被租赁一段期限还是一个或多个航次，租船运输合同又分为航次租船运输合同与期租运输合同。在这两种合同形式中，船东在提供运输服务时都保留了对自己船舶营运的管理权。两者的主要区别是承租人是否介入到船舶的营运活动，前者船东承担在特定港口之间的货物运输服务，承租人并不介入船舶的营运活动；后者承租人取得船舶的商业控制权并承担根据其指令而直接产生的费用。

对于散杂件货物，通常不会租赁一艘货船，而是通过固定航线的班轮来运输货物。班轮运输中，一旦货物被装上船，就会签发提单。所以提单不仅可以作为收到托运货物的收据，还是运输合同的初步证据。

在租船合同中，租船合同和提单同时存在时，往往会出现由提单还是由租船合同来调整当事人之间关系的矛盾。当承租人将其货物装上所租的货船，要求证明装运货物数量和装运条件时，此时船东签发给承租人的提单仅

---

① 左海聪. 国际商法[M]. 北京：法律出版社，2013：185.

仅起到货物收据或权利凭证的作用，不证明船东和承租人之间存在的运输合同关系。提单只要存在于承租人手中，《海牙—维斯比规则》就不适用，当提单作为有价值的单据转给不是租船合同当事人的第三人时，提单就转变为出租人（承运人）和提单持有人之间的协议，独立于租船合同，自提单约束当事人之间的关系时，便自动地适用相关海上货物运输法，但是提单中载明适用租船合同的除外。

期租合同还不可避免地会涉及承租人向第三人签发提单。托运人关心的是该提单对船舶的合同效力与船舶没有出租时是否一样。在托运人与承运人之间，租船合同不应发生任何作用，除非租船合同被明示地载入了提单条款。

★ 典型案例一：

中国平安财产保险股份有限公司诉东方海事服务有限公司海上货物运输合同纠纷案①

【基本案情】

2012年12月4日，中锦控股公司与Alis公司订立了编号为Alis/High-Hope-2012的贸易合同，约定从Alis公司进口一批木材。随后，该木材分四批于俄罗斯的两个港口装上Seagrand轮船运往中国大丰港。该轮船为被告东方海事服务有限公司所有，并由Stardata Co.，Ltd.（以下简称Stardata公司）承租。同年12月19日，Stardata公司为Alis公司出具了编号为Alis/HighHope-×××的一式三份提单。提单载明托运人为Alis公司，收货人"凭指示"，通知人为中锦控股公司，船名为Seagrand，装运港为俄罗斯苏维埃港（Sovetskaya Gavan），卸货港为中国大丰港，货物名称为俄罗斯原木，共计64 667根（7 945.346立方米），其中13 430根（2 344.909立方米）装载于甲板。

2012年12月6日，中锦控股公司为该批木材向原告中国平安财产保险股份有限公司（以下简称保险公司）投保了平安险和舱面险，之后原告为中锦控股公司出具了编号为×××5的保险单。保险单记载，保险人为中国平安财产保险股份有限公司，被保险人为中锦控股公司，保险金额为1 375 481.36美元，贸易合同编号、船名、起运港、目的港及货物名称数量与

---

① 中国裁判文书网. 中国平安财产保险股份有限公司海上、通海水域货物运输合同纠纷一审民事判决书[EB/OL].（2014-08-21）[2016-04-28]. http://www.court.gov.cn/zgcpwsw/sh/shhs-fy/ms/201505/t20150511_7866639.htm.

编号为 Alis/HighHope-×××提单记载相同。

货物运出后，中锦控股公司接到通知，Seagrand 轮船于 2012 年 12 月 20 日在航行途中遭遇大风浪，导致装载于舱面的部分原木落海。2013 年 1 月 5 日，该批木材运抵中国大丰港，货物短少。保险公司下属的江苏分公司委托民太安保险评估有限公司于 1 月 10 日对停泊于大丰港的 Seagrand 轮船进行现场勘查，并于 2013 年 5 月 3 日出具了编号为 MTA-SH05(M)×××的评估报告。

2013 年 2 月 7 日，盐城出入境检验检疫局对涉案货物进行了检验并出具了编号为×××的检验证书，证书记载收货人为中锦控股公司，合同号为 Alis/HighHope-2012，提单号为 Alis/HighHope-×××，船名为 Seagrand，目的港为中国大丰港。检验结果为白松原木实际到货数量为 53 152 根（6 054.771 立方米）；落叶松原木实际到货数量为 183 根（21.768 立方米），共计短少 1 868.807 立方米。

中锦控股公司于 2013 年 3 月 11 日向盐城海关申报涉案货物进关，盐城海关经审核检验于 4 月 1 日验讫放行并出具了编号为×××的报关单。报关单记载经营单位为中锦控股公司，合同号、提单号、船名、货物名称及数量与编号为×××的检验证书相同。

之后，中锦控股公司向保险公司就货物损失索赔。2013 年 4 月 23 日，中锦控股公司出具了权益转让书，将自己对东方海事服务有限公司求偿的权利转让给了保险公司。5 月 23 日，保险公司向中锦控股公司赔付了货物损失人民币 1 736 636 元。但保险公司认为货物发生的损害不在承运人免责范围之内，于是提起诉讼，要求东方海事服务有限公司赔付自己因赔偿中锦控股公司而遭到的损失。

【法律分析】

首先，本案是海上货物运输合同纠纷，被告东方海事服务有限公司系在中国境外注册的企业，涉案运输起运港在境外，具有涉外因素。根据《中华人民共和国海商法》第 269 条规定："合同当事人可以选择合同适用的法律，法律另有规定的除外。"因原、被告均选择适用中国法律，所以本案纠纷适用中华人民共和国法律。

其次，本案中争议的焦点是原告是否可以取得代位求偿权以及被告是否因舱面货特殊风险免责。

原告认为，中锦控股公司对交易的货物支付了货款并取得提单，之后根据该提单完成了涉案货物报检报关等进口法律手续，该事实能够证明提单是合法有效的，中锦控股公司是合法的收货人。之后货物发生短少损失，原告依据保险合同向中锦控股公司赔付后可获得代位求偿权。而被告认为，中锦控股公司取得的提单均未经合法授权或为 Stardata 公司虚假签发，原告或中锦控股公司未能提交船东授权委托签发提单的证明。并且涉案货物仍在目的港，原告没有提供证据证明中锦控股公司依据提单提取了货物，所以中锦控股公司不是提单项下货物合法所有权人，原告也不能取得代位求偿权。

根据我国相关法律法规规定，船舶代理应在船舶抵港前 24 小时之内，按照通关电子数据传输规范将电子舱单传送到海关，并将相应的书面舱单交靠泊地海关备案。舱单应包括船名、呼号、国籍、装货港、提单号、收货人或发货人、货物名称、包装数量等信息。收货人则应向海关提交贸易合同、发票及提单等文件，只有两者信息一致才能启动通关程序。

本案中，中锦控股公司已凭编号为 Alis/HighHope-×××的提单完成了报检报关的法律手续，故可推知该提单中包含的信息与被告或被告在大丰港的船舶代理向海关报备的舱单中信息一致。鉴于此，编号为 Alis/HighHope-×××的提单应系合法有效提单，中锦控股公司是该提单项下货物合法所有人，涉案货物是否实际提取并不影响货物所有权归属的认定。被告作为 Seagrand 轮船的所有人，并实际负责涉案货物自俄罗斯到中国的运输，与提单持有人中锦控股公司之间成立了有效的海上货物运输合同关系，那么作为承运人应对货物损失负责，而原告则可依据保险合同向中锦控股公司进行赔付后获得代位求偿权。

接下来要讨论被告是否因舱面货特殊风险免责。我国海商法第 53 条规定，承运人在舱面上装载货物，应当同托运人达成协议，或者符合航运惯例，或者符合有关法律、行政法规的规定；承运人依照前款规定将货物装载在舱面上，对由于此种装载的特殊风险造成的货物灭失或者损坏，不负赔偿责任；承运人违反本条第一款规定将货物装载在舱面上，致使货物遭受灭失或者损坏的，应当负赔偿责任。也就是说如果承运人将货物装载于舱面的依据合法，则对于舱面运货的特殊风险，如舱面货遭受风吹日晒雨淋浪打，被狂风巨浪卷入海里的损失，承运人都不需要承担责任。

本案海上运输的货物是木材，将木材装于舱面符合航运惯例，但原告认为，被告主张舱面货特殊风险应提交相关证据，仅凭航海日志和船员声明等现有证据不能证明船舶遭遇了恶劣天气。同时，海上货物运输过程中，部分木材装载于船舶舱面虽然符合航运惯例，但并不意味免除承运人妥善谨慎地装载、搬移、积载和保管等义务。如果因为管理货物的过失引起损失，不能免责。被告未提交能够证明涉案货物已于起运港妥善积载、绑扎、固定并适于涉案航程的有效证据。另外，船舶原本驶向的目的地是韩国，被告也没有证据证明涉案货物的绑扎固定满足船舶到中国的航程，因此没有完成举证义务。

被告认为，已经提交的航海日志和多名经历事故船员的报告，可以说明事故发生时的情况；天气气压图也能够说明发生事故时，船舶正处于高气压和低气压之间，会遭遇突然恶劣天气；同时检验报告中的照片也可以显示货物在装运港经钢丝绑扎固定过。

本案审理过程中，考虑到如果事故确实发生，当时的气象情况对本案事实和责任的认定的重要性和域外取证的难度，本院遂根据被告的申请允许其两次延期举证以调查气象等相关证据。但直到本案开庭审理，被告提交的证据尚不足以认定事故系遭遇恶劣天气所致。

此外，根据国际海事组织海上安全委员会通过的《国际海上人命安全公约》（简称《SOLAS 公约》）的要求，涉案 Seagrand 轮船应配有船载航行数据记录仪（VDR）。在案件审理过程中，法院多次要求被告提交该轮船 VDR 记录的事故发生时的数据信息，但被告以 VDR 数据未保存为由未提交。因此，现有证据不足以认定 Seagrand 轮船在涉案运输过程中遭遇了恶劣天气，也不能认定涉案货物短少系舱面货特殊风险所致，故被告作为承运人不能以舱面货特殊风险免除赔偿责任。

综上，原告作为海上货物运输合同的保险人，依据保险合同向被保险人赔偿后，依法取得了代位求偿权，有权向作为承运人的被告主张赔偿。涉案货损发生在被告的责任期间，被告又无足够证据证明发生了免责事由，对此应承担赔偿责任。

【资料阅读】

1. 王捷. 海上货物运输［M］. 大连：大连海事大学出版社，2015.

2. 邢海宝. 海上货物运输合同中的关系人［J］. 法学家，2002，（3）.

3. 闻银玲.《全程或部分海上国际货物运输合同公约》前景分析及中国的对策［J］. 法治研究，2010（9）.

4. 学习《中华人民共和国民事诉讼法》《中华人民共和国海商法》《中华人民共和国海事诉讼特别程序法》。

5.《汉堡规则》对于舱面货的有关规定：

第五条 责任基础

1. 除非承运人证明他本人其受雇人或代理人为避免该事故发生及其后

果已采取了一切所能合理要求的措施，否则承运人应对因货物灭失或损坏或延迟交货所造成的损失负赔偿责任，如果引起该项灭失、损坏或延迟交付的事故，如同第四条所述，是在承运人掌管期间发生的。

第八条　责任限额权利的丧失

2. 如经证明灭失、损坏或延迟交付是由承运人有意造成这种灭失、损坏或延迟交付作出的行为或不行为，或由承运人明知可能会产生这种灭失、损坏或延迟交付而仍不顾后果作出的行为或不行为产生的，则承运人无权享受第六条所规定的责任限额的利益。

3. 尽管有第七条第 2 款的规定，如经证明灭失、损坏或延迟交付是由该受雇人或代理人有意造成这种灭失、损坏或延迟交付作出的行为或不行为，或由该受雇人或代理人明知可能会产生这种灭失、损坏或延迟交付而仍不顾后果作出的行为或不行为产生的，则承运人的受雇人或代理人无权享受第六条所规定的责任限额的利益。

第九条　舱面货

1. 承运人只有按照同托运人的协议或符合特定的贸易惯例，或依据法规的规章的要求，才有权在舱面上载运货物。

2. 如果承运人和托运人议定，货物应该或可以在舱面上载运，承运人必须在提单或证明海上运输合同的其他单证上载列相应说明。如无此项说明，承运人有责任证明，曾经达成在舱面上载运的协议。但承运人无权援引这种协议对抗包括收货人在内的，相信并持有提单的第三方。

3. 如违反本条第 1 款的规定将货物载运在舱面上，或承运人不能按照本条第 2 款援引在舱面上载运的协议，尽管有第五条第 1 款的规定，承运人仍须对仅由于在舱面上载运而造成的货物灭失或损坏以及延迟交付负赔偿责任，而其赔偿责任的限额，视情况分别按照本公约第六条或第八条的规定确定。

4. 违反将货物装载在舱内的明文协议而将货物装载在舱面，应视为第八条含义内的承运人的一种行为或不行为。

【延伸思考】

1. 承运人同托运人达成协议在舱面上装载货物，发生损害时，承运人能否援引这种协议对抗包括收货人在内的，相信并持有提单的第三方？

2. 结合本案例,试分析海洋货物运输保险中委付与代位求偿权的区别?

★ **典型案例二:**

Tasman Orient Line CV vs New Zealand China Clays Ltd. ①

【基本案情】

上诉人 Tasman Orient Line CV(一审被告,新西兰公司,以下简称 TOL)作为承运人与被上诉人 New Zealand China Clays Ltd. (一审原告,新西兰公司,以下简称 NZCCL)签订了海上货物运输合同,约定将 16,748 吨货物由横滨(日本)运往釜山(韩国)。之后 TOL 租用 Tasman Pioneer 号船舶来运输货物。运输过程中,船舶落后于预定计划的时间,船长 Hernandez 决定穿过日本南部主岛和比罗岛之间的一条狭窄水道,而不是按照原既定航线绕过比罗岛。在穿过该狭窄水道时,船舶触礁、搁浅,船体破洞并伴有海水灌入船身。此时船长并没有寻求救援,而是试图将船舶驶出比罗岛。船舶驶出比罗岛期间,船身进水量继续增加,加重了对船舶和货物的损害。

之后,船长篡改了航海日志和图表,向水警以及货主的报告中,低估了货物的损害程度,并且错误地表示船舶是与一个半潜式的物体(可能是一个集装箱)发生了碰撞。船长还试图说服船员参与到此欺诈行为中,但没有成功。当海难救助人员找到 NZCCL 的货物时,货物全部损坏。因此 NZCCL 将 TOL 告上法庭,要求承运人 TOL 赔偿自己的损失。

双方当事人主张争议中的海上货物运输合同适用《海牙—维斯比规则》。TOL 主张,根据《海牙—维斯比规则》第 4 条第 2 款(a)项规定,承运人对船长在航行或管理船舶中的行为、疏忽或不履行义务造成的货物灭失或损坏免责。NZCCL 辩称,承运人可以免责的范围不包括船员有故意损害行为的情况,也不包括船长的决定或行为构成损害行为的情形。而船长 Hernandez 的行为构成损害行为,所以承运人不能免责。新西兰高等法院和上诉法院支持了 NZCCL 的主张。TOL 上诉到最高法院,最高法院支持了 TOL 的主张,判决 NZCCL 承担诉讼费用,并支付 TOL 已垫付的合理的港口费用。

【法律分析】

首先,要解决法律适用问题。上诉人 TOL 与被上诉人 NZCCL 签订了海上货物运输合同,合同签订地位于新西兰,诉讼也在新西兰法院提起,因此

---

① LexisNexis. Lexis. com China. [DB/OL]. [2016－05－01]. http://www.lexisnexis.com/ap/auth/.

当事人之间的海上运输合同受新西兰相关法律的调整。新西兰1994年的《海上运输法》将《海牙—维斯比规则》作为该法典的一部分，赋予其法律效力。因此，本案适用《海牙—维斯比规则》。

其次，本案争议的焦点是船长 Hernandez 的行为是否属于对船舶或货物故意造成损害的行为。NZCCL 主张，《海牙—维斯比规则》第4条第2款(a)项规定，承运人对船长在航行或管理船舶中的行为、疏忽或不履行义务造成的货物灭失或损坏免责，此处的"行为、疏忽或不履行义务"必须具有"善意"。而 Hernandez 在船舶搁浅之后，没有及时寻求救援，而是继续航行，造成船舶与货物损害进一步增加。之后，篡改航海日志和图表，向货主与船主错误地报告事故损害产生的原因与程度，这些事实都说明船长的行为不具有善意。如果船长能够在事故发生后，就近选择避风港并向水警求援，而不是继续航行造成船身继续进水，那么货物损害就不会发生。因此承运人 TOL 不能免责。

而 TOL 主张，船长在船舶搁浅之后的行为，目的只是想要隐瞒事故发生的时间与状况，并没有蓄意造成损害的目的或明知损害会发生却仍然视而不见。因此，船长的行为不构成故意损害行为，承运人应当对船长的行为免责。

无可争议的是，双方当事人都认为第4条第2款(a)项不适用于船长或船员故意造成损害的情况，那么什么样的行为是损害行为呢？《海牙规则》和《海牙—维斯比规则》都没有对船长或船员的损害行为作出规定，但《海牙—维斯比规则》第4条第5款(e)项，对承运人的损害行为作出了规定，即"如经证实损失是由于承运人蓄意造成损失而作出的行为或不行为或明知可能会产生损失但仍不顾后果而作出的行为或不行为产生的，则承运人或船舶无权享受本款所规定的责任限制的利益。"也就是说，判断一个行为是否构成损害行为，其标准是损害是否由于船长或船员蓄意造成损失而作出的行为或不行为或明知可能会产生损失但仍不顾后果而作出的行为或不行为产生的。

最高法院认为，第一，船长 Hernandez 在船舶搁浅之后的行为虽然应当受到谴责，但是这些行为确实发生在航行或管理船舶中。庭审中相关专家意见认为，若暂不考虑意图和动机，船长 Hernandez 的行为是发生在航行或管理船舶过程中。

第二，如果 NZCCL 想要依据第4条第2款(a)项，要求判定承运人不能免责，那么需要举证船长的行为构成损害行为。但是，NZCCL 并没有证明船长的行为构成损害行为，而是主张船长出于个人利益，意图隐瞒事故真相，尤其是走捷径这一鲁莽的决定，以使自己免责。这并不能达到证明行为构成损害行为的标准，即船长的行为不能被认为是蓄意造成损失而作出的行为或明知可能会产生损失但仍不顾后果而作出的行为。既然 NZCCL 没有能够证明船长的行为构成损害行为，那么 NZCCL 主张承运人 TOL 不能免责的请求不能得到支持。

因此，被上诉人 NZCCL 需要赔付上诉人 TOL 共 \$ 30 000，包括上诉人垫付的合理的港口开支以及诉讼费用。

【资料阅读】

1. 约翰·威尔逊. 海上货物运输法：第 7 版［M］. 袁发强，译. 北京：法律出版社，2014.

2. 朱作贤，司玉琢. 论《海牙规则》"首要义务"原则——兼评 UNCI-TRAL 运输法承运人责任基础条款［J］. 中国海商法年刊，2002，13.

3. 刘铁英. 国际海上货物运输承运人免责条款规定［J］. 现代商业，2016（2）.

4. Wilson J. 法官的意见：

Paragraph 4.5(e), as inserted into the Rules in 1968, limits the availability of the limitation of quantum otherwise conferred by art 4.5 by stating that：

(e) Neither the carrier nor the ship shall be entitled to the benefit of the limitation of liability provided for in this paragraph if it is proved that the damage resulted from an act or omission of the carrier done with intent to cause damage, or recklessly and with knowledge that damage would probably result.

To like effect, art 4bis.4, which was also inserted in 1968, limits the protection which art 4bis confers on the employees or agents of a carrier by providing that：

Nevertheless, a servant or agent of the carrier shall not be entitled to avail himself of the provisions of this Article, if it is proved that the damage resulted from an act or omission of the servant or agent done with intent to cause damage or recklessly and with knowledge that damage would probably result.

Although neither art 4.5(e) nor art 4bis.4 uses the term "barratry", both are directed to damage with actual or imputed intent, which is the essence of barratry.

The words of these paragraphs should therefore be adopted as the definition of "barratry" for the purposes of another provision in the same Rules, art 4. 2(a). It follows that the test for establishing barratry as an implicit qualification to the exemption conferred by that paragraph is whether damage has resulted from an act or omission of the master or crew done with intent to cause damage, or recklessly and with knowledge that damage would probably result.

It seems that the exception extends even to a wilful or reckless act of any person within the list, ie master, mariner, pilot or servants of the carrier (as opposed to the carrier himself), for the words of Art IV2(a) do not in fact refer to negligence, but to "act, neglect or default".

In summary, the text of art 4. 2(a), the scheme of the Rules, the common law authorities, the travaux, cases on the Hague Rules, cognate definitions and the views of eminent textbook writers all support the exemption of owners from liability for the acts or omissions of masters and crew in the navigation and management of the ship unless their actions amount to barratry.

When this test is applied to the present facts, the outcome is clear. The actions of Captain Hernandez following the grounding were reprehensible, but they were actions in the navigation or the management of the Tasman Pioneer. Captain Goodrick, a master mariner who gave expert evidence at trial for the respondents about the conduct of Captain Hernandez, accepted that, putting aside questions of intention and motive, his actions were in the navigation or management of the ship. There was no evidence to the contrary.

The owner and the charters had no knowledge of the decision of Captain Hernandez to pass through the channel between Biro Shima Island and the mainland and there was no evidence of a practice of taking that course. As we have noted, the master attempted to conceal the grounding from the owner and charters. They cannot be said to have authorised the actions of the master or to have acquiesced in them. It follows that, unless the respondents are able to establish barratry, their claims are defeated by art 4(2)(a).

Was barratry pleaded?

In order to rely on the barratry qualification to art 4.2(a), the respondents must have pleaded that the actions of Captain Hernandez amounted to barratry. They did not do so. To the contrary, they pleaded that his conduct following the grounding:... was intended to allow him to misrepresent and lie about the true circumstances of the casualty so as to absolve himself from blame and in particular to hide his reckless decision to transit the inside channel of Biro Shima Island in order to take a short cut route...

The appellant admitted this allegation. The failure of the respondents to use the word "barratry" in their pleading would not have been fatal to their ability to advance such a claim if they had pleaded the necessary elements. But, as we have said, those elements included an act or omission with intent to cause damage to the ship or to the cargo or recklessly and with knowledge that damage would probably result. The actual pleading of the master's intention, as set out in the previous paragraph, was of an intention to derive personal benefit, which cannot possibly be construed as an intention to cause damage to the cargo, or as recklessness with knowledge that damage to it would probably result. An essential element of barratry not having been pleaded, the respondents cannot now argue that the master's actions constituted barratry.

The pleading point is not an unmeritorious technical one. The appellant did not call Captain Hernandez to give evidence at trial. It was entitled to adopt that course in the knowledge that it was not being alleged by the respondents that the master had, following the grounding, been actuated by any intent to damage the ship or the cargo. To the contrary, the respondents alleged a different motivation, which the appellant admitted.

【延伸思考】

1. 结合本案例, 思考《海牙规则》下承运人的责任和免责。

2. 试分析《海牙—维斯比规则》将《海牙规则》第 4 条第 5 款删除, 并修改为"如经证实损失是由于承运人蓄意造成损失而作出的行为或不行为或明知可能会产生损失但仍不顾后果而作出的行为或不行为产生的, 则承运人或船舶无权享受本款所规定的责任限制的利益"的原因。

第三节　国际海上货物运输保险法律制度

国际海上货物运输保险合同，是指投保人与保险人订立的，由投保人按照一定的险别向保险人投保并支付保险费，在货物因海上运输保险风险发生而造成损失时，由保险人予以赔偿的合同。①

国际海上货物运输保险的主要原则有：保险利益原则（又称可保利益原则）和损失补偿原则。其中保险利益原则是主宰国际海上货物运输保险的灵魂，没有可保利益就得不到赔偿，这是海上保险制度中的一条重要原则。保险利益是保险合同生效的主要条件，这项条件的主要内容包括：法律所认可的利益（legal interest）、经济上的利益（pecuniary interest）和确定的利益（definite interest）。

保险单中往往含有承认被保险人对货物具有可保利益的条款，而这样的保单也被称为"信誉保单"。承认具有可保利益在一定程度上是签订保险合同的前提，所以在发生争议时，对于是否具有可保利益的举证，被保险人只需要证明存在承保范围内的货物即可，而保险人若想避免承担损失补偿责任则需要证明被保险人对承保货物不具有可保利益。海上货物运输保险利益主体应为被保险人，投保人不必对保险标的具有保险利益。

承保标的遭受保险责任范围内的事故，造成财产损失，保险人必须履行对被保险人的经济补偿义务。② 保险争议发生时，被保险人只需要证明存在承保范围内的货物，并且这些货物遭受到了损失。而保险人要想免于承担责任，则需要证明损失的产生不在承保的范围之内，也就是说属于保单规定的除外情况。

保险人在对被保险人进行赔付之后，可取得代位求偿权，保险人在保险补偿金额范围内代位行使对第三者请求赔偿的权利。在赔付部分损失时，如果保险公司的追偿所得大于赔付给被保险人的金额，则多出部分应返还给被保险人。在赔付全部损失时，保险公司取得代位权的同时还取得残存货物的

---

① 左海聪. 国际商法[M]. 北京：法律出版社，2013：235.
② 陈治东. 国际贸易法[M]. 北京：法律出版社，2009：165－166.

所有权。即使残存的货值大于保险公司的赔付额，超出部分仍归保险公司所有。①

★ **典型案例：**

MCC Non Ferrous Trading Inc. v.
AGCS Marine Insurance Co. ②

【基本案情】

原告 MCC Non Ferrous Trading Inc.（以下简称 MCC），是一家从事有色金属买卖的公司，被告 AGCS Marine Insurance Co.（以下简称 AGCS）是一家保险公司。原告与被告就日后交易的货物签订了海上货物运输保险合同，保险类别为一切险。根据该保险合同，AGCS 为 MCC 所有 2013 年 1 月 15 日之后装运的货物提供保险，保险责任自货物离开证书、专门保单或运输起始地申报单中标明的仓库开始，直至将货物送达到证书、专门保单或申报单中载明的目的地仓库为止，并且在正常的运输过程中持续有效。保险合同还规定，不承保 MCC 以 CIF 条件购买的货物，除非被保险人遭受到损害或损失，卖方或其他当事人以及卖方投保的保险人拒绝或没有能力赔偿时，本保险予以赔偿；货物在其他保险承保的范围内，MCC 遭受到损失或损害而不能获得赔偿的，也在本保险承保范围内；另外，保险合同还规定了"不诚实行为排除适用"条款：被保险人、其唆使者、其他货物买卖利害关系人或他们的雇员、代理人的侵吞、隐匿、转卖、背信或其他任何不诚实行为造成的损失或损害不在保险范围内。

2013 年 9 月 30 日，McQan Corporation（以下简称 McQan）与 Riverbend Enterprises（以下简称 Riverbend）签订了一份合同，约定从 Riverbend 处购买废铜，之后再转卖给 MCC。2013 年 10 月 16 日，McQan 将 300 吨废铜转卖给 MCC，约定交付条件为 CIF Hamburg（德国）或 Bremerhaven（德国）。之后，MCC 又将废铜转卖给铜熔炼厂 Aurubis AG Recycling（以下简称 Aurubis），交付条件为 CIF Rotterdam（荷兰），交付时间为 2013 年 11 月或 12 月。然而，当船到达 Rotterdam 之后，货物集装箱中装满了建筑材料等杂物而非废铜，因此，Aurubis 拒绝接收货物。

---

① 余劲松，吴志攀. 国际经济法[M]. 北京：高等教育出版社，2014：123.
② LexisNexis. Lexis. com China[DB/OL]. [2016－05－04]. http://www.lexisnexis.com/ap/auth/.

而实际上，这批货物在装运时，Riverbend 将装有废铜的集装箱运到了其他地方，而用装有建筑材料废料的集装箱代替装船。

根据 MCC 与 McQan 之间的货物买卖合同，交付条件为 CIF Hamburg 或 Bremerhaven，也就是说，McQan 有义务为货物购买保险，并对货物装上船之前的风险负责。2013 年 12 月 18 日，MCC 将货物丢失的情况通知了 McQan，并要求赔偿自己的损失。索赔无果之后，2014 年 10 月，MCC 将保险公司 AGCS 告上法庭，要求判定货物的丢失带来的损失在保险赔偿范围内，并要求 AGCS 对自己遭受的损失进行赔偿。而 AGCS 却认为 Riverbend 的行为属于盗窃，属于保险单中排除适用条款规定的情形，因此应免除自己的责任。法院驳回了原告的请求。

【法律分析】

通常来说，一切险中的被保险人想要获得赔偿，负有以下举证责任：①存在保险合同关系；②对保险合同中的标的具有可保利益；③保险承保的财产遭受到意外损失。本案中，要求被告 AGCS 对货物丢失带来的损失负责，MCC 要对以上三点进行举证。

第一，MCC 与 AGCS 签订了海上货物运输保险合同，两者存在保险合同关系。第二，在 MCC 与 AGCS 的保险合同中，包含保险人承认 MCC 对运输途中保险标的物具有可保利益的条款。这种包含承认被保险人具有可保利益条款的保险单被称为"信誉保单"。根据此项条款保险人承认被保险人对承保的财产享有经济利益，被保险人在计算承保范围内的损失时，除了需要提交保险单之外，不必提交任何自己对保险标的物具有权益的证据。当被保险人不具有可保利益时，保险人应该通过证明被保险人不具有可保利益来避免承担责任。也就是说当信誉保单适用于争议中的货物时，被保险人不必证明具有可保利益，相反的，由保险人证明不存在可保利益来免除自己的责任。因此，MCC 只需要证明存在一定数量遭受损失的货物，并且这些货物损失在保险单承保范围之内即可。

首先，保险合同中规定不承保 MCC 以 CIF 条件购买的货物，除非 MCC 遭受到损害或损失，卖方或其他当事人以及卖方投保的保险人拒绝或没有能力赔偿。而本案中，MCC 以 CIF 条件从 McQan 处购买废铜，MCC 没有责任购买保险，在遭受到损害或损失之后，卖方以及卖方投保的保险人没有对 MCC 进行赔偿，那么此时 MCC 可以向 AGCS 索赔。

其次，MCC 主张与 AGCS 的保险单包含通过欺诈手段盗窃货物造成的损失。但是 AGCS 却对此进行反驳，一切险承保的范围包括盗窃及通过欺诈盗窃造成的损失，除非另有排除条款规定。而根据本保险单中"不诚实行为排除适用"条款，被保险人、其唆使者、其他货物买卖利害关系人或他们的雇员、代理人的侵吞、隐匿、转卖、背信或其他任何不诚实行为造成的损失或损害不在保险范围内。因此，AGCS 主张，本案中的 Riverbend 将废铜卖给 McQan，之后 McQan 又将废铜卖给 MCC，Riverbend 自然是货物买卖的利害关系人，而且 Riverbend 的行为构成盗窃，所以废铜丢失造成的损害不在保险范围之内。

　　MCC 进一步辩称"不诚实行为排除适用"条款内容模糊不清，应作不利于保险人的解释。被保险人、其唆使者、其他货物买卖利害关系人或他们的雇员、代理人的侵吞、隐匿、转卖、背信或其他任何不诚实行为造成的损失或损害不在保险范围内这一规定中，其他货物买卖利害关系人在本案中应被理解为保险只适用于 MCC 与 McQan 之间的买卖合同，MCC、McQan 或他们的代理人没有不诚实行为，Riverbend 不是 MCC 与 McQan 之间买卖合同的利害关系人，所以 Riverbend 的盗窃行为不属于"不诚实行为排除适用"条款规定的情形。

　　法官认为，一般而言，保险单中的词句应被赋予自然、通常的解释，拥有一般理解力的投保人和保险人都能理解它。如果具有一般理解力的人，经过对全文的阅读与把握，以及对贸易中的习惯、实践、惯例以及术语都有所了解并客观地阅读一份合同条款时仍存在多种理解，那么这条合同条款就是模糊不清的。而 MCC 对"不诚实行为排除适用"条款的理解太过狭隘，其主张的其他与交易有关的利害关系人只能依据 MCC 与 McQan 之间的买卖合同来判断，并且不诚实行为只能由此合同的当事人做出是不正确的，因为利害关系人虽然不是交易合同的当事人，但却可以与合同存在利害关系，如本案中的 Riverbend，其是否将废铜交付给 McQan 的行为，将影响着 McQan 能否履行与 MCC 之间的买卖合同义务，所以 Riverbend 可以认定为 MCC 与 McQan 之间买卖合同的利害关系人。而且任何通情达理的被保险人都不会臆断"不诚实行为排除适用"条款只适用于一份买卖合同签字双方当事人的不诚实行为。因此本案 Riverbend 的盗窃行为包含在"不诚实行为排除适用"条款中，也就是说废铜的丢失不在承保范围之内。

　　综上，一切险的责任范围除包括平安险和水渍险的责任外，还包括由于盗窃、提货不着、淡水雨淋、短量、混杂、玷污、渗漏、碰损破碎、串味、受潮受热、钩损、包装破裂、锈损造成的损失，但保险合同双方当事人可以约定除外责任。本案中保险合同当事人约定了除外责任，即被保险人、其唆使者、其他货物买卖利害关系人或他们的雇员、代理人的侵吞、隐匿、转卖、背信或其他任何不诚实行为造成的损失或损害不在保险范围内。而 Riverbend 可以被认定为 MCC 与 McQan 之间买卖合同的利害关系人，所以其盗窃行为造成的货物损失属于保险合同当事人约定的除外责任。

因此，法院对 MCC 要求判定货物丢失带来的损失在保险赔偿范围内，AGCS 须对自己遭受的损失进行赔偿的请求不予以支持。

【资料阅读】

1. 张苗. 国际货物运输与保险[M]. 北京：清华大学出版社，2010.

2. 杨海芳. 国际货物运输与保险[M]. 北京：北京交通大学出版社，2010.

3. 聂志强. 浅谈国际海上货物运输保险代位求偿权与可保利益[J]. 法制与经济，2010.

4. 王瑞莲. 海上货物运输保险的保险利益研究[J]. 法制博览，2016(10).

5. James C. Francis 法官的意见：

Words and phrases in an insurance policy are to be given their natural and ordinary meaning, "such as the average policyholder of ordinary intelligence, as well as the insurer, would attach to it." A contract provision is ambiguous if it is "capable of more than one meaning when viewed objectively by a reasonably intelligent person who has examined the context of the entire integrated agreement and who is cognizant of the customs, practices, usages and terminology as generally understood in the particular trade or business".

MCC's interpretation of the Infidelity Exclusion is too restrictive. It contends, first, that the phrase "other party of interest to the underlying purchase... transaction" can refer only to McQan as the lone signatory (besides MCC) to the McQan Contract. As AGCS points out, however, an entity can be "party of interest" to a transaction even if it is not a signatory to the contract that gives rise to the transaction. For example, a third-party beneficiary is a party of interest to an agreement even though not a party to it. The plaintiff next argues that, because the provision "applies to dishonest acts' done by the... other party of interest to the underlying purchase or sale transaction"—that is, because both "party" and "transaction" are singular—only one buyer, one seller, and one agreement can be implicated in the Infidelity Exclusion. But many contracts have more than two parties (or parties in interest), and there is no rational explanation for why AGCS would except such contracts from the Infidelity Exclusion. Moreover, many transactions comprise multiple contracts. No reasonable policyholder would imagine that the Infidelity Exclusion encompasses losses caused by dishonest acts if and only if the transaction at issue involves only two signatories and one contract, thereby providing coverage for losses from tainted transactions as long as they include multiple parties or agreements.

Because MCC's interpretation of the Infidelity Exclusion is unreasonable, there is no basis for a finding that the provision is ambiguous. Therefore, I need not address the parties' disagreements about the interrelation between New York's rule allowing admission of extrinsic evidence to elucidate the meaning of ambiguous contractual terms, and the doctrine that "if the language of [an insurance] policy is doubtful or uncertain in its meaning, any ambiguity must be resolved in favor of the insured and against the insurer".

【延伸思考】

1. 国际海上货物运输保险中，当条款的规定模糊不清或有歧义时，应按照什么规则解释该条款？试将这种解释规则与我国相关规定进行比较分析。

2. 结合本案例分析，一般海上货物运输保险中，哪些人可以认定为对保险标的物具有可保利益？

第四章　世界贸易组织法

第一节　WTO 的基本原则

一、最惠国待遇原则

《关税与贸易总协定（1947）》[*General Agreement on Tariffs and Trade* (1947)，简称 GATT 1947]中最惠国待遇突破了传统的双边互惠形式，而采用了多边互惠形式，即这种最惠国待遇不是以两国双边互惠为基础，而是以所有成员的多边互惠为基础。[①]作为世界贸易组织（World Trade Organization，简称 WTO）非歧义原则的具体体现，最惠国待遇（Most-favored Treatment，简称 MFN）的含义是指：WTO 任一成员在货物、服务贸易和知识产权领域给予其他国家（无论其是否为 WTO 成员）的优惠待遇，应立即和无条件地给予其他各成员。

最惠国待遇主要分别规定在 GATT 1994 第 1 条、《服务贸易总协定》（ *General Agreement on Trade in Services* ，简称 GATS）第 2 条和《与贸易有关的知识产权协定》（ *Agreement on Trade-related Aspects of Intellectual Property Rights* ，简称 TRIPS）第 4 条。

GATT 1994 第 1.1 条规定：在对输出或输入、有关输出或输入及输出货物的国际收支转账所征收的关税和费用方面，在征收上述关税和费用的方法方面，在输出或输入的规章手续方面，以及在本协定第 3.2 条及第 3.4 条所述事项方面，一缔约方对原产于或运往其他国家的产品所给予的利益、优

---

① 曹建明，贺小勇. 世界贸易组织(3 版)[M]. 北京：法律出版社，2011：93.

惠、特权或豁免(advantage, favour, privilege or immunity),应当立即无条件地(immediately and unconditionally)给予原产于或运往所有其他缔约方的相同产品(like product)。根据该条规定,无条件的最惠国待遇就是指缔约一方现在或将来给予任何第三方(包括非缔约方)在贸易上的优惠、特权或豁免,应当立即无条件地给予缔约对方。无条件的最惠国待遇是 WTO 的基石。

与其他法律原则一样,最惠国待遇同样并非绝对,也存在一些例外,主要有以下几种形式:

①边境贸易、关税同盟和自由贸易区的例外。GATT 1994 第 24 条规定WTO 的任何成员方可为方便边境贸易对毗邻国家给予某种利益。成员可以与一些特定的国家结成关税同盟(customs union)或自由贸易区(free trade area)。对于边境贸易、关税同盟或自由贸易区成员之间相互给予的优惠,其他成员方不能根据最惠国待遇自动获得。

②对于发展中国家实行的差别和特殊待遇。根据 1979 年东京回合通过的"给予发展中国家差别与更优惠的待遇、互惠和更全面参与的决定"[通称"授权条款"(Enabling Clause)]的规定,发达国家成员给予发展中国家成员以及发展中国家成员之间相互给予的优惠待遇,给惠国可以豁免最惠国待遇义务的要求。同时,授权条款还要求发达国家成员所给予的优惠,不得在"发展、财政或贸易需要"处于相同境地的发展中国家成员方之间造成歧视。

③GATT 1994 第 20 条规定的"一般例外"(General Exceptions)。根据GATT 1994 第 20 条的规定:"本协定的规定(包括最惠国待遇)不得解释为阻止缔约国采用或实施以下措施,但对情况相同的各国,实施的措施不得构成武断的或不合理的差别待遇,或构成对国际贸易的变相限制:(a)为维护公共道德所必需的措施;(b)为保障人民、动植物的生命或健康所必需的措施;(c)有关输出或输入黄金或白银的措施;(d)为保证某些与本协定的规定并无抵触的法令或条例的贯彻执行所必需的措施,包括加强海关法令或条例等;(e)有关监狱劳动产品的措施;(f)为保护本国具有艺术、历史或考古价值的文物而采取的措施;(g)与国内限制生产与消费的措施相配合,为有效保护可能用竭的天然资源的有关措施;(h)为履行符合 GATT 的任何政府间商品协定所承担的义务而采取的措施;(i)在国内原料的价格被压低到低于国际价格水平,作为在政府稳定计划的一部分的期间内,为了保证国内加工工业对这些原料的基本需要,有必要采取限制这些原料出口的措施;(j)在普遍或局部供应不足的情况下,为获取或分配产品所必须采取的措施。"

④GATT 1994 第 21 条规定的"安全例外"(Security Exceptions)。GATT

1994 第 21 条规定限制国家基本安全利益资料的披露，阻止裂变材料或提炼裂变材料的原料的行动，与对武器、弹药和军火的贸易或直接和间接供军事机构用的其他物品或原料的贸易的有关行动，在战时或国际关系中的其他紧急情况为维持国际和平和安全而采取的行动，均视为例外。

★ 典型案例：

日本、欧共体 v. 加拿大——影响汽车工业措施案①

【基本案情】

根据加拿大的规定，在加拿大境内设立的汽车制造商，只要符合一定条件就可以免关税进口汽车：第一，该汽车制造商在法定的年限内曾在加拿大生产该类汽车；第二，在法定的年限内，在加拿大生产该类汽车的销售值与进口到加拿大的该类汽车的销售总值相比，不得低于一定的比率；第三，该汽车制造商在加拿大生产汽车中本地增值部分必须等于或大于法定年限内在加拿大生产汽车的增值部分。②日本和欧共体认为，加拿大的这项规定给予原产于美国和墨西哥的汽车进口的待遇明显优于其他成员，原因是只有那些美国或墨西哥在加拿大投资的汽车制造商才有可能满足法律规定的三个条件，而这些汽车制造商总是进口其位于美国或墨西哥关联公司生产的汽车。因此，日本和欧共体先后向 WTO 提出申诉，认为加拿大给予部分进口汽车的利益没有"立即无条件"地给予其他成员进口的相同产品，违反了 GATT 第 1.1 条最惠国待遇的规定。

【法律分析】

在该案的审理过程中，双方都承认免除关税待遇是一种"利益"（advantage），案件中未享有这一"利益"的日欧汽车与享有该"利益"的美国汽车是相同产品。但是，加拿大提出，GATT 第 1.1 条所禁止的是基于产地而给予优惠的歧视性待遇，而加拿大的关税优惠措施并没有针对特定来源国的汽车，无论是从美国、日本还是欧共体进口的汽车，只要是符合上述三个条件的汽车制造商的进口，都可以享有免除关税待遇，因此其措施符合 GATT 第 1.1 条的规定。专家组和上诉机构审理认为，日本和欧共体所指控的歧视产

① Canada—Certain Measures Affect the Automotive Industry, WT/DS139, WT/DS142.
② Canada—Certain Measures Affect the Automotive Industry, Appellate Body Report, WT/DS142/AB/R, para. 9.

生于规定进口商可以免税进口的条件，而不是规定进口产品可以免税进口的条件。虽然从表面上看，加拿大的措施没有限制进口汽车产品的产地，但实际上，只有美国等极少数国家在加拿大投资的汽车制造商才能符合免税进口的条件，这些汽车制造商当然仅进口公司自己制造或相关公司制造的汽车产品，从而事实上构成了贸易歧视。

此外，加拿大还提出，由于其与美国、墨西哥组成了自由贸易区（NAFTA），根据 GATT 第 24 条的规定，可以免除其在 GATT 第 1.1 条下的义务。专家组指出，从加拿大的规定看，免税待遇不仅授予产自美国和墨西哥的进口产品，也可能授予符合条件的其他非 NAFTA 国家的产品。同时，加拿大并没有对产自美国和墨西哥的产品全部产品给予免税待遇，是否能享有免税待遇取决于是否为合格的进口商进口。因此，加拿大的进口免税不能定性为对自由贸易区内的产品提供免税待遇的措施。

案件的裁决认为，GATT 第 1.1 条规定的"无条件"并不是指税率的获得不能设置条件，而是指这种条件不能形成事实上的歧视，不管这些条件从形式上看多么公平与中立（origin-neutral）。①

【资料阅读】

1. 约翰. 杰克逊. 世界贸易体制[M]. 张乃根，译. 上海：复旦大学出版社，2001.

2. 约翰. 杰克逊. GATT/WTO 法理与实践[M]. 张玉卿，李成刚，杨国华，译. 北京：新华出版社，2002 年.

3. 王贵国. 世界贸易组织与最惠国待遇原则[J]. 国际经济法论丛，2002（2）.

4. 影响汽车工业措施案上诉机构关于 GATT 第 1.1 条的解释：

77. One main issue remains in dispute: has the import duty exemption, accorded by the measure to motor vehicles originating in some countries, in which affiliates of certain designated manufacturers under the measure are present, also been accorded to like motor vehicles from all other Members, in accordance with Article I: 1 of the GATT 1994.

78. In approaching this question, we observe first that the words of Article I: 1 do not restrict its scope only to cases in which the failure to accord an "advan-

① Canada—Certain Measures Affect the Automotive Industry, Appellate Body Report, WT/DS142/AB/R, paras. 79 – 86.

tage" to like products of all other Members appears on the face of the measure, or can be demonstrated on the basis of the words of the measure. Neither the words "de jure" nor "de facto" appear in Article I: 1. Nevertheless, we observe that Article I: 1 does not cover only "in law", or de jure, discrimination. As several GATT panel reports confirmed, Article I: 1 covers also "in fact", or de facto, discrimination. Like the Panel, we cannot accept Canada's argument that Article I: 1 does not apply to measures which, on their face, are "origin-neutral".

79. We note next that Article I: 1 requires that "any advantage, favour, privilege or immunity granted by any Member to any product originating in or destined for any other country shall be accorded immediately and unconditionally to the like product originating in or destined for the territories of all other members." (emphasis added) The words of Article I: 1 refer not to some advantages granted "with respect to" the subjects that fall within the defined scope of the Article, but to "any advantage"; not to some products, but to "any product"; and not to like products from some other Members, but to like products originating in or destined for "all other" Members.

80. We note also the Panel's conclusion that, in practice, a motor vehicle imported into Canada is granted the "advantage" of the import duty exemption only if it originates in one of a small number of countries in which an exporter of motor vehicles is affiliated with a manufacturer/importer in Canada that has been designated as eligible to import motor vehicles duty-free under the MVTO 1998 or under an SRO.

81. Thus, from both the text of the measure and the Panel's conclusions about the practical operation of the measure, it is apparent to us that "[w]ith respect to customs duties... imposed on or in connection with importation...", Canada has granted an "advantage" to some products from some Members that Canada has not "accorded immediately and unconditionally" to "like" products originating in or destined for the territories of all members. And this, we conclude, is not consistent with Canada's obligations under Article I: 1 of the GATT 1994.

82. The context of Article I: 1 within the GATT 1994 supports this conclusion. Apart from Article I: 1, several "MFN-type" clauses dealing with varied matters are contained in the GATT 1994. The very existence of these other clauses demonstrates the pervasive character of the MFN principle of non-discrimination.

83. The drafters also wrote various exceptions to the MFN principle into the GATT 1947 which remain in the GATT 1994. Canada invoked one such exception before the Panel, relating to customs unions and free trade areas under Article XX-IV. This justification was rejected by the Panel, and the Panel's findings on Article XXIV were not appealed by Canada. Canada has invoked no other provision of the GATT 1994, or of any other covered agreement, that would justify the inconsistency of the import duty exemption with Article I: 1 of the GATT 1994.

84. The object and purpose of Article I: 1 supports our interpretation. That object and purpose is to prohibit discrimination among like products originating in or destined for different countries. The prohibition of discrimination in Article I: 1 also serves as an incentive for concessions, negotiated reciprocally, to be extended to all other Members on an MFN basis.

85. The measure maintained by Canada accords the import duty exemption to certain motor vehicles entering Canada from certain countries. These privileged motor vehicles are imported by a limited number of designated manufacturers who are required to meet certain performance conditions. In practice, this measure does not accord the same import duty exemption immediately and unconditionally to like motor vehicles of all other Members, as required under Article I: 1 of the GATT 1994. The advantage of the import duty exemption is accorded to some motor vehicles originating in certain countries without being accorded to like motor vehicles from all other Members. Accordingly, we find that this measure is not consistent with Canada's obligations under Article I: 1 of the GATT 1994.

86. We, therefore, uphold the Panel's conclusion that Canada acts inconsistently with Article I: 1 of the GATT 1994 by according the advantage of the import duty exemption to motor vehicles originating in certain countries, pursuant to the MVTO 1998 and the SROs, which advantage is not accorded immediately and unconditionally to like products originating in the territories of all other WTO Members.

【延伸思考】

1. "无条件"是否意味着不能设置条件?

2. 最惠国待遇原则是否规范法律上的歧视也规范事实上的歧视?

3. 什么是最惠国待遇原则的自由贸易区例外?

二、国民待遇原则

WTO 中的国民待遇(National Treatment)原则是指,对其他成员方的产品、服务或服务提供者及知识产权的持有者所提供的待遇,不低于本国相同产品、服务或服务提供者及知识产权持有者所享有的待遇。国民待遇原则与最惠国待遇原则一样,都是非歧视原则在多边贸易体系中的具体体现。最惠国待遇强调的是"外外平等",即外国产品、服务或服务提供者之间及知识产权持有者的平等竞争;而国民待遇强调的是"内外平等",进口产品、服务或服务提供者及知识产权持有者与国内产品、服务及服务提供者及知识产权持有者在国内市场上的平等竞争。

国民待遇主要规定在 GATT 1994 第 3.1、3.2、3.4 条,GATS 第 17 条和 TRIPS 第 2 条。GATS 与 GATT 不同,它规定了对同类服务或服务提供者的国民待遇,但并未将国民待遇作为普遍义务规定在其"一般义务和纪律"之中,而是作为具体承诺与各个服务部门或分部门的开放联系在一起。TRIPS 的国民待遇则是提供给知识产权权利人的。

GATT 1994 第 3 条规定:"1. 各缔约国认为:国内税和其他国内费用,影响产品的国内销售、兜售、购买、运输、分配或使用的法令、条例和规定,以及对产品的混合、加工或使用须符合特定数量或比例要求的国内数量限制条例,在对进口产品或国产品实施时,不应用来对国内生产提供保护。2. 一缔约国领土的产品输入到另一缔约国领土时,不应对它直接或间接征收高于对相同的国产品所直接或间接征收的国内税或其他国内费用。同时,缔约国不应对进口产品或国产品采用其他与本条第一款规定的原则有抵触的办法来实施国内税或其他国内费用……4. 一缔约国领土的产品输入到另一缔约国领土时,在关于产品的国内销售、兜售、购买、运输、分配或使用的全部法令、条例和规定方面,所享受的待遇应不低于(no less favorable than)相同的国产品所享受的待遇。"实行国民待遇原则的目的,是为了保证进口产品在进口国市场上取得与该进口国本国同等的地位、条件和待遇,防止进口国利用国内的有关法律、法令作为贸易保护的手段。

与最惠国待遇原则一样,国民待遇原则也有一些例外:

①国民待遇不适用于政府机构购买供政府机构使用、不以商业转售为目

的或不以生产供商业销售为目的之产品采购的法律、条例或规定；①

②国民待遇不妨碍对国内生产者给予的特别补贴，包括从征收国内税费所得的收入中以及通过政府购买国产品的办法，向国内生产者给予补贴。②

③GATT 1994 第 20 条规定的"一般例外"；

④GATT 1994 第 21 条规定的"安全例外"。

★ 典型案例：

欧共体、美国和加拿大 v. 中国——影响汽车零部件进口措施案③

【基本案情】

加入 WTO 后，中国积极调整国内产业政策，逐一兑现入世承诺，关税水平逐步下降。从 2002 年起，经过 5 次关税调整，中国进口整车的关税降至 25%，汽车零部件进口税率则降至 10%。由于进口汽车零部件的税率显著低于进口整车的税率，在实际生产中，有些汽车制造商大量进口零部件，并在中国国内组装为成品车进行销售。这样一来，通过进口零部件组装成整车比直接进口整车可以变相规避高达 15% 的关税。因此，中国先后于 2004 年 5 月、2005 年 2 月和 3 月出台了《汽车产业发展政策》《构成汽车特征的汽车零部件进口管理办法》以及《进口汽车零部件构成整车特征核定规则》三部法令（统称为"涉案措施"）。涉案措施规定，对经核定中心核定为构成整车特征的进口零部件，海关将按照整车归类，并按照整车税率计征关税和进口环节增值税。欧共体、美国和加拿大先后对中国提出申诉，认为涉案措施违反了国民待遇原则和中国入世承诺。

【法律分析】

本案最大的争议焦点是中国的涉案措施从性质上讲是"国内费用"（internal and charge）还是"普通关税"（ordinary customs duty）。欧共体、美国和加拿大认为涉案措施违反 GATT 第 3.2 条第一句的方式，征收了"国内费用"，而中国则抗辩认为征收的是符合 GATT 第 2.1 条（b）项中的"普通关税"。针对上述主张，专家组在考察了"国内费用"与"普通关税"的含义后指出，"普

---

① GATT 1994 第 3.8 条（a）项．但这一原则在《政府采购协定》中已经被修改，并引进了国民待遇，参见《政府采购协定》第 3 条。

② GATT 1994 第 3.8 条（b）项。

③ China—Measures Affecting Imports of Automobile Parts, WT/DS339, WT/DS340, WT/DS342.

通关税"发生在进出成员方海关那一时刻,这是判断一项税收是否属于"普通关税"的关键所在。而"国内费用"并不发生于产品进入另一成员方领土的那一刻,而是源于国内因素,发生在该产品已经进入到另一成员方的领土之后。专家组认为,中国的涉案措施所征收费用的依据是汽车零部件进口到中国领土之后发生的情况,而不是在进口时产品的状况。由于涉案措施并不适用于国内产品,只有符合条件的汽车进口零部件才需要交纳25%的"国内税",这显然造成进口产品负担了比同类国产品高的"国内税",违反了GATT第3.2条第一句话。①

专家组还确认涉案进口产品与国内产品是"相同产品",涉案措施是GATT第3.4条意义上的"法令、条例和规定"(law, regulation, or requirement)。专家组指出,涉案措施对那些使用进口零部件的汽车企业形成一种行政程序和标准,并包含了以最后形成整车为基础的税收支付审核程序,因此从实施效果看,这些措施对于汽车企业形成了一种鼓励商家使用国内零部件而不是进口零部件的激励效果。据此,专家组认为这些措施属于GATT第3.4条意义上的"影响其国内销售、标价出售、购买、运输、分销或使用"。②

中国提出涉案措施是为了保证与GATT"规定不相抵触的法律或法规得到遵守所必需的措施",符合GATT第20条(d)项的规定。专家组认为中国有关汽车关税的解释违反了其在减让表下的义务,违反了中国在GATT第2.1条(a)和(b)项下的义务。专家组指出,既然已经认定中国未能证明涉案措施是为确保遵守中国的关税承诺减让表,那么涉案措施自然不是"必需的"。中国未能证明涉案措施符合GATT第20条(d)项的规定。③

【资料阅读】

1. 约翰. 杰克逊. GATT/WTO 法理与实践[M]. 张玉卿,李成刚,杨国华,译. 北京:新华出版社,2002.

2. 曾令良,张华. 擅用 WTO 国民待遇原则的"一般例外"综合考虑决定我国应对策略[J]. WTO 经济导刊,2005(5).

3. 王毅. WTO 国民待遇的法律规则及其在中国的适用[M]. 北京:中国

---

① China—Measures Affecting Imports of Automobile Parts, Panel Report, WT/DS339/R, paras. 7.102 - 7.223.

② China—Measures Affecting Imports of Automobile Parts, Panel Report, WT/DS339/R, paras. 7.227 - 7.272.

③ China— Measures Affecting Imports of Automobile Parts, Panel Report, WT/DS339/R, paras. 7.277 - 7.365.

社会科学出版社，2005.

4. 中国影响汽车零部件进口措施案专家组对 GATT 第 3.4 条的解释：

7.254 China holds the view that this reasoning of the Appellate Body in EC-Bananas III confirms that what matters is whether the aspect of the measures under scrutiny is an element of administrating a valid border measure, which is therefore within the scope of Article II, or whether this aspect of the measure serves instead to affect the internal sale, distribution or use of the product. Given our finding a-bove that the charge under the measures is an "internal charge" within the meaning of Article III: 2 of the GATT 1994, 491 the procedures under the measures do not serve, as China argues, to administer a valid border measure. Our finding that the charge applies to imported products therefore supports a conclusion that the administrative procedures related to the application of the charge likewise "affect" imported products.

7.255 Moreover, the complainants argue that the criteria for the determination of the essential character of a motor vehicle create an incentive to purchase domestic auto parts instead of imported auto parts and therefore affect the "internal sale, offering for sale, purchase, transportation, distribution or use." China, on the other hand, holds that the incentive to import auto parts instead of motor vehicles (because of the higher tariff rate for motor vehicles) is a characteristic inherent to the Schedule of Concessions that China negotiated.

7.256 However, in the view of the Panel, China seems to misunderstand the claim of the complainants. The complainants do not challenge the fact that China's tariff structure creates an incentive to import auto parts instead of motor vehicles but, instead, they challenge the alleged incentive created by the criteria under the measures to use domestic auto parts instead of imported auto parts. Applying the reasoning developed by the Appellate Body in US-FSC (Article 21.5-EC) to the present dispute any auto manufacturer/importer that seeks to avoid the charge at issue must ensure that imported auto parts used in the assembly of a given vehicle model do not meet any of the criteria set out in the measures. Under the measures, whether imported auto parts meet any of the criteria set out in the measures is assessed based on the final assembly of auto parts in China, which consequently requires the examination of auto parts imported in "multiple shipments". In our view, this aspect of the measures inevitably influences an automobile manufacturer's choice between domestic and imported auto parts and thus affects the internal use of imported auto parts.

7.257 The Panel thus concludes that the administrative procedures imposed on any auto manufacturer using imported auto parts as well as the criteria set out in the measures, combined with the assessment of the charge which is based on the final assembly internally, create an incentive for auto manufacturers to use domestic auto parts instead of imported auto parts. The Panel, therefore, finds that the measures affect "the internal sale, offering for sale, purchase, transportation, distribution or use" of imported auto parts, within the meaning of Article III:4 of the GATT 1994.

7.258 In conclusion, because the measures apply to imported auto parts which are "like" domestic auto parts and are laws, regulations, and requirements affecting the internal sale, offering for sale, purchase, transportation, distribution or use of the imported auto parts, we find that Article III:4 of the GATT 1994 is applicable to the measures.

【延伸思考】

1. 国内法规的制定如何符合 WTO 的规则?
2. 如何援引 WTO 国民待遇原则中的"一般例外"?

三、透明度原则

透明度(transparency)原则是指,WTO 成员方应公布所制定和实施的贸易措施及其变化情况(如修改、增补或废除等),没有公布的措施不得实施。同时,还应将这些贸易措施及其变化情况通知 WTO。另外,成员方所参加的有关影响国际贸易政策的国际协定也应及时公布并通知 WTO。

WTO 的透明度原则主要体现在 GATT 1994 第 10 条:"缔约国有效实施的关于对海外产品的分类或估价,关于税捐或其他费用的征收率,关于对进出口货物及其支付转账的规定、限制和禁止,以及关于影响进出口货物的销售、分配、运输、保险、存仓、检验、展览、加工、混合或使用的法令、条例与一般援用的司法判决及行政决定,都应迅速公布,以使各国政府及贸易商对它们熟悉。一缔约国政府或政府机构与另一缔约国政府或政府机构之间缔结的影响国际贸易政策的现行规定,也必须公布。"除此之外,GATS 第 3 条、TRIPS 第 63 条都有对透明度原则的规定。

为了提高成员方贸易政策的透明度,WTO 建立了贸易政策评审机制

(Trade Policy Review Mechanism, 简称 TTRM)。根据该机制, WTO 所有成员方的贸易政策都要定期接受全面评审因此, TTRM 不仅能促使各成员方提高贸易政策和措施的透明度, 也能促进成员方对 WTO 各协定义务的遵守。

★ 典型案例:

美国 v. 欧共体——特定海关事项案①

【基本案情】

欧共体关税法规主要有 3 类,《欧共体海关关税》《欧共体海关法》和《海关法实施条例》。这些法规和条例由成员国、欧共体海关税则委员会、欧共体成员国的法院和欧共体法院等机构, 依据各自的职权, 通过成员国之间、成员国与欧洲委员会之间的合作, 对海关关员的培训以及预算控制来实施。美国列举了一些具体产品的例子, 证明相同的产品在欧共体不同成员国被分在不同类别, 因此关税税率也不同。例如, 英国、爱尔兰和荷兰海关将遮光涂层布分在税号 5907, 而德国海关却将该类产品作为塑料制品, 分在税号 3921。据此, 美国认为欧共体成员之间实施海关法规不统一, 违反了 GATT 第 10.3 条。

【法律分析】

本案关于实体问题的争议焦点是《欧共体海关法》的执行是否违反了 WTO 的透明度原则。GATT 1994 第 10.3 条(a)项规定:"每一缔约方应以统一、公正和合理的方式执行本条第 1 款所述的所有法律、法规、判决和裁定。"这是透明度原则对 WTO 成员方法律执行的要求。专家组认为, GATT 1994 该款中的"执行"一词指的是法规的适用, 包括执行程序及其结果, 而不是法律本身。对于是否要求统一的执行程序问题, 欧共体认为, 专家组将第 10.3 条(a)项解释为要求统一的执行程序是错误的。而上诉机构认为, 专家组并没有将该项解释为要求统一的执行程序, 只是认为"执行"一词和执行程序有关。执行程序的不同并不违反该项, 但可作为证明执行不统一的证据。

在对处罚条款和稽查程序的分析上, 专家组认为, 欧共体成员国之间处罚条款的不同并没有违反第 10.3 条(a)项。上诉机构支持了专家组的认定, 但其推理和专家组不同。上诉机构的理由是, 法律本身的不同不足以证明违反了统一执行欧共体海关法律的要求, 起诉方必须提供具体的事例, 证明处

---

① European Communities—Selected Customs Matters, WT/DS315.

罚条款的适用导致对统一执行欧共体海关法律之要求的违反，而美国没有提供足够的证据。①

针对具体产品的海关分类，专家组认为，在对遮光涂层布进行海关归类的执行程序方面，欧共体违反了第10.3条(a)项。专家组的理由有二：一是在对遮光涂层布进行海关归类时，德国海关当局参照了一项只适用于德国的解释性指导。而这一解释性指导没有规定在适用于所有海关当局的有约束力的法规当中，也没有证据显示欧共体其他成员国海关当局在对遮光涂层布进行海关归类时也参照了内容相似的解释性指导。二是德国海关当局没有参考其他海关当局对遮光涂层布进行海关归类的决定。上诉机构指出，要认定一项执行程序导致了不统一的执行，仅仅指出执行程序不统一是不够的，专家组还必须进一步分析，执行程序的不同是否必然导致对有关法律不统一的执行。而专家组并没有解释其两项理由为什么必然导致对遮光涂层布不统一的归类。因此，上诉机构推翻了专家组的这一认定。②对遮光涂层布的海关归类，专家组认为欧共体不符合GATT 1994第10.3条(a)项的规定，而欧共体采取的措施不足以纠正这种不统一。上诉机构维持了专家组的结论。

【资料阅读】

1. 黄文旭. WTO透明度原则在海关法领域的适用——以欧共体特定海关事项案为例[J]. 海关法评论,2010(1).

2. 全小莲. WTO透明度原则研究[M]. 厦门：厦门大学出版社,2012.

3. 胡家祥,彭德雷. WTO贸易政策的透明度要求：法律原则与中国实践[J]. 时代法学,2012(1).

4. 欧共体特定海关事项案上诉机构对如何认定"不统一"(non-uniform)执行的解释：

238. At the outset of our analysis, we observe that the Panel reached what seem to be two opposite conclusions on the tariff classification of blackout drapery lining by the German customs authorities. On the one hand, the Panel found that the decisions of the German customs authorities regarding the tariff classification of blackout drapery lining did not amount to non-uniform administration in violation of

---

① European Communities—Selected Customs Matters, Appellate Body Report, WT/DS315/AB/R, paras. 214 – 216.

② European Communities—Selected Customs Matters, Appellate Body Report, WT/DS315/AB/R, paras. 231 – 240.

Article X: 3(a)of the GATT 1994. Indeed, the Panel considered that, on the basis of the evidence before it, there was an objective factual basis that justified the German customs authorities to classify the product in a manner different from that of customs authorities in other member States. On the other hand, for the reasons we set out above, the Panel found that "the administrative process leading to the tariff classification of blackout drapery lining amounts to non-uniform administration within the meaning of Article X: 3(a)of the GATT 1994. " As a result of this finding, the Panel ultimately concluded that there was "a violation of Article X: 3(a) of the GATT 1994 with respect to the tariff classification of blackout drapery lining".

239. As we explained in Section V. B of this Report, the term "administer" may include administrative processes, but this does not mean that Article X: 3(a) of the GATT 1994 requires uniformity of administrative processes. In order to find that an administrative process has led to non-uniform administration of a measure under Article X: 3(a), a panel cannot merely rely on identifying the features of an administrative process that it may view as non-uniform; a panel must go further and undertake an analysis to determine whether those features of the administrative process necessarily lead to non-uniform administration of a legal instrument of the kind described in Article X: 1.

240. In this case, the Panel highlighted and criticized the use by the German customs authorities of an interpretative aid that is particular to Germany, as well as the absence of any formal requirement for the customs authorities in Germany to refer to the decisions of customs authorities of other member States when classifying blackout drapery lining. In this respect, we observe that the Panel viewed the resort to an interpretative aid that is particular to Germany and the absence of any requirement to refer to tariff classification decisions issued in other member States as features of the administrative process that German customs authorities follow in making tariff classification decisions regarding blackout drapery lining. Irrespective of whether this characterization is correct, we note that the Panel did not explain how and why these two features of the administrative process would necessarily lead to non-uniform classification of blackout drapery lining.

241. Indeed, as we noted earlier, the Panel found that the divergent decisions regarding the tariff classification of blackout drapery lining by, on the one

hand, the German customs authorities and, on the other hand, customs authorities in other member States were justified by an "objective factual basis" and, therefore, did not amount to non-uniform administration, in violation of Article X: 3(a)of the GATT 1994. Given this opposite conclusion on the tariff classification decisions of the German customs authorities on blackout drapery lining, we fail to see how, on the basis of the aforesaid two features of the administrative process, the Panel could have come to the conclusion of a violation of Article X: 3(a)of the GATT 1994.

【延伸思考】

1. 透明度原则对法律的实施有哪些要求？
2. 什么是"统一执法"？

第二节　WTO 货物贸易市场准入的法律制度

一、关税措施

关税(tariff)是一国(地区)海关依照本国(地区)海关法、关税税则和有关规章，对货物在进出其关境时征收的一种捐税，是各国政府普遍采取的管理货物进出口的措施。按照征税标准的不同，关税可以分为从价关税、从量关税和混合关税。按照税收待遇不同，关税也可以分为普通关税、最惠国关税、普惠制关税和特惠制关税。

关税透明度高，易衡量，但对进出口商品价格有着直接影响，特别是高关税，是制约货物贸易市场准入的重要壁垒。因此，WTO/GATT 在允许成员方采取关税措施的同时，也要求成员方逐渐降低关税水平并加以约束，以不断推进货物贸易的市场准入。

WTO 成员方在 GATT 下的关税义务主要以"关税减让表"(Schedule of Concession)的形式体现。根据 GATT 1994 第 2 条的规定，关税减让表属于 GATT 1994 的组成部分，构成 WTO 的涵盖协定，对成员方具有法律约束力。如果一种产品的税率被列入了某个成员方的关税减让表，这种产品的关税税率就成为约束税率。约束税率意味着成员方有义务保证其对该产品征收的关税不超过此约束税率，但却可以把实际税率定于约束税率之下。对于未列入约束税率的产品，成员方可以自行征税。为了保证 WTO 成员方不随意增加其他税费从而削弱关税减让的效果，GATT 1994 第 2.1 条(b)项还规定，列入减让表约束关税的产品还应免征 GATT 订立之日对进口或有关进口所征收的任何其他税费。

如果成员方希望撤回或修改其做出的关税减让，必须符合以下条件：第一，在关税减让后 3 年内，原则上不允许修改与撤回；前一个 3 年期满，下一个 3 年自动延续；第二，只有在每个 3 年有效期结束之后，希望修改或撤回的成员方才可以提出要求；第三，与具有最初谈判权的成员进行谈判并提供补偿。①

★ **典型案例：**

美国、中国台北和日本 v. 欧共体及成员国——信息技术产品关税待遇案②

【基本案情】

1996 年 12 月，29 个 WTO 成员方达成了《信息技术协定》(*Information Technology Agreement*，简称 ITA)，承诺在 2000 年 1 月 1 日前取消包括计算机、计算机软件、通讯设备等在内的约 200 种信息技术产品的关税。根据 ITA 的规定，各成员同意，对 ITA 附表 A 和附表 B 范围内所有的产品，约束和取消 GATT 1994 第 2.1 条(b)项下的关税和其他税费。与大多数 ITA 成员一样，欧共体在其关税减让表中添加了一个附录，纳入了 ITA 附表 A 的标题，并列入附表 A 第二部分和附表 B 中的所有描述，还在附录第一段加了批注："在 ITA 附表 B 中或为附表 B 而描述的任何产品，即使在本减让表中无具体规定，其关税及其他任何税费都应根据 ITA 附录第 2 条(a)项的规定予以约束和取消，不论产品归于何类。"

美国、中国台北和日本提出，欧共体对属于 ITA 免税范围的平板显示器(FPDs)，具有通信功能的机顶盒(STBCs)，以及多功能一体机(MFMs)征收关税，违反 GATT 1994 第 2.1 条(a)项和(b)项的规定。

【法律分析】

本案中申诉方与被诉方的争论围绕 FPDs、STBCs 和 MFMs 三类产品的关税待遇展开。专家组首先对欧共体在关税减让表中添加的附录所做的批注进行分析，认为税号虽然起到了描述产品的作用，但并不能定义产品的范围。

---

① GATT 1994 第 28 条。

② European Communities and Its Member States—Tariff Treatment of Certain Information Technology Products. WT/DS375，WT/DS376，WT/DS377.

按照欧共体批注的含义，欧共体应对其减让表附录中所描述的产品给予免税待遇，而不论其在欧共体的税则体系下属于哪一类。①

专家组按照产品类别，分三部分对相关实体问题进行了审理。欧共体承诺表中对FPDs的描述是："为不属于本协议品及其配件（配置）的平板显示器（包括液晶、电光、等离子、真空荧光以及其他技术的）。"经过分析，专家组认为本案争议的FPDs只要是为与自动处理器配合使用而设计的，就能纳入减让的范围之内。欧共体承诺免税的产品包括税号84716090下的产品，专家组认为至少有一部分FPDs属于84716090下，没有理由排除其免税待遇。欧共体的一系列措施导致本应享受免税待遇的产品被征收了超过减让表规定的税率，违反了GATT 1994第2.1条（b）项。同时，超过减让表规定征收关税的行为必然导致产品享受的待遇低于减让表的规定，因为欧共体的措施也违反了GATT 1994第2.1条（a）项的规定。对于STBCs和MFMs的审查，专家组沿用了对FPDs的思路，确认该两类产品应属于免税范围。

【资料阅读】

1. 韩立余. WTO减让承诺表解释原则探析[J]. 法商研究，2006(2).

2. 那力，肖夏. WTO义务减让表的解释问题[J]. 当代法学，2008(1).

3. 欧共体及成员国信息技术产品关税待遇案专家组对欧共体附录批注的解释：

7.343 Our initial analysis of the text of the EC headnote suggests that products described in or for Attachment B must be granted duty-free treatment irrespective of where those products are classified. This interpretation has implications for the meaning and significance of the tariff item numbers appearing alongside the product descriptions in the EC Schedule. In particular, whatever significance the tariff item numbers would have, they would not have the effect of controlling or determining the scope of coverage arising from the ordinary meaning of the product descriptions themselves. In other words, the plain meaning of the phrase "wherever the product is classified" is not consistent with a view that the tariff item numbers notified by the European Communities operate to limit the scope of the EC concessions strictly to products that are classified or classifiable in the particular tariff numbers listed next to a given product description in the Annex to the EC

---

① European Communities and Its Member States—Tariff Treatment of Certain Information Technology Products, Panel Report, paras, WT/DS375/R, 7.343 – 7.347.

Schedule.

7.344 The European Communities has argued that the language "wherever the product is classified" is intended to refer to the tariff item numbers in the EC Schedule where zero duties would apply for a particular product (as the Member would itself specify in its Schedule in the lead up to implementation of its ITA obligations). Accordingly, in its view, the tariff item numbers notified alongside the product descriptions in its Schedule would effectively "exhaust" the headnote, which is to say that the tariff item numbers appearing next to the product descriptions indicate where the product will be classified by the European Communities. However, the Panel finds it difficult to agree with this interpretation, at least on the basis of the plain meaning of the text of the EC headnote, when considered in full. As the Panel has interpreted above, the phrase "wherever the product is classified" refers to the condition that customs duties and other duties and charges shall be bound and eliminated for products in or for Attachment B. This phrase is open-ended; it cannot reasonably be read to refer only to the list of products and tariff item numbers listed in the Annex to the EC Schedule alongside the narrative description. While recognizing that the European Communities notified a finite list of 14 tariff item numbers next to the description for flat panel display devices in the Annex to the EC Schedule, there is no basis, on an analysis of the plain meaning of the language of the EC headnote, to conclude that these tariff item numbers "exhaust" the FPDs product descriptions.

7.345 In summary, in the Panel's view, an initial textual analysis of the key terms and phrases appearing in the EC headnote strongly supports the conclusion that products initially described in or for Attachment B, which in the case of flat panel displays is the same as that reproduced in the Annex to the EC Schedule, must be granted duty-free treatment irrespective of where they are classified in the EC Schedule.

7.346 Such a conclusion suggests that the product descriptions in Attachment B determine the scope of the products for which the European Communities is required to extend duty-free treatment, and not the tariff item numbers that are listed next to each of the product descriptions in the Annex to the EC Schedule. The alternative interpretation, that the tariff item numbers define the scope of the obligation, would appear to read out the phrase "wherever the product is classified" from the headnote.

【延伸思考】

在欧共体信息产品关税待遇案中,申诉方和被诉方就具体产品描述的含义和范围争论不休,应当采用何种方法对关税减让表予以解释?

二、非关税措施

非关税措施通常指除关税以外各种限制货物贸易市场准入的措施。非关税措施通常包括数量限制、技术性贸易壁垒、卫生与植物卫生措施、海关估价、原产地规则以及装运前检验等。随着关税水平的不断降低,非关税措施成为国际贸易发展的主要障碍。WTO 就一些可能限制货物贸易的非关税措施达成了一系列作为 GATT 1994 附件的协定,以规范各成员方的行为,减少非关税措施对贸易自由化的负面影响。

(一)数量限制

数量限制(quantitative restriction)是指通过限制进出口数量来管制国际货物贸易的行政手段。由于数量限制缺少透明度,因此极易导致贸易扭曲。此外,数量限制在对国内产业进行保护时,缺乏公共监督,容易导致其被利益集团操控,由此衍生出政治腐败和犯罪行为。鉴于此,WTO 对数量限制基本持否定态度,禁止在国际贸易中使用数量限制。

WTO 货物贸易领域中取消数量限制的规定主要体现在 GATT 第 11 条,该条第 1 款规定:"任何缔约国除征收税捐或其他费用以外,不得设立或维持配额、进出口许可证或其他措施以限制或禁止其他缔约国领土的产品的输入,或向其他缔约国领土输出或销售出口产品。"根据本条规定,WTO 原则上一般禁止以禁令、配额、进口许可证或其他数量限制措施来限制进出口。

同时,WTO 允许各成员方出于一些合法目的,对货物进出口实施数量限制,这些数量限制措施构成 GATT 1994 第 11.1 条普遍取消数量限制的例外:

第一,为防止或缓和输出缔约国的粮食或其他必需品的严重缺乏而临时实施的禁止出口或限制出口;

第二,为实施国际贸易上商品分类、分级和销售的标准及条例,而必须实施的禁止进出口或限制出口;

第三，对任何形式的农渔产品有必要实施的进口限制；①

第四，为保障国际收支而实施的限制；②

第五，在符合 GATT 1994 第 20 条"一般例外"所规定的条件下所采取的数量限制措施；

第六，在符合 GATT 1994 第 21 条"安全例外"所规定的条件下所采取的数量限制措施。

★ 典型案例：

美国、欧共体和墨西哥 v. 中国——原材料出口措施案③

【基本案情】

自 2008 年以来，中国政府相关部门公布了一系列规范矿产品出口的措施，包括《货物出口许可证管理办法》《出口商品配额管理办法》《出口商品配额招标办法》以及《进出口许可证证书管理办法》等。本案涉及其中对铝矾土、焦炭、萤石、镁、锰、碳化硅、金属硅、黄磷、锌等 9 种原材料所实行的限制措施，包括出口关税、出口配额、出口配额的分配及管理手段、出口许可证及出口限价。美国、欧共体和墨西哥先后向 WTO 提出申诉，认为中国政府的这些规定和措施违反了 GATT 1994 第 8.1 条、第 8.4 条、第 10.1 条、第 10.3 条（a）项、第 11.1 条；违反了《中国入世议定书》第 1 条第 2 款，第 2 条（A）项第 2 款，第 5 条第 1 款、第 2 款，第 8 条第 2 款；违背了《中国入世工作组报告》第 83、84、162、165 段和第 342 段的承诺。

【法律分析】

申诉方认为中国对一部分涉案产品实行出口配额，违反了 GATT 1994 第 11 条。专家组逐项审查，明确了配额是通过申请、分配、招标等不同的程序所实施的。GATT 1994 第 11 条禁止对产品的进出口实行数量限制，无论这些限制是通过配额、许可证或其他措施实施。中国提出，至少在耐火铝土矿（铝矾土中的一种）出口问题上自己没有违反 GATT 1994 第 11 条，因为根据 GATT 1994 第 11.2（a）项的规定，允许"为防止或缓和输出缔约国的粮食或

---

① 前三项例外参见 GATT 1994 第 11.2 条。

② GATT 1994 第 12 条。

③ China—Measures Related to the Exportation of Various Raw Materials，WT/DS394，WT/DS395，WT/DS398.

其他必需品的严重缺乏而临时实施的禁止出口或限制出口"。专家组认为，这一规定是 GATT 1994 第 11 条义务的例外，因此中国负有举证责任。中国提出，由于国外需求很大，耐火铝土矿的供应短缺或有短缺的可能。专家组从条约用语的普通含义、上下文和条约的宗旨出发，对 GATT 第 11.2 条(a)项中的"临时""必需品""为防止或缓解缺乏"做了分析，认为，耐火铝土矿在中国是必需品，但所谓严重缺乏指可以通过采取措施改善的缺乏，而不是无法得到改善的永久状态，中国的措施不是为了防止或缓解严重缺乏而采取的临时措施。中国提出的 GATT 第 11.2 条(a)项的抗辩不能成立，中国的出口配额违反 GATT 1994 第 11.1 条。①

申诉方还提出，中国的出口许可证制度违反了 GATT 1994 第 11.1 条和《中国入世议定书》第 5.1 条和《中国入世工作组报告》第 162、165 段。专家组首先梳理了中国出口许可证申请和颁发的程序：商务部和海关总署规定受出口许可证管理的产品目录，每年 12 月初公布第二年受出口限制的产品，目录由各级地方相关机构负责具体申领工作，在申领许可证时需要提交相关文件。专家组指出，GATT 1994 第 11 条针对的是配额或许可证对进出口的限制或禁止，但如果符合 GATT 1994 的其他条款，配额或许可证也是允许的。专家组认为，受出口限制的产品需要领取出口许可证这一事实并不违反 GATT 1994 第 11 条。自动许可证没有限制进出口效果，因为所有申请者都可以得到；要求申请者提交文件并符合某些条件的做法本身也不一定有限制出口的效果。中国对不同种类和受到不同限制的产品规定了申请出口许可证需要提交的材料，但在一些规定里都提到了"批准所需其他材料"，却又没有说明哪些材料属于"其他材料"。专家组认为，这样的规定让审批机构有权不颁发出口许可证，从而限制甚至禁止某些产品的出口。这种不确定性构成了 GATT 1994 第 11.1 条所说的限制。② 上诉机构维持了专家组的全部结论。

【资料阅读】

1. 贺小勇. WTO 框架下中美原材料出口限制争端的法律问题[J]. 国际商务研究，2010(3)

2. 黄志雄. 从"市场准入"到资源获取——由"中国原材料出口限制措施

---

① China—Measures Related to the Exportation of Various Raw Materials, Panel Report, WT/DS398/R, paras. 7. 338 – 7. 353.

② China—Measures Related to the Exportation of Various Raw Materials, Panel Report, WT/DS398/R, paras. 7. 957 – 7. 959.

案"引发的思考[J]. 法商研究, 2010(3).

3. 余敏友, 胡传海. 认真对待 WTO 对中国原材料案裁决的长远不利影响[J]. 国际贸易, 2012(11).

4. 黄志雄. 认真对待可持续发展——中国原材料出口限制争端及其启示[J]. 当代法学, 2013(1).

5. 中国原材料出口措施案专家组关于中国不能援引 GATT 1994 第 11.2 条(a)项作为抗辩理由的论述:

7.338 China has identified a range of quantitative and qualitative factors, including what it describes as "geological, technical, environmental, social, economic, and political factors", in seeking to demonstrate that the export quota that it applies to refractory-grade bauxite is temporarily applied to prevent or relieve a critical shortage of an essential product to China, and accordingly, its export quota is justified pursuant to Article XI: 2(a).

7.339 The Panel recalls that Article XI: 2(a)permits the application of temporary restrictions or prohibitions on a limited basis to address "critical shortages" of "essential products". The Panel found that a product may be "essential" within the meaning of Article XI: 2(a)when it is "important" or "necessary" or "indispensable" to a particular Member. This may include a product that is an "input" to an important product or industry, taking into consideration the particular circumstances faced by hat Member. In addition, the Panel found that the term "critical shortage" in Article XI: 2(a)refers to those situations or events that are "of decisive importance" or "grave", or rise to the level of a "crisis" or catastrophe that may be relieved or prevented through the application of measures on a temporary, and not an indefinite or permanent, basis.

7.340 On the basis of evidence submitted by China, the Panel is persuaded that refractory-grade bauxite is currently "essential" to China, as that term is used in Article XI: 2(a). In particular, China has presented evidence that demonstrates the importance of the use of refractory-grade bauxite as an intermediate product in the production of iron and steel (in the sense that bauxite is used in the manufacture of kilns, which are themselves used in the production of steel, for instance), as well as other important products to China's domestic and export markets. As China explains, and the complainants do not dispute, China is the leading producer of steel in the world by a significant margin. China submits it produces more than three times that of the next largest steel producing country, and represents more than one third of worldwide steel production; this is also not contested. China's steel industry is a primary user of refractory-grade bauxite; in fact, the complainants recognize that 70% of refractory-grade bauxite is consumed by China's iron and steel industries. In addition, it is not disputed that iron and steel are themselves important products in the manufacturing and construction industries, two fundamental sectors that drive China's industry and development. Moreover, China's steel industry represents a significant source of employment.

7.341 In coming to this conclusion, the Panel was mindful of the parties' arguments on the question of substitutability of refractory-grade bauxite. The complainants initially asserted that China's allegations on the essentialness of refractory-grade bauxite, and whether a "critical shortage" exists, are undermined by the fact that readily available and reasonably available substitutes exist. The complainants identify several substitutes. In response in its oral statement at the second substantive meeting of the parties, China explained that these materials should not be considered as substitutes either because of the cost to purchase them, or due to constraints on their availability. Complainants acknowledged higher costs in choosing alternatives to refractory-grade bauxite, albeit at levels lower than those claimed by China. The complainants submit that in any event increased prices of alternative materials are offset by the increased lifespan or performance of those alternatives.

7.343 In the Panel's view, data submitted by both parties demonstrate the complexity in determining the availability of a substitute. Both parties agree that price would factor into a decision (including the cost of switching to a substitute). The properties of the materials as well as the particular application of that material would also factor into an assessment of substitutability.

7.344 Even assuming conditions arose that would reduce the cost of substituting refractory-grade bauxite for an alternative, this would not persuade the Panel to alter its conclusion that refractory grade bauxite is an "essential" product to China. The inherent complexity in assessing substitutability reveals that switching from one material to the next, and potentially, from one supplier to the next, is not an easy decision. Regardless, given the evidence of its significant use in various sectors, it is foreseeable that refractory-grade bauxite would continue as an important intermediary product to the production of steel and would continue to serve as an important driver for the Chinese economy.

7.345 Before proceeding, the Panel expresses its view that the mere designation of a product as essential or the imposition of conservation-related restrictions imposed on extraction or processing should not be relevant to the assessment of whether a product is "essential" to a Member. A Member exercises its own discretion on whether to impose conditions that affect the availability of a product. The conservation-related measures presumably are put in place because they are necessary to protect an essential product; they should not in and of themselves support the conclusion that a product is in fact essential. Therefore, the Panel considers that these factors should not be taken into consideration. Moreover, the systemic implications of deciding "essentialness" based on either the presence or lack of regulatory measures is problematic; it would allow a Member to manufacture "essentialness" when none exists. The Panel wishes to make clear that it is not in any way suggesting that this is the case here.

7.346 The Panel does not consider China's application of the measure to be "temporarily applied" within the meaning of Article XI: 2(a) to justify its imposition under that provision as a measure to either prevent or relieve a "critical shortage".

7.347 The Panel recalls that a "shortage" refers to a deficiency in the quantity of goods. The product's importance in use, though relevant in an assessment of whether a product is "essential" to a Member, and perhaps indicative of future demand for a product, does not inform whether a shortage currently exists. China argues that the "supply" of refractory-grade bauxite is affected by the following: (i) the remaining reserve lifespan of refractory-grade bauxite; (ii) lack of availability of refractory-grade bauxite in China and abroad; (iii) lack of cost-affordable substitutes for refractory- grade bauxite; (iv) restriction arising from other barriers, including conservation, licence, health, safety, environmental and other regulatory measures; (v) fees and taxes; (vi) investment barriers; and (vii) resistance to mining activities at local and community levels.

7.348 China has had an export quota in place on exports of bauxite classifiable under HS No. 2508.3000 dating back to at least 2000. China's estimation of a 16-year reserve for bauxite suggests that China intends to maintain its measure in place until the exhaustion of remaining reserves (in keeping with its contention that it needs to restrain consumption), or until new technology or conditions lessen demand for refractory-grade bauxite. In line with this, China has explained that its export quota on refractory-grade bauxite forms part of a conservation plan aimed at extending the reserves of refractory-grade bauxite, which is applied temporarily to relieve the critical shortage caused by factors other than the product's availability.

7.349 The Panel explained above that if Article XI:2(a)were interpreted to permit the long-term application of conservation measures, Article XX(g)would lose its meaning. Moreover, the Panel observed that the permissibility of the mention of imposing long-term measures related to conservation purposes under Article XX(g)is tempered by the requirement to impose measures in conjunction with restrictions on domestic consumption or production, and the additional requirements of the chapeau to Article XX. Article XI:2(a), by contrast, does not require a balancing between domestic interests and that of other Members. Article XI:2(a) instead imposes different restraints: that measures be applied "temporarily" when addressing a domestic crisis or critical matter.

【延伸思考】

1. 如何在 WTO 规则下正确采取出口管制措施？

2. 如何解决资源供给、环境保护以及遵守 WTO 规则之间的矛盾？

(二)技术性贸易壁垒

技术性贸易壁垒(technical barriers to trade)是指通过技术标准达到对贸易的限制。产品的技术标准及其认证程序本身并不构成国际贸易的技术壁垒，然而，如果技术标准方面的法规、标准和合格评定程序不当，就极易起到贸易壁垒的作用。例如，各国的技术法规、标准和合格评定程序各不相同，人为造成国际贸易障碍；各国极复杂的技术标准和检验方法往往形成潜在或实际的技术壁垒；有的技术标准对本国和进口产品采取双重标准等。为了保证技术标准实现其合法目的，限制其对国际贸易的消极影响，乌拉圭回合达成了《技术性贸易壁垒协定》(Agreement on Technical Barriers to Trade，简称《TBT 协定》)。

《TBT 协定》主要规范三方面的行为：技术法规与标准的制定、采用和实施；标准化机构制定、采用和实施标准的行为；确认并认可符合技术法规和标准的行为。《TBT 协定》第 2 条详细规定了成员方中央政府机构对技术法规的制定、批准和实施应遵守的纪律，主要包括以下内容：①各成员应保证在技术法规方面，给予来自任一成员境内进口产品的待遇，不低于本国生产的同类产品或来自任何其他国家的同类产品的待遇；②各成员须保证技术法规的制定、批准或实施在目的或效果上均不会给国际贸易制造不必要的障碍；③当需要制定技术法规并且已有相应国际标准或者其相应部分即将发布时，成员须使用这些国际标准或其相应部分作为制定本国技术法规的基础；④当成员在制定、批准或实施可能对其他成员的贸易产生重大影响的技术法规时，应另一成员的要求，该成员须根据本协定第 2.2 款到第 2.4 款的规定对其技术法规的合理性作出解释；⑤成员应确保迅速出版已采用的所有技术法规或以其他方式提供，使其他成员中有利害关系的各方了解该信息及其内容等。

★ **典型案例：**

印度尼西亚 v. 美国——影响丁香烟生产与销售措施案①

【基本案情】

2009 年 6 月 22 日，美国颁布了《防止家庭吸烟与烟草控制法》（FSPD-CA），其中部分内容被添加进《联邦食品、药品和化妆品法》（FFDAC）的 907 条（a）（1）（A）节（简称 907 条）。该条款规定，任何香烟及其原材料（烟丝、过滤嘴和包装纸）都不能含有除薄荷以外的天然的或人工合成的引诱烟民的添加剂或香料（辅助香料），包括草莓、葡萄、橙子、丁香、桂皮、菠萝等，否则将受到食品药品管理局的一系列强制制裁措施。印度尼西亚是世界上主要的丁香味香烟生产国，在 907 条颁布以前，美国的丁香味香烟大多从印度尼西亚进口。907 条导致印度尼西亚生产的丁香味香烟出口停摆，而同样含有特征风味的美国生产的薄荷味香烟却大量存在于市场中。印度尼西亚认为美国对印度尼西亚生产的丁香味香烟所施加的较低待遇违背了《TBT 协定》中的国民待遇原则。

【法律分析】

专家组首先明确了 907 条是《TBT 协定》适用范围中的技术法规。根据《TBT 协定》第 2.1 条的规定，"各成员应保证在技术法规方面，给予来自任一成员境内进口产品的待遇，不低于本国生产的同类产品或来自任何其他国

---

① United States—Measures Affecting the Production and Sale of Clove Cigarettes, WT/DS406.

家的同类产品的待遇",专家组分别考察了争议产品是否具有类似性(likeness)以及是否受到"较低待遇"(less favorable treatment),并得出了肯定结论。①

对于争议产品是否被区别对待,进口产品是否受到损害,专家组认为结论显而易见,因为两者受到了907条完全不同的对待,薄荷味香烟仍然被允许存在于市场中,而丁香味香烟却被禁止进入市场。专家组认为美国不禁止薄荷味香烟的实际目的在于保证本国企业不承担"支出"的同时,令其他成员的生产者承担额外的"支出"。美国确实基于减少青少年吸烟的正当目的而采取了技术法规,但是同时也限制了受禁产品的范围以满足上述规避本国企业开支的不当目的,该措施违反了《TBT协定》第2.1条禁止歧视进口产品的目标。②

上诉机构指出,只有同时符合进口产品受到损害性影响以及争议措施不具有完全合法目的的两个条件,才能认定进口国违反了《TBT协定》第2.1条的国民待遇义务。上诉机构认为,907条的内容和效果都强烈地体现出对进口产品整体的歧视性。统计数据显示,907条所禁止的产品主要是来自于印度尼西亚生产的丁香味香烟,而其允许存在的类似产品则主要是国产的薄荷味香烟。其次,907条并非如美国所声称的那样具有完全合法的目的。薄荷味香烟同样符合907条所禁止的产品的标准,而美国提出禁止薄荷味香烟会导致数百万薄荷味香烟上瘾者不适,且可能导致黑市和走私的出现,这两点理由并不构成正当理由。虽然907条未在表面上依据来源区分产品,其适用效果却体现了对进口产品的整体歧视性,因此,美国的措施违反了《TBT协定》第2.1条。③

【资料阅读】

1. 莫世健. 技术性贸易壁垒中贸易和环保的平衡[J]. 政法论坛,2007(2).

2. 徐菁. 对WTO《技术性贸易壁垒协定》的再理解[J]. 科技创新与知识产权,2013(1).

---

① United States—Measures Affecting the Production and Sale of Clove Cigarettes, Panel Report, WT/DS406/R, para. 7293.

② United States—Measures Affecting the Production and Sale of Clove Cigarettes, Panel Report, WT/DS406/R, paras. 7286 – 7.291.

③ United States—Measures Affecting the Production and Sale of Clove Cigarettes, Appellate Body Report, WT/DS406/AB/R, paras. 219 – 226.

3. 李丽. 全球技术性贸易壁垒发展的新特点、趋势及对我国的启示[J].
WTO 经济导刊, 2013(2,3).

4. 美国影响丁香烟生产和销售措施案上诉机构对由于进口产品受到损
害性影响而违反《TBT 协定》第2.1 中国民待遇的论述：

223. With respect to the cigarettes that are not banned under Section 907(a)
(1)(A), the record demonstrates that, in the years 2000 to 2009, between 94.3
and 97.4 percent of all cigarettes sold in the United States were domestically pro-
duced, and that menthol cigarettes accounted for about 26 percent of the total US
cigarette market. Information on the record also shows that three domestic brands
dominate the US market for menthol cigarettes: Kool, Salem (Reynolds Ameri-
can), and Newport (Lorillard), with Marlboro having a smaller market share.

224. Given the above, the design, architecture, revealing structure, opera-
tion, and application of Section 907(a)(1)(A) strongly suggest that the detrimen-
tal impact on competitive opportunities for clove cigarettes reflects discrimination a-
gainst the group of like products imported from Indonesia. The products that are
prohibited under Section 907(a)(1)(A) consist primarily of clove cigarettes im-
ported from Indonesia, while the like products that are actually permitted under
this measure consist primarily of domestically produced menthol cigarettes.

225. Moreover, we are not persuaded that the detrimental impact of Section
907(a)(1)(A) on competitive opportunities for imported clove cigarettes does
stem from a legitimate regulatory distinction. We recall that the stated objective of
Section 907(a)(1)(A) is to reduce youth smoking. One of the particular charac-
teristics of flavoured cigarettes that makes them appealing to young people is the
flavouring that masks the harshness of the tobacco, thus making them more pleas-
ant to start smoking than regular cigarettes. To the extent that this particular char-
acteristic is present in both clove and menthol cigarettes, menthol cigarettes have
the same product characteristic that, from the perspective of the stated objective of
Section 907(a)(1)(A), justified the prohibition of clove cigarettes. Further-
more, the reasons presented by the United States for the exemption of menthol cig-
arettes from the ban on flavoured cigarettes do not, in our view, demonstrate that
the detrimental impact on competitive opportunities for imported clove cigarettes
does stem from a legitimate regulatory distinction. The United States argues that
the exemption of menthol cigarettes from the ban on flavoured cigarettes aims at

minimizing: (i) the impact on the US health care system associated with treating "millions" of menthol cigarette smokers affected by withdrawal symptoms; and (ii) the risk of development of a black market and smuggling of menthol cigarettes to supply the needs of menthol cigarette smokers. Thus, according to the United States, the exemption of menthol cigarettes from the ban on flavoured cigarettes is justified in order to avoid risks arising from withdrawal symptoms that would afflict menthol cigarette smokers in case those cigarettes were banned. We note, however, that the addictive ingredient in menthol cigarettes is nicotine, not peppermint or any other ingredient that is exclusively present in menthol cigarettes, and that this ingredient is also present in a group of products that is likewise permitted under Section 907 (a)(1)(A), namely, regular cigarettes. Therefore, it is not clear that the risks that the United States claims to minimize by allowing menthol cigarettes to remain in the market would materialize if menthol cigarettes were to be banned, insofar as regular cigarettes would remain in the market.

226. Therefore, even though Section 907(a)(1)(A) does not expressly distinguish between treatment accorded to the imported and domestic like products, it operates in a manner that reflects discrimination against the group of like products imported from Indonesia. Accordingly, despite our reservations on the brevity of the Panel's analysis, we agree with the Panel that, by exempting menthol cigarettes from the ban on flavoured cigarettes, Section 907(a)(1)(A) accords to clove cigarettes imported from Indonesia less favourable treatment than that accorded to domestic like products, within the meaning of Article 2.1 of the TBT Agreement.

【延伸思考】

1. 技术性贸易壁垒与传统贸易壁垒有何不同?

2. 如何实现减少贸易限制与保证国家采取措施保护其基本安全利益的平衡?

(三)卫生与植物卫生措施

卫生与植物卫生措施(sanitary and phytosanitary measures)是指为了保护人类、动物和植物的生命和健康相关的法律、法令、法规、要求和程序等。随着关税的逐步降低,世界各国的卫生与动植物检疫制度对国际贸易的影响越来越大。其中动植物产品、食品因涉及动植物安全、人类健康等问题成为各国设置非关税贸易壁垒的主要领域之一。为了消除卫生与植物卫生措施对国际贸易发展的不利影响，乌拉圭回合达成了《实施卫生与植物卫生措施协定》(*Agreement on the Application of Sanitary and Phytosanitary Measures*，简称《SPS 协定》)。

根据《SPS 协定》附件 1 的定义，卫生与植物卫生措施涉及以下几个方面：①保护成员境内的动物或植物的生命或健康免受虫害、病害、带病有机体或致病有机体的传入、定居或传播所产生的风险；②保护成员境内的人类或动物的生命或健康免受食品、饮料或饲料中的添加剂、污染物、毒素或致病有机体所产生的风险；③保护成员境内的人类的生命或健康免受动物、植物或动植物产品携带的病害，或虫害的传入、定居或传播所产生的风险；④防止或限制成员境内因虫害的传入、定居或传播所产生的其他损害。

此外，《SPS 协定》还对成员方采取卫生与植物卫生措施的条件进行了规定：符合国际标准、准则或建议的卫生与植物卫生措施应视为是保护人类、动物或植物的生命或健康所必需的，且其实施必须有充分的科学依据，并建立在风险评估的基础上。同时，卫生与植物卫生措施不应构成对国际贸易的歧视或变相限制。

★ 典型案例：

中国 v. 美国——影响中国禽肉进口措施案①

【基本案情】

为了阻止中国禽肉产品出口到美国，美国先后通过的《2008 年农业拨款法》《2008 年综合拨款法》都有"根据本法所提供的任何拨款，不得用于制定或实施任何允许美国进口中国禽肉产品的规则"的规定。由于财政预算不能提供相应资金，也就无法制订关于中国禽肉产品的更进一步的市场准入规则，结果直接导致中国禽肉产品对美国出口持续受阻。

2009 年美国参议院通过《2009 年综合拨款法》，其中的 727 条又完全照搬了先前的规定。该条规定限制了美国农业部及其下属的食品安全检疫局使用资金从事与进口中国禽肉产品的工作，进而影响了中国鸡肉等禽肉产品出口美国。法案签署当天，中国商务部即作出回应，明确表示 727 条款是典型的歧视性规定，严重违反了 WTO 规则，干扰了中美禽肉贸易的正常开展，损害了中国禽肉业的正当权益。2009 年 4 月 17 日，中国正式就美国《2009 年

---

① United States—Certain Measures Affecting Imports of Poultry from China, WT/DS392.

综合拨款法》的 727 条款诉诸 WTO，认为 727 条款违法了 GATT 1994 第 1.1 条、第 11.1 条，《农产品协定》第 4.2 条，《SPS 协定》第 2.2 条、第 2.3 条、第 5.1 条、第 5.2 条和第 5.5 条。

【法律分析】

本案主要的争议点之一是 727 条款是否属于《SPS 协定》范围内的措施。专家组指出，《SPS 协定》附件 A(1) 对卫生与植物卫生措施作出了明确的界定："卫生与植物卫生措施包括所有有关的法律、法令、规定、要求和程序，特别包括最终产品标准；加工和生产方法；检测、检验、出证和批准程序；检疫处理，包括与动物或植物运输有关或与在运输途中为维持动植物生存所需物质有关的要求在内的检疫处理；有关统计方法、抽样程序和风险评估方法的规定；以及与食品安全直接相关的包装和标签要求。"专家组从先例中发现，要判断某项措施是否为卫生与植物卫生措施，该项措施除了必须符合附件 (A)(1) 关于卫生与植物卫生措施的定义外，根据《SPS 协定》第 1.1 条，这一措施还必须是接受《SPS 协定》纪律约束的直接或间接影响国际贸易的措施。

专家组认为，727 条款制定的目的是为了防止来自中国的禽肉产品所产生的对人类和动物生命和健康的危险，因此，727 条款是为实现《SPS 协定》附件 A(1)(b) 之目的而实施的措施。尽管从表面上看，727 条款仅是一项行政部门的拨款措施，但美国国会却通过该措施对负责实施有关卫生与植物卫生措施事项的实体法律和规章的行政部门的活动加以控制。因此，该措施属于拨款法案本身，并没有排除其属于卫生与植物卫生措施。此外，无论将 727 条款的影响视为直接的还是间接的，这一措施的效果都是显而易见的，因为在这一措施生效期间，中国对美国的禽肉出口根本无法开展。因此，727 条款直接或间接影响了禽肉产品的国际贸易，同样满足《SPS 协定》第 1 条的。基于以上结论，专家组裁定 727 条款属于《SPS 协定》范围内的措施。①

《SPS 协定》第 5.1 条规定卫生与植物卫生措施必须建立在风险评估的基础上，而第 5.2 条则为 WTO 成员如何进行风险评估提供了指导。根据本案的实际情况，由于美国没有提出任何的论点或证据来证明存在一项风险评估，专家组只能得出结论，美国的 727 条款没有以任何风险评估为基础。因

---

① United States—Certain Measures Affecting Imports of Poultry from China, Panel Report, WT/DS392/R, paras. 7.80 – 7.124.

此，专家组认为 727 条款违反《SPS 协定》第 5.1 和 5.2 条。如果一项卫生与植物卫生措施没有建立在《SPS 协定》第 5.1 和 5.2 条所要求的风险评估的基础上，则这一措施通常被推定为没有以科学原理为基础，并且是在没有充分科学证据的情况下得以维持的。据此，专家组裁定，727 条款的维持缺乏充分的科学证据，违反《SPS 协定》第 2.2 条。①

为了证明一项措施违反《SPS 协定》的第 5.5 条，必须满足以下三个条件：①成员在"不同情况下"确定了不同的保护水平；②保护水平体现了他们对待不同情况上的"任意或不合理的"差异；③这些任意或不合理的差异导致对贸易的"歧视或变相的限制"。专家组认为，通过 727 条款所施加的资金限制只适用于中国的禽肉产品，而不针对其他 WTO 成员方的禽肉产品。因此，727 条款导致适用于中国禽肉产品的措施与适用于其他 WTO 成员禽肉产品的措施之间的差异。由于专家组已经确认 727 条款并没有以风险评估为基础，其维持缺乏充分的科学证据，加之 727 条款只适用于中国禽肉产品本身就存在歧视，因此，专家组裁定 727 条款违反了《SPS 协定》第 5.5 条。②

【资料阅读】

1. 顾宾. 727 条款的 WTO 诉讼策略思考[J]. 国际贸易，2010(5).

2. 吴松浩，徐美君.《SPS 协定》与我国进出境动物检疫法律规范的完善[J]. 政法论丛，2010(5).

3. 美国影响中国禽肉进口措施案专家组对 727 条款是否属于《SPS 协定》附件 A(1) 所列措施的讨论：

7.102 We will therefore examine whether Section 727 is an SPS measure by looking at whether it serves one of the purposes set forth in Annex A(1)(a) through (d) and whether it is of the type listed in the second part of Annex A.

Annex A(1)(a) through (d)

7.103 According to the panel in EC—Approval and Marketing of Biotech Products, the purpose element is addressed in Annex A(1)(a) through (d)("any measure applied to").

7.104 As explained by the panel in Colombia—Ports of Entry, municipal law

① United States—Certain Measures Affecting Imports of Poultry from China, Panel Report, WT/DS392/R, paras. 7.197 – 7.204.

② United States—Certain Measures Affecting Imports of Poultry from China, Panel Report, WT/DS392/R, paras. 7.217 – 7.307.

is to be approached as a "factual issue". In making an objective assessment of municipal legislation, a panel should consider the very terms of the law, in their proper context, and complemented, whenever necessary, with additional sources, which may include proof of the consistent application of such laws, the pronouncements of domestic courts on the meaning of such laws, the opinions of legal experts and the writings of recognized scholars. The nature and extent of the evidence required to satisfy the burden of proof will vary from case to case.

7.105 We recall that it is China who bears the burden of adducing evidence as to the scope and meaning of the relevant US legislation to substantiate its assertion that it is WTO-inconsistent. Such evidence will typically be produced in the form of the text of the relevant legislation or legal instrument, which China has done. In this case, China has produced not only the text of Section 727, but also the JES which explains the purpose of Section 727. In addition, China has argued that the exhibits produced by the United States including a number of statements from the US Congress, support the premise that the purpose of Section 727 is the protection against the risk to human and animal life and health from contaminated food.

7.106 The Panel will begin its analysis by considering the very terms of Section 727 to ascertain its purpose. As we recall, Section 727 reads:

"None of the funds made available in this Act may be used to establish or implement a rule allowing poultry products to be imported into the United States from the People's Republic of China."

7.107 Hence, on its face, Section 727 is a measure which purely relates to the appropriated funds for the activities of an Executive Branch agency of the United States Government. There is nothing in its specific text which addresses the purposes embodied in Annex A(1)(a) through (d).

7.108 As China has pointed out, the United States itself has argued that the policy objective underlying Section 727 was to protect against the risk to human and animal life and health arising from the importation of poultry products from China. It has further argued that this policy objective is reflected in the legislative history of the measure.

7.109 We recall that we are to consider the very terms of the law, in its proper context, and complemented, whenever necessary, with additional sources. We will therefore examine both the JES and the relevant statements on the Congressional Record to ascertain whether they are helpful in determining the purpose of Section 727. Both parties agree that, under United States law, the JES is considered part of the legislative history of the AAA 2009.

7.110 As explained in Section II. B above, appropriation bills are sometimes enacted with a JES which serves to explain the purposes of the provisions in the bill. The JES to Section 727 reads in pertinent part:

"There remain very serious concerns about contaminated foods from China and therefore the bill retains language prohibiting FSIS from using funds to move forward with rules that would allow for the importation of poultry products from China into the U. S. "

7.111 The Panel notes that the JES plainly states that the purpose of Section 727 was to prohibit the FSIS from taking actions which the Congress felt would be contrary to its concerns about contaminated food from China.

7.112 The United States has drawn the Panel's attention to a number of statements from the US Congress showing that the objective of Section 727 was to address concerns about the risk to human and animal life and health posed by the prospect of importation of poultry products from China. The legislative history of the measure appears to reflect the policy objective referred to by the United States. The United States provided the Panel with the FY 2008 Omnibus Appropriations Act Committee Report which refers to the barring of the funds due to food contamination episodes in China:

"Given the recent situation involving pet foods contaminated with melamine from China and the repeated, serious food contamination incidents within China, it is clear that we cannot rely on the Chinese government to ensure its plants adhere to U. S. standards in processing. Weak government controls in China, coupled with the high incidence of H5N1 in that country, provide no assurance that the returned product is actually from U. S. poultry or that poultry carrying the H5N1 virus is not used instead of U. S. produced poultry. While FSIS has said that the products would be safe because processing would kill any H5N1 viruses, U. S. inspectors will not be standing over the shoulders of Chinese workers; in fact, U. S. inspectors would visit the Chinese plants at most once a year. "

7.113 The United States also cites the statements of Representative Rosa DeLauro, the author of Section 727, where she said that the objective of Section 727 was to address concerns about the health risks posed by the importation of poultry products from China. These statements could be seen to reflect the legislative intent of Section 727.

7.114 We note that China asserts that, according to the JES, the purpose of Section 727 is to protect human life and health and not animal health. It states that the JES refers to "serious concerns about contaminated food' without mentioning any animal diseases at all. " The United States argues that the policy objective of Section 727 was to protect human and animal life and health from the risk posed by the importation of poultry products from China. We note that the House Committee Report also refers to the protection of animal life and health.

7.115 In the Panel's view, Section 727 was enacted for the purpose of protecting human and animal life and health from the risk posed by the prospect of the importation of contaminated poultry products from China. Accordingly, the Panel concludes that Section 727 is a measure applied for the purpose set forth in Annex A(1)(b).

【延伸思考】

1. 技术性贸易壁垒和卫生与植物卫生措施之间有何区别与联系？
2. 《SPS 协定》与 GATT 1994 第 20 条(b)项之间的关系如何？

第三节　WTO 货物贸易救济措施的法律制度

WTO 在要求成员方不断降低关税以及取消非关税贸易壁垒的同时，也为成员方的国内产业由于市场开放而遭受的严重损失，或因其他成员方(或其他成员方的企业)的不公平贸易行为而遭受损失时，采取贸易救济措施。WTO 允许的贸易救济措施包括反倾销措施、反补贴措施和保障措施。

一、反倾销措施的法律制度

倾销(dumping)是指一国出口商以低于正常价值的价格,将产品出口到另一国市场的行为。GATT 1947 第 6 条规定,一缔约方为了抵消或防止倾销,可对另一缔约方在该国倾销的产品征收不超过倾销幅度的反倾销税。同时还对倾销的概念、构成倾销的条件等作了概括性的规定。①随着贸易保护主义的抬头,该条款对各国各行其是的反倾销措施显得束手无策。为了减少倾销对国际贸易的限制作用,切实加强 GATT 1994 第 6 条的实施,乌拉圭回合谈判达成了《关于实施 GATT 1994 第 6 条的协定》(*Agreement on Implementation of Article VI of the General Agreement on Tariffs and Trade* 1994,简称《反倾销协定》)。

《反倾销协定》规定了成员方实施反倾销措施必须具备的条件:倾销事实的存在、国内产业的实质损害或实质损害威胁,以及倾销与损害之间的因果关系。如果一成员方出口到另一成员方的产品的出口价格低于正常价值(normal price)或低于向第三国的出口价格,或低于推定价格,则该出口行为构成倾销。②仅仅存在进口产品的价格倾销,并不能采取反倾销措施,倾销产品只有在给进口方国内产业(domestic industry)造成了损害,进口方主管当局才能采取反倾销措施。《反倾销协定》中的损害分为三种情况:一是进口方生产相同产品的产业受到实质损害(material injury);③二是进口方生产相同产品的产业受到实质性损害威胁(threat of material injury);④三是进口方建立生产相同产品的产业受到实质阻碍。此外,任何成员方在对倾销的进口采取反倾销措施时,必须以充分的证据证明倾销的进口产品与进口方的产业损害之间存在客观的因果关系。⑤

为了防止 WTO 各成员方滥用反倾销调查,将反倾销作为一种贸易保护手段,《反倾销协定》对反倾销调查程序也进行了较为详细的规范。

---

① GATT 1947 第 6 条关于反倾销的规定是国际贸易法史上第一个有关反倾销的规则,但它只是一个原则性的条款,对一些重要的内容并没有具体规定,各国执行的标准很不一致。
② 《反倾销协定》第 2.1 条。
③ 《反倾销协定》第 3.1~3.4 条。
④ 《反倾销协定》第 3.7 条。
⑤ 《反倾销协定》第 3.5 条。

★ **典型案例：**

中国 v. 欧共体——对华碳钢紧固件反倾销措施案①

【基本案情】

欧盟《反倾销基本法》[*Council Regulation* (EC) No. 384/96，简称第 384/96 号条例]规定，对于涉及"非市场经济"(non-market economy)的反倾销调查，生产商要首先进行市场经济测试(market economy test)，以便欧委会决定是否考虑将这些生产商的国内价格作为确定正常价值的基础。如果生产商通过了这一测试，正常价值就依据其国内价格，并且用于和正常价值进行比较的出口价格也以其出口价格为依据。如果生产商没有通过市场经济测试，欧委会在确定正常价值时，就不会考虑其国内价格，而是采用其他方法(一般使用替代国的价格)。但在这种情况下，生产商还可以申请进行"单独待遇测试(individual treatment test)。如果通过了这一测试，欧委会在计算倾销幅度时，就可以使用其出口价格与采用替代国方法所得到的正常价值进行比较，从而获得单独税率。以上两种待遇都不能得到的生产商则要被适用全国统一税率(country-wide duty rate)。

第 384/96 号条例并没有给何为"非市场经济"下一个明确的定义，但在其他法律文件中，有一份"非市场经济国家名单"，而中国就在这个名单之内。②因此，多年以来，中国生产商向欧盟出口产品，如果受到了反倾销调查，要想获得与"市场经济国家"生产商的同等待遇，就必须证明自己"具备市场经济条件"，而如果未获欧委会认可，则必须证明符合"单独待遇"的条件，才能获得单独税率，否则就只能被征收适用于中国所有出口商的统一反倾销税。

2009 年 1 月 26 日，欧盟宣布对来自中国的碳钢紧固件征收反倾销税。在调查过程中，欧委会就采取了上述确定反倾销税率的方法。2009 年 7 月 31 日，中国就欧盟的这一法律以及对华碳钢紧固件反倾销措施诉诸 WTO。

---

① European Communities—Definitive Anti-Dumping Measures on Certain Iron or Steel Fasteners from China, WT/DS397.

② 欧共体理事会第 519/94 号条例列出了非市场经济国家的名单：阿尔巴尼亚、亚美尼亚、阿塞拜疆、中国、格鲁吉亚、哈萨克斯坦、朝鲜、吉尔吉斯斯坦、摩尔多维亚、蒙古、俄罗斯、塔吉克斯坦、土库曼斯坦、乌克兰、乌兹别克斯坦和越南。

【法律分析】

本案的争议焦点是欧盟在进行反倾销调查中所采用的"单一税率"是否违反《反倾销协定》的规定。专家组成立后，欧盟废止了第384/96 号条例，以1225/2009 号条例（以下简称1225 号条例）代之，专家组注意到1225 号条例中的第9(5)条跟原先的规定几乎一模一样。中国认为第1225 号条例第9(5)条违反了《反倾销协定》第6.10 条、第9.2、第9.3 和第9.4 条。专家组认为，《反倾销协定》第6.10 条明确要求调查机关应对每个已知的出口商或生产商计算出一个单独的倾销幅度，如果在生产商数量太大，计算单独倾销幅度不可行时，调查机关也可以采取抽样方法，选择部分生产商或产品进行计算。专家组经过详细分析后认为，给予单独待遇是一项原则，而抽样是唯一例外。1225 号条例第9(5)条对来自非市场经济国家的生产商适用全国统一的税率，除非生产商能够证明其独立于国家，这种做法不符合第6.10 条。《反倾销协定》第9.2 条要求按照单独税率征收反倾销税，这样才能保证所征收的反倾销税额合适。此条的规定与第6.10 条相关联，因此1225 号条例第9(5)条不符合《反倾销协定》第6.10 条，也不符合第9.2 条。①

针对欧盟的调查程序，专家组认为在欧盟提供的欧盟与印度生产商的资料中以及欧盟提供给中国政府、调查企业及包括申诉方在内的利害关系方的资料中都包含了应当保密的信息，违反了《反倾销协定》的第6.5 条。②

在确定国内产业的问题上，欧盟依据占总产量27%的生产者的数据作出结论，中国认为这不符合《反倾销协定》第4.1 条中"国内产业"应当为总产量构成同类产品国内"总产量主要部分"的国内生产者的规定。专家组指出，《反倾销协定》并没有规定具体的百分比，也没有规定确定国内产业的具体办法，同时，中国未能证明27%的产量不能构成总产量的主要部分。因此，欧盟的做法并没有违反第4.1 条。③ 上诉机构则认为，虽然条款中没有规定构成"主要部分"的具体比例，但不等于说任何比例都可以成为"主要部分"。上诉机构注意到，1225 号条例第4(1)和第5(4)条规定产量占总产量25%的企业就可以构成"国内产业的主要部分"，所以欧盟认为占总产量27%的生

---

① European Communities—Definitive Anti-Dumping Measures on Certain Iron or Steel Fasteners from China, Panel Report, WT/DS397/R, paras. 7.78－7.118.

② European Communities—Definitive Anti-Dumping Measures on Certain Iron or Steel Fasteners from China, Panel Report, WT/DS397/R, paras. 7.445－7.45.

③ European Communities—Definitive Anti-Dumping Measures on Certain Iron or Steel Fasteners from China, Panel Report, WT/DS397/R, paras. 7.205－7.244.

产者可以构成国内产业的"主要部分"是因为其达到了条例规定的25%的标准。上诉机构指出，第5(4)条中提到的25%是决定申请人的资格，而不是确定《反倾销协定》第4.1条中国内产业"主要部分"的标准。此外，上诉机构还发现，欧盟所称的"国内产业"包括的是配合调查的企业，针对此点，上诉机构认为，把企业是否愿意合作作为是否将其包含在"国内产业"的做法是没有理由的。据此，上诉机构认为欧盟违反了《反倾销协定》第4.1条和第3.1条。①

【资料阅读】

1. 顾敏康. WTO反倾销法：蕴于实践的理论［M］. 北京：法律出版社，2005.

2. 唐琼琼. 反倾销法国内产业定义中的"主要部分"研究——兼评欧盟紧固件案［J］. 世界贸易组织动态与研究，2012(6).

3. 赵海乐. 一国一税：告别还是再会？——"欧盟紧固件案"执行效果评析［J］. 武大国际法评论，2014(2).

4. 欧盟对华碳钢紧固件反倾销措施案专家组对《反倾销协定》第6.10条的解释：

7.85 Article 6.10 clearly concerns individual treatment of producers and exporters subject to antidumping investigations, setting out the principle that the investigating authorities shall, "as a rule", "determine", i. e., calculate, an individual dumping margin for "each known producer or exporter... of the product under investigation". It also provides that where the number of producers, exporters, importers or product types is "so large" as to make it impracticable to calculate individual margins, the investigating authorities may limit their examination either to a reasonable number of interested parties or products by using samples which are statistically valid, or to the largest percentage of the volume of exports from the exporting country in question. The "limited examination" provided for in this Article is generally referred to as "sampling", even where a statistically valid sample is not used, but the second alternative for limiting examination is used.

7.86 With respect to China's claim under Article 6.10 of the AD Agreement, the disagreement between the parties centres on whether sampling is the only ex-

① European Communities—Definitive Anti-Dumping Measures on Certain Iron or Steel Fasteners from China, Appellate Body Report, WT/DS397/AB/R, paras. 420 – 430.

ception to the general obligation to calculate individual margins for each known producer or exporter set out in the first sentence. China argues that Article 6.10 requires investigating authorities to calculate an individual dumping margin for each known exporter or producer except where, as stated in the second sentence of this provision, the authorities resort to sampling because of the large number of exporters, producers, importers or product types. Although the European Union argues that Article 6.10 does not apply here, we have rejected that view, concluding above that Article 9(5) of the Basic AD Regulation does in fact address the calculation of margins. The European Union also objects to China's substantive arguments. The European Union does not disagree that the principle laid down under Article 6.10 is that an individual margin be calculated for each known producer. It considers that Article 6.10, first sentence, contains the expression of a preference, as a general rule, not a strict obligation which must be complied with in each and every case. However, it argues that sampling is not the only exception to this preference. Specifically, the European Union maintains that in non-market economies, the State may be found to be the source of dumping. In such cases, the investigating authorities can, in effect, treat the State as a "producer", calculate a single margin of dumping and duty rate for the State, and assign that country-wide duty to producers that cannot demonstrate that they are independent from the State.

7.87 China's argument raises two issues: (1) whether sampling as described in the second sentence of Article 6.10 constitutes the only exception to the principle laid down in the first sentence, and (2) whether a State may be seen as a producer and a single margin may be established and a duty imposed on exports from that State unless individual exporters can demonstrate their independence from the State according to a set of criteria established by the importing Member conducting an antidumping investigation.

7.88 We note that the first sentence of Article 6.10 provides that the investigating authorities must, "as a rule", calculate an individual dumping margin for each known exporter or producer of the product under investigation. The second sentence states that where the number of exporters, producers, importers or types of product involved is so large as to make an individual determination impracticable, the authorities may base their determinations on an examination of a statistically valid sample or the largest percentage of the volume of the exports from the country at issue which can reasonably be investigated. In light of the text and its structure, it is clear to us that the second sentence of Article 6.10 introduces an exception to the principle laid out in the first sentence. The question that the European Union raises, however, is whether sampling is the sole exception to the principle of individual dumping determinations, or whether there may be other exceptions.

7.89 With respect to the relationship between the first and the second sentences of Article 6.10, the European Union argues:

"The second sentence of 6.10 on sampling is not an exception to this general rule. Rather, the second sentence is simply an affirmative statement relating to (i) the conditions for sampling and (ii) the composition of the sample. There is no direct link between the general principle of the first sentence and the possibility of sampling in the second sentence. These two sentences are simply two affirmative statements of what an investigating authority ought to do in general (individual margin determination), and what it is allowed to do (sampling)."

According to the European Union, there may be additional situations, other than sampling, which may justify not calculating an individual margin for a producer. In this regard, the European Union refers to the fact that a new exporter which is related to an exporter of a product subject to an anti-dumping duty is not entitled to request the calculation of an individual margin; that individual producers that are related to one another are not entitled to individual margins under Article 6.10; that the investigating authorities may calculate different margins for a producer and an exporter that sells the products of that producer; that the authorities may base their margin determinations for a non-cooperating producer on facts available; that no margin would be calculated for an exporter which is a "mere trader" in the subject product; that the authorities may be unable to gather information with respect to some producers; and that a margin may sometimes be determined on the basis of a constructed normal value and/or constructed export price.

7.90 We are not convinced by the European Union's arguments. The wording of Article 6.10, particularly the fact that the exception is stated immediately after the rule, seems to suggest that sampling is the sole exception to the rule of individual margins. Moreover, the examples that the European Union gives as potential other exceptions to the rule in the first sentence of Article 6.10 are directly based on ot her provisions of the AD Agreement, and as such, we are of the view that they cannot be considered even potentially as "exceptions" to the obligation to calculate individual dumping margins. Rather, they are specific rights and obligations otherwise provided for in the AD Agreement. For instance, Article 9.5 provides that new exporters of a product subject to an antidumping duty are entitled to an expedited review to determine an individual dumping margin for them, except for new exporters that are related to an exporter that was subject to the underlying investigation and for which a duty has thus already been imposed. Since this situation is specifically provided for, we see no reason why the non-calculation of an individual margin in this context should be considered as a possible exception to the first sentence of Article 6.10. Similarly, the fact that the investigating authorities may calculate different margins for a producer and an exporter that sells the products of that producer cannot be interpreted as being an additional exception to the first sentence of Article 6.10. Rather, that situation seems to fit the general rule, that an individual margin of dumping is calculated for each foreign producer and exporter of the product. Similarly, the fact that dumping determinations may be based on facts available under Article 6.8 would seem irrelevant to the question before us—in such cases, it is the failure of an individual foreign producer or exporter to provide information that justifies the use of facts available, and the margin applied to that non-cooperating party is "individual" in that sense, regardless of how it may be calculated. It goes without saying that if the investigating authorities are not aware of a particular producer, an individual margin cannot be calculated for it. Indeed, the first sentence of Article 6.10 only requires the determination, as a rule, of an individual margin of dumping for "known" producers or exporters, so questions about the scope of any "exceptions" to that rule for unknown exporters simply do not arise. Finally, the use of constructed normal value and/or export price are situations governed by the relevant provisions of Article 2 and there is thus no reason to rely on an exception to the obligation set forth in the first sentence of Article 6.10 to justify their use.

【延伸思考】

欧盟对华碳钢紧固件反倾销措施案中上诉机构指出：如果多家出口商存在公司和结构上的关系，如存在共同控制、相互参股和管理；如果政府和企业之间存在公司和结构关系，如存在共同控制、政府参股或政府参与管理；如果政府对企业的价格和产量进行控制、做指令或发挥实质性影响，进口国仍然可以把这些企业或企业组合视为"单一出口商",并对其征收"单一反倾销税"。在这一解释下,中国政府与中国企业该如何应对?

二、反补贴措施的法律制度

一般意义上的补贴(subsides)是指一国或地区政府实现其社会及经济目标而对特定人群或特定产业、特定地区予以支持的重要经济政策。反映在国际贸易中的补贴通常有两种:国内补贴和出口补贴。这两类补贴,尤其是出口补贴,其结果是直接增强出口产品在国际市场上的竞争力,影响国际贸易的正常走向,甚至扭曲国际贸易。WTO 认为,特定的补贴与倾销一样,是国际贸易中不公平的贸易行为,各成员国均有权采取必要的反补贴措施;但是滥用反补贴措施,又可能成为变相的贸易保护主义。因此,乌拉圭回合制定了《补贴与反补贴措施协定》(*Agreement on Subsidies and Countervailing Measures*,简称《SCM 协定》),对补贴的概念、反补贴调查的发起和进行的一般程序以及应当遵守的纪律予以规定。

《SCM 协定》并不规范所有的补贴行为,构成协定规范的补贴需要具备三个要件:①提供了财政资助;②资助是 WTO 成员方领土内的公共机构所提供的;③资助授予了某项利益。[①]同时,《SCM 协定》第1.2 条明确规定,反补贴措施针对的补贴必须具有专项性,并列出了四种类型的专项性:企业专项性;产业专项性;地区专项性;被禁止的补贴,即与出口实绩或使用进口替代相联系的补贴。

由于制定《SCM 协定》的目的并非完全限制政府实施补贴的权利,而是禁止或不鼓励政府使用那些对其他成员方的贸易造成不利影响的补贴,为此,《SCM 协定》根据补贴对国际贸易的影响分为三种类型:禁止性补贴、可诉性补贴和不可诉补贴。[②]对于禁止性和可诉性补贴,《SCM 协定》规定了双轨制的救济措施,即成员既可以向 WTO 争端解决机构提起申诉,同时也可以进行国内的反补贴调查程序,以确定补贴进口产品是否对其国内产业造成损害。但最终的救济措施只能有一个,或通过 WTO 采取贸易报复措施;或通过或内反补贴法征收反倾销税。

---

① 《SCM 协定》第1.1 条。
② 根据《SCM 协定》第31 条规定,关于不可诉补贴的规定临时适用 5 年,即从 1995 年 1 月 1 日至 1999 年 12 月 31 日。此后不可诉补贴转变成可诉补贴。

★ **典型案例：**

中国 v. 美国——对中国产品反倾销和反补贴措施案①

【基本案情】

自 2006 年 11 月发起对中国进口铜版纸的反倾销和反补贴合并调查(以下简称双反调查)起,美国开始对中国的一系列出口产品频繁进行双反调查并采取反倾销和反补贴措施(以下简称双反措施)。双反调查对中国出口企业的利益损害极为严重,并且还有越演越烈的趋势。2007 年 7—8 月,基于国内贸易保护主义势力施加的压力,美国商务部又先后对原产于中国的环形焊缝钢管(CWP)、矩形钢管(LWR)、复合编织袋(LWS)和非公路用轮胎(OTR)发起双反调查。美国商务部在调查程序中认为,中国政府通过国有企业向上述四类产品的国内生产商提供原材料(如热轧钢、聚丙烯、天然橡胶、合成橡胶等)的行为;由国有企业将原材料卖给私营企业,再由私营企业低价转售给上述四类产品国内生产商的行为,以及中国国有政策银行和国有商业银行向产品国内生产商提供优惠信贷的行为,均构成事实上的专项性补贴。据此,美国对上述四类产品作出征收反倾销税和反补贴税的裁定。中国认为美国商务部的认定不符合《SCM 协定》第 1、2、10、12、13、14、19 和 32 条。

【法律分析】

本案的主要争议体现在两个方面：①关于"公共机构"(public body)的认定以及②双重救济(double remedy)的问题。

本案中,涉及反补贴调查的公司从国有公司购买了热轧钢、橡胶和石化产品等作为原材料,并且从国有商业银行获得了贷款。负责调查的美国商务部认为,国有企业和国有商业银行属于"公共机构"。由于《SCM 协议》并未对"公共机构"作出明确的界定,专家组查找了字典含义,分析了既往案例,还解释了《SCM 协定》的宗旨和目的,认为"公共机构"应理解为由政府控制的实体,政府所有权就是表明政府控制的一个高度相关、潜在决定性的证据。而在本案中,有关公司恰恰是由政府拥有多数的所有权的。因此,专家组认为这些公司属于"公共机构"。对于国有商业银行,由于政府拥有大多数

---

① United States—Definitive Anti-Dumping and Countervailing Duties on Certain Products from China, WT/DS379.

股份，并且对其经营实行重要干预，专家组认为这些银行也属于"公共机构"。① 上诉机构不同意专家组的解释，认为"公共机构"与"政府"有某种共性，《SCM 协定》中所指的公共机构必须是拥有、行使或被授予政府权力的实体。专家组和调查机关在判断某项行为是否属于公共机构行为时，应当审查该实体的核心特点及其与政府的关系。除非在法律中明确授权，实体与政府之间仅仅有形式上的联系是不够的。专家组虽然认为政府所有权是高度相关的，但没有进一步澄清"控制"一词的含义。而政府控制实体，其本身并不足以证明实体属于公共机构。基于此分析，上诉机构认为专家组对"公共机构"的解释缺乏适当的法律依据，从而推翻了专家组的这一认定。②

专家组认为，虽然有可能出现双重救济的问题，但是 WTO 现有协定没有对这个问题作出规定。《SCM 协定》第 19.4 条要求"对任何进口产品征收的反补贴税不得超过认定存在的补贴的金额"，第 19.3 条要求"收取适当金额的反补贴税"，GATT 1994 第 6.3 条规定的"反补贴税金额不得超过……补贴的估计金额"，都不是关于双重救济问题的。GATT 1994 第 6.5 条中"不得同时征收反倾销税和反补贴税以补偿倾销或出口补贴造成的相同情况"的要求虽明确涉及了双重救济问题，但这一规定仅是针对出口补贴的，不适用本案的情况。上诉机构认为，双重救济并不简单指对同一产品同时征收反补贴税和反倾销税。"双重救济"或"重复计算"是指对同一产品同时征收反补贴税和反倾销税时，至少在一定程度上两次抵消了同一补贴。按非市场经济方法计算的反倾销税可能"抵消"国内补贴，其额度相当于该补贴导致的出口价格下降额。换句话说，补贴已经被计算在整体倾销幅度当中，当对同一产品征收反补贴税时，同一国内补贴率又被算入其中，由此得出的反倾销税便第二次抵消了同一补贴。如此一来，同时征收反补贴税和按非市场经济方法计算的反倾销税可能导致同一补贴被抵消不止一次，这就造成了"双重救济"。据此，上诉机构推翻了专家组的结论，认定两次抵消同一补贴的双重救济违反了《SCM 协定》第 19.3 条。③

---

① United States—Definitive Anti-Dumping and Countervailing Duties on Certain Products from China, Panel Report, WT/DS379/R/, paras. 8.124 – 8.144.

② United States—Definitive Anti-Dumping and Countervailing Duties on Certain Products from China, Appellate Body Report, WT/DS379/AB/R, paras. 282 – 302.

③ United States—Definitive Anti-Dumping and Countervailing Duties on Certain Products from China, Appellate Body Report, WT/DS379/AB/R, paras. 547 – 583.

【资料阅读】

1. 廖诗评. 中美双反措施案中的公共机构认定问题研究[J]. 法商研究, 2011(6).

2. 龚柏华. 中美双反措施 WTO 争端案上诉机构有关双重救济裁决述评 [J]. 国际商务研究, 2011(3).

3. 黄东黎, 何力. 反补贴法与国际贸易——以 WTO 主要成员方为例 [M]. 社会科学文献出版社, 2013.

4. 傅东辉. 论贸易救济: WTO 反倾销反补贴规则研究[M]. 北京: 法制出版社, 2014.

5. 张斌. 对华反补贴十年评估: 2004～2013[J]. 上海对外经贸大学学报, 2015(1).

6. 美国对中国产品反倾销和反补贴措施案中上诉机构对"公共机构"的认定:

291. In seeking to refine our understanding of the concept of "public body" in Article 1.1(a)(1)of the SCM Agreement, and, in particular, of the core characteristics that such an entity must share with government in the narrow sense, we consider next the context provided by Article 1.1(a)(1)(iv). As noted above, this provision introduces the concept of "private body". The meaning of the term "private body" may be helpful in illuminating the essential characteristics of public bodies, because the term "private body" describes something that is not "a government or any public body". The panel in US—Export Restraints made a similar point when it observed that the term "private body" is used in Article 1.1(a)(1)(iv)as a counterpoint to government or any public body, that is, any entity that is neither a government in the narrow sense nor a public body would be a private body.

292. The definition of the word "private" includes "of a service, business, etc: provided or owned by an individual rather than the state or a public body" and "of a person: not holding public office or an official position". We note that both the definition of "public" and of "private" encompass notions of authority as well as of control. The definitions differ, most notably, with regard to the subject exercising authority or control.

293. We also consider that, because the word "government" in Article 1.1 (a)(1)(iv)is used in the sense of the collective term "government", that provi-

sion covers financial contributions provided by a government or any public body where "a government or any public body" entrusts or directs a private body to carry out one or more of the type of functions or conduct illustrated in subparagraphs (i)-(iii). Accordingly, subparagraph (iv) envisages that a public body may "entrust" or "direct" a private body to carry out the type of functions or conduct illustrated in subparagraphs (i)-(iii).

294. The verb "direct" is defined as to give authoritative instructions to, to order the performance of something, to command, to control, or to govern an action. The verb "entrust" means giving a person responsibility for a task. The Appellate Body has interpreted "direction" as referring to situations where a government exercises its authority, including some degree of compulsion, over a private body, and "entrustment" as referring to situations in which a government gives responsibility to a private body. Thus, pursuant to subparagraph (iv), a public body may exercise its authority in order to compel or command a private body, or govern a private body's actions (direction), and may give responsibility for certain tasks to a private body (entrustment). As we see it, for a public body to be able to exercise its authority over a private body (direction), a public body must itself possess such authority, or ability to compel or command. Similarly, in order to be able to give responsibility to a private body (entrustment), it must itself be vested with such responsibility. If a public body did not itself dispose of the relevant authority or responsibility, it could not effectively control or govern the actions of a private body or delegate such responsibility to a private body. This, in turn, suggests that the requisite attributes to be able to entrust or direct a private body, namely, authority in the case of direction and responsibility in the case of entrustment, are common characteristics of both government in the narrow sense and a public body.

295. This raises the question as to what kind of authority or responsibility an entity must exercise or be vested with to constitute a public body in the sense of the SCM Agreement. We note that subparagraph (iv) refers to entrustment or direction to carry out the type of functions illustrated in subparagraphs (i)-(iii) "which would normally be vested in the government". We recall the Panel's statement that

the provision of loans and loan guarantees referred to in subparagraph (ⅰ), and the provision of goods and services referred to in subparagraph (ⅲ), are "functions that are typically carried out by, indeed in the first instance are the core business of, firms or corporations rather than governments." China disagrees with this statement and contends that the provision of loans and goods or services is not inherently governmental or inherently non-governmental. The United States maintains that the provision of loans and loan guarantees, and the provision of goods and services, are not inherently the functions of governments or entities vested with authority to perform governmental functions, but rather of firms or businesses, including sometimes those owned or controlled by the government.

296. We observe that the Panel identifies no basis for its statement that certain acts listed in subparagraphs (ⅰ) and (ⅲ) are "in the first instance the core business of firms or corporations rather than governments". In any event, we consider that whether a particular means of making a financial contribution is more commonly used by public or private entities has no direct bearing on, nor allows any inference regarding, the constituent elements of a public body in the context of Article 1.1(a)(1) of the SCM Agreement. On the contrary, we consider relevant that, while the types of conduct listed in Article 1.1(a)(1)(ⅰ) and (ⅲ) can be carried out by a government as well as by private bodies, a decision to forego or not collect government revenue that is otherwise due, which is set out in subparagraph (ⅱ), appears to constitute conduct inherently involving the exercise of governmental authority. Taxation, for instance, is an integral part of the sovereign function. Thus, if anything, the context of Article 1.1(a)(1)(ⅰ)-(ⅲ) and in particular subparagraph (ⅱ) lends support to the proposition that a "public body" in the sense of Article 1.1(a)(1) connotes an entity vested with certain governmental responsibilities, or exercising certain governmental authority.

【延伸思考】

在美国对中国反倾销和反补贴措施案中，虽然上诉机构推翻了专家组关于"公共机构"的判断标准以及将本案涉案的中国国有企业认定为"公共机构"的裁定，但仍然维持了专家组将中国国有商业银行界定为"公共机构"的裁定,理由之一是《中华人民共和国商业银行法》以及中国银行《全球公开招股书》、天津市政府审核报告等多项中国国内法规和文件明确表示商业银行须按照国家政策开展贷款业务。这些法规和政策构成中国商业银行履行政府职能的直接证据。在此情况下,中国应当如何修改法律,以免引起成员方对中国国有企业、商业银行与政府之间关系作出不利推定?

三、保障措施的法律制度

保障措施(safeguard measures)是指 WTO 成员方在进口激增并对其国内相关产业造成严重损害或严重损害威胁时,采取的进口限制措施。保障措施在性质上与反倾销措施和反补贴措施不同,反倾销和反补贴措施针对的是不公平贸易行为,而保障措施针对的是公平贸易条件下的进口产品。从表面上看,WTO 成员方实施保障措施,会导致其暂时中止减让义务和其他条约义务,但实际上保障措施的真正目的在于促进经济结构调整和提高国内产业的竞争力,而非真正限制国际市场的竞争。因此,保障措施被认为是推进自由贸易的"安全阀"(safe valve)。

为了制止 WTO 成员方滥用或变相滥用保障条款,防止灰色区域措施的蔓延,乌拉圭回合达成的《保障措施协定》(Agreement on Safeguards)对实施保障措施的条件和实施保障措施的纪律作出了严格的规定。

根据《保障措施协定》的要求,成员方实施保障措施必须具备四个条件:一是某种进口产品的激增;二是进口激增是由于不可预见的情况和成员方履行了 WTO 义务的结果;三是进口激增对国内产业造成严重损害(serious injury)和严重损害威胁;[1]四是进口激增与国内产业损害有着因果关系。[2]

保障措施的实施可以采取提高关税、数量限制和关税配额等形式,但应仅在防止或救济严重损害的必要限度之内。同时,实施保障措施应以非歧视的方式进行。也就是说,保障措施应针对产品,而不区分产品的来源。[3]

---

[1] 《保障措施协定》中对损害的要求比反倾销、反补贴项下对损害的要求更为严格,因为保障措施针对并非不公平贸易行为,所指的损害程度是严重到非要采取措施不足以修复的。

[2] 《保障措施协定》第 2 条、第 4 条.

[3] 《保障措施协定》第 2.2 条.

★ **典型案例：**

欧共体、日本、韩国、中国、瑞士、挪威、新西兰和
巴西 v. 美国——钢铁保障措施案①

【基本案情】

2001 年 6 月 22 日，美国国际贸易委员会（USITC）依据美国 1974 年《贸易法》就外国进口行业对美国钢铁行业的影响和损害进行调查。2001 年 10 月 22 日，USITC 作出初裁，同时建议对不同品种的进口钢铁产品加征 10%～20% 的进口关税。美国总统布什于 2002 年 3 月 5 日发布命令，宣布对进口到美国的 10 类钢铁产品采取保障措施，分别征收 8%～30% 的额外关税，时间为 3 年。这 10 类产品主要包括：板材、热轧棒材、冷轧棒材、螺纹网、焊管类产品、普通碳素和合金管接头、不锈钢棒材、不锈钢杆材、不锈钢线材、镀锡类产品，以上措施于 2002 年 3 月 20 日生效，适用于来自于所有国家的进口产品。但是，根据 USITC 于 2002 年 2 月 4 日提交的补充报告，布什总统决定将加拿大、墨西哥、以色列和约旦的产品排除在钢铁保障措施之外。欧共体、日本、韩国、中国、瑞士、挪威、新西兰和巴西先后向 WTO 提出申诉，认为美国违反了《保障措施协定》的第 2、3、4、5 条。

【法律分析】

在本案中，包括中国在内的 8 个申诉方提出了 11 个法律主张，包括不可预见的发展、进口产品定义、国内相似产品定义、进口增加、严重损害、因果关系、对等性、最惠国待遇、措施的限度、关税配额分配、发展中国家待遇等，几乎涉及了《保障措施协定》中每一个实质性条款的适用和理解。专家组只对不可预见的发展、进口增加、因果关系和对等性作出了裁决。专家组认为，对这几个方面的裁决，就足以判定美国的保障措施违反了 WTO 规则。

申诉方认为 USITC 的报告没有考虑不可预见的发展问题，没有对不可预见的发展及其导致进口增加的原图作出充分合理的解释。同时，USITC 没有给利害关系方提供提出证据和观点的机会，违反了《保障措施协定》第 3.1 条和 GATT 1994 第 19.1 条（a）项的规定。专家组认为，证明不可预见的发展是采取保障措施的先决条件，因此，应当对每个措施都作出这种证明。即使不

---

① United State—Definitive Safeguard Measures on Imports of Certain Steel Products, WT/DS248, WT/DS249, WT/DS251, WT/DS/252, WT/DS/253, WT/DS254, WT/DS/258, WT/DS/259.

可预见的发展对几种产品有同样的效果,主管当局也应当解释为什么是这样,以及为什么具体产品单个受到了不可预见的发展结合的影响。专家组认定,USITC 没有对不可预见的发展结合如何导致了具体产品对美国进口的增加提供充分合理的解释,因此,本案所有保障措施均不符合 GATT 1994 第19.1 条(a)项 和《保障措施协定》第3.1 条。①

申诉方认为美国没有遵守《保障措施协定》第2.1 条和第4.2 条(a)以及 GATT 1994 第19.1 条(a)项关于进口增加的要求。专家组并没有审查具体数据,而是审查 USITC 公布的报告是否包括了合理的解释。通过审查,专家组认为 USITC 报告对板材、镀锡类产品、热轧棒材、不锈钢线材、不锈钢杆材没有提供充分合理的解释,违反了《保障措施协定》的要求。②

申诉方认为存在其他因素造成的损害,USITC 报告没有对每个措施确定必要的因果关系。在本案中,产品进口与损害存在时间上的滞后性,专家组肯定了美国提出的滞后效应的存在,但认为可以接受的滞后期为一年。专家组认为,除了分析造成损害的各项因素,主管当局还必须证明其他因素造成的损害没有归因于进口增加。因此,USITC 的做法是否符合《保障措施协定》最终要取决其是否在充分合理的基础上,明确证明了其他因素造成的损害没有被归因于进口增加。通过分析,专家组得出结论,USITC 没有提供充分合理的解释说明事实如何支持其与损害之间的因果关系的结论,因此违反了《保障措施协定》第4.2 条(b)项、第2.1 条和第3.1 条。③

USITC 的调查涉及来自各个 WTO 成员方的产品,但在实施保障措施时,却排除了加拿大、墨西哥、以色列和约旦的进口产品。专家组认为主管当局仅说明排除部分产品不影响实施保障措施的结论并且被排除的国家的进口很少是不具有说服力的,还应当对此提供充分合理的解释。基于此,美国排除加拿大、墨西哥、以色列和约旦的进口不符合对等性要求。

上诉机构维持了专家组的总体结论,认为美国对所有 10 类进口钢材产品采取的保障措施没有法律依据,违反了 GATT 1994 和《保障措施协定》的

---

① United State—Definitive Safeguard Measures on Imports of Certain Steel Products, Panel Report, WT/DS259/R, paras. 10.48 – 10.58.

② United State—Definitive Safeguard Measures on Imports of Certain Steel Products, Panel Report, WT/DS259/R, paras. 10.267 – 10.277.

③ United State—Definitive Safeguard Measures on Imports of Certain Steel Products, Panel Report, WT/DS259/R, paras. 10.286 – 10.349.

有关规定。

【资料阅读】

1. 杨国华. 美国钢铁保障措施案始末[J]. 国际经济法学刊, 2004(3).

2. 杨向东. 中美保障措施制度比较研究[M]. 北京：法律出版社, 2008.

3. 王军, 郭策, 张红. WTO 保障措施成案研究(1995—2005 年)[M]. 北京：北京大学出版社, 2008.

4. 美国钢铁保障措施案上诉机构对"不可预见的发展"的解释:

3.15 Turning to the term "as a result of" that is also found in Article XIX: 1 (a), we note that the ordinary meaning of "result" is, as defined in the dictionary, "an effect, issue, or outcome from some action, process or design". 232 The increased imports to which this provision refers must therefore be an "effect, or outcome" of the "unforeseen developments". Put differently, the "unforeseen developments" must "result" in increased imports of the product ("such product") that is subject to a safeguard measure.

316. It is evident, therefore, that not just any development that is "unforeseen" will do. To trigger the right to apply a safeguard measure, the development must besuch as to result in increased imports of the product ("such product") that is subject to the safeguard measure. Moreover, any product, as Article XIX: 1(a) provides, may, potentially, be subject to that safeguard measure, provided that the alleged "unforeseen developments" result in increased imports of that specific product ("such product"). We, therefore, agree with the Panel that, with respect to the specific products subject to the respective determinations, the competent authorities are required by Article XIX: 1(a) of the GATT 1994 to demonstrate that the "unforeseen developments identified... have resulted in increased imports [of the specific products subject to]... each safeguard measure at issue."

317. We find further support for this conclusion in our rulings in Argentina-Footwear (EC) and in Korea-Dairy. In those appeals, we characterized the term "as a result of" as implying that there should be a "logical connection" between "unforeseen developments" and the conditions set forth in the second clause of Article XIX: 1(a). We found that there must be:

"a logical connection between the circumstances described in the first clause—'as a result of unforeseen developments and of the effect of the obligations incurred by a Member under this Agreement, including tariff concessions...'— and the conditions [regarding increased imports] set forth in the second clause of Article XIX: 1(a) for the imposition of a safeguard measure."

318. There must, therefore, be a "logical connection" linking the "unforeseen developments" and an increase in imports of the product that is causing, or threatening to cause, serious injury. Without such a "logical connection" between the "unforeseen developments" and the product on which safeguard measures may be applied, it could not be determined, as Article XIX: 1(a) requires, that the increased imports of "such product" were "a result of" the relevant "unforeseen development". Consequently, the right to apply a safeguard measure to that product would not arise.

319. For this reason, when an importing Member wishes to apply safeguard measures on imports of several products, it is not sufficient merely to demonstrate that "unforeseen developments" resulted in increased imports of a broad category of products that included the specific products subject to the respective determinations by the competent authority. If that could be done, a Member could make a determination and apply a safeguard measure to a broad category of products even if imports of one or more of those products did not increase and did not result from the "unforeseen developments" at issue. Accordingly, we agree with the Panel that such an approach does not meet the requirements of Article XIX: 1(a), and that the demonstration of "unforeseen developments" must be performed for each product subject to a safeguard measure.

. . .

322. We also agree with the European Communities that "[i]n the present case where the ITC relied upon macroeconomic events having effects across a number of industries, it was for the ITC to demonstrate the 'logical connection' between the alleged unforeseen development[s] and the increase in imports in relation to each measure, not for the Panel to read into the report linkages that the ITC failed to make." Consequently, we do not find error in the Panel's finding that the USITC was required to provide a reasoned and adequate explanation demonstrating that the alleged "unforeseen developments" resulted in increased imports for each

product subject to a safeguard measure.

323. Moreover, since the USITC did not provide a "reasoned conclusion" that the "unforeseen developments" resulted in increased imports for each specific safeguard measure at issue, we find no error in the Panel's conclusions, in paragraph 10. 150 and the relevant sections of paragraph 11. 2 of the Panel Reports, that the application of each of those safeguard measures was inconsistent with Article XIX: 1(a) of the GATT 1994 and Article 3. 1 of the Agreement on Safeguards.

【延伸思考】

从理论上说，保障措施是 WTO 所允许采取的保护措施，然而，包括美国钢铁保障措施案在内的一些主要保障措施案例中，所有的采取保障措施的成员都败诉了。由此可以看出，适用保障措施的纪律是非常严格的。一项保障措施要同时满足《保障措施协定》中的多种条件是十分困难的。为什么 WTO 会对实施保障措施规定如此严格的纪律呢？

第四节　WTO 框架下服务贸易法律制度

在 GATT 体系中，仅涵盖货物贸易，不包括服务贸易。随着制造业相对优势渐渐从发达国家向新兴工业化国家转移，随着服务贸易在国际贸易和国民经济中的比重越来越大，那些在传统制造业面临新兴工业化国家激烈竞争的发达国家开始将关注的重点从货物贸易转向服务贸易这个新兴的贸易领域，尤其是金融、保险、电信、运输、教育、建筑、律师等专业服务领域。乌拉圭回合达成的《服务贸易总协定》被认为是自 1948 年 GATT 生效以来，多边贸易体制在单一领域内所取得的最重要进展。

GATS 并没有给服务贸易下一个明确的定义，而是根据服务提供模式，将服务贸易界定为四种类型：跨境提供(cross-board supply)、境外消费(consumption abroad)、商业存在(business presence)和自然人流动(movement of natural person)。与管理货物贸易的 GATT 不同，GATS 将各成员方应当遵守的义务分为普遍性义务和具体义务。所谓普遍性是指适用于成员方所有服务贸易部门的义务，不管这些服务部门或服务贸易模式是否对外开放；而具体义务则是相对于普遍性义务而言的，仅适用于各成员方通过谈判达成的服务贸易具体承诺表(schedule of specific commitments)中所承诺开放的服务贸易领域，适用于服务贸易具体承诺表中所列出的各种服务贸易模式及市场准入与国民待遇中的条件、限制和资格等。

GATS 的具体承诺表，实际上就是 WTO 成员方对其服务贸易领域开放进行有法律约束力的承诺的记录表，主要包括承诺开放的服务部门或分部门，对市场准入和国民待遇的限制以及其他附加承诺。GATS 具体承诺表分为两个部分：第一部分是适用于有关成员方承诺开放所有服务部门的"水平承诺"（horizontal commitments）；第二部分是只针对具体服务部门或具体的服务贸易模式所作的具体承诺。服务贸易具体承诺表与货物贸易领域的关税减让表类似，构成了 GATS 的实质部分。

★ **典型案例：**

美国 v. 中国——影响电子支付服务措施案①

【基本案情】

美国认为，中国在加入 WTO 时就对"电子支付服务"作出了市场准入和国民待遇承诺，但是中国却通过采取一系列措施，限制了电子支付服务的市场准入，并且没有提供国民待遇。具体而言，美国指控了中国的下列措施：①中国银联（以下简称银联）是一家中方允许其在境内为以人民币计价并以人民币支付的支付卡交易提供电子制度支付服务的唯一实体，且是中国实体。中国还要求银联处理中国大陆发行的所有支付卡发生于中国澳门或中国香港的人民币交易以及发生于中国大陆且使用中国香港或中国澳门发行的人民币支付卡的人民币交易。②中国要求境内所有商户的支付卡处理设备、所有的自动柜员机（ATM）及所有的销售点（POS）终端与银联系统兼容并且能够受理银联支付卡。③所有收单机构标注银联标识并且能够受理所有带有银联标识的支付卡。④所有在中国境内发行的以人民币计价并支付的支付卡（包括"双币卡"）必须标注银联标识。⑤所有涉及支付卡的跨行或行内交易应通过银联进行，禁止使用非银联支付卡进行异地、跨行或行内交易。美国认为，中国的这些措施与其在 GATS 第 16.1 条下对于任何其他成员方的服务和服务提供者应给予不低于具体承诺表规定的待遇的义务不一致。中国正在维持和采取 GATS 第 16.2 条所禁止使用的限制措施。同时，这些措施也违反

---

① China—Certain Measures Affecting Electronic Payment Services，WT/DS413.

了 GATS 第 17 条。

【法律分析】

本案的争议焦点是中国所采取的措施是否违反了 GATS 市场准入和国民待遇条款。GATS 第 16 条规定，对于通过 GATS 第 1 条确认的服务提供方式实现的市场准入，每一成员对其他任何成员的服务和服务提供者给予的待遇，不得低于其在具体承诺表中同意和列明的条款、限制和条件。经过分析中国的入世文件，专家组认定对于所有支付和汇划服务，包括信用卡、赊账卡、借记卡、旅行支票和银行汇票，中国没有作出"跨境支付"的承诺，但作出了"商业存在"的承诺。该承诺没有服务提供者数量方面的限制，只对服务提供者的资质有限制。因此，中国应当让其他成员的电子支付服务提供者以商业存在的形式进入其市场，以便在满足资质要求的条件下，在中国从事本币业务。专家组将中国的涉案措施归纳为"发卡机构要求""终端要求""收单机构要求""香港/澳门要求""唯一提供者要求"以及"跨地区/银行要求"。在这六种措施中，由于专家组没有认定中国采取了"唯一提供者要求"和"跨地区/银行要求"，因此不再审查这两种措施是否违反 GATS 第 16 条，仅对其余四项要求进行审查。

专家组经过审理认为"发卡机构要求"并不表明作为银联成员的发卡机构不能在中国加入其他的网络，或者满足银联统一商业要求和技术标准的银行卡不得同时满足其他网络的要求；"终端要求"并不表明这种终端不能同时接受标注其他电子支付服务提供者标识的银行卡；"收单机构要求"也不表明收单机构不能接受通过银行间的、非银联的网络处理的银行卡。从性质上看，这些要求并没有对电子支付服务的提供实施数量限制，即没有将银联设定为"垄断"（monopoly）或"专营服务提供者"（exclusive service supply）。因此，专家组无法认为这些措施违反了 GATS 第 16.2 条（a）项。但是，专家认为"香港/澳门要求"以银联垄断的形式，限制了服务提供者的数量，甚至对达到"商业存在"资质要求的 WTO 成员方的电子支付服务提供者也有此项限制。因此，专家组认为此项措施违反了 GATS 第 16.2 条（a）项。①

专家组关于中国的措施是否违反了 GATS 第 17 条国民待遇的分析主要从以下几个方面展开：在相关服务部门和服务提供方式方面，中国是否作出了国民待遇承诺；中国的措施是否为"影响服务提供的措施"；同中国同类服务和服

---

① China—Certain Measures Affecting Electronic Payment Services, Panel Report, WT/DS413/R, paras. 7.482 – 7.507.

务者的待遇相比,这些措施对其他成员的服务或服务提供者所给予的待遇是否较为不利。对于前两个方面,专家组都得出了肯定的结论,认为中国在相关服务部门和服务提供方面作出了国民待遇承诺,且中国的措施为"影响服务提供的措施"。专家组着重分析了在"发卡机构要求""终端要求"和"收单机构要求"这三项措施方面,中国是否对其他成员的服务或服务提供者给予了较为不利的待遇(less favorable treatment)。专家组在经过仔细考察后认为,该三项措施均改变了竞争条件,有利于银联,而根据 GATS 第17.3 条的规定,这就是对其他成员的服务提供者给予了"较为不利的待遇"。①

【资料阅读】

1. 石静霞,陈卫东. WTO 国际服务贸易成案研究(1996—2005)[M]. 北京:北京大学出版社,2005.

2. 石静霞. WTO 服务贸易法专论[M]. 北京:法律出版社,2006.

3. 房东. WTO〈服务贸易总协定〉法律约束力研究[M]. 北京:北京大学出版社,2006.

4. 张乃根. 电子支付案中 GATS 减让表的条约解释[J]. 上海经贸大学学报,2014(1).

5. 中国影响电子支付服务措施案专家组对中国的"终端要求"为其他成员方服务提供者给予了较为不利待遇的阐述:

7. 723 The United States argues that the terminal equipment requirements modify the conditions of competition in favour of CUP. CUP is guaranteed access to all merchants in China who accept credit cards, while foreign EPS must market themselves to each POS terminal user. The United States observes that the main value that an EPS supplier has to offer issuing banks and card holders is the ability to use a card at a large number of locations, and the larger the network of merchants that use the card, the greater the attractiveness of the EPS supplier to its customers. The United States argues that the terminal equipment requirements give CUP automatic and universal acceptance of its bank cards by banks and merchants. In contrast, in China a foreign EPS supplier must build that network by marketing itself to merchants and acquiring banks. The United States notes in this respect that EPS suppliers must ordinarily invest heavily and incur substantial ex-

---

① China—Certain Measures Affecting Electronic Payment Services, Panel Report, WT/DS413/R, paras. 7. 687 – 7. 7415.

pense to build acceptance of their payment products by merchants, often in vigorous competition with other suppliers of EPS.

7.724 China does not specifically address whether the terminal equipment requirements accord less favourable treatment to like EPS and EPS suppliers of other WTO Members.

7.725 The Panel recalls that pursuant to the terminal equipment requirements all terminals in China that are part of the national bank card inter-bank processing network must be capable of accepting all bank cards bearing the Yin Lian/UnionPay logo. This guarantees that all bank cards that bear the Yin Lian/UnionPay logo can be accepted by commercial bank and merchant terminal equipment in China and processed over CUP's network. As regards EPS suppliers of other WTO Members, we recall that the terminal equipment requirements do not appear to preclude terminals from accepting at the same time bank cards that would be capable of being processed over a network in China other than that of CUP. Consequently, EPS suppliers of other WTO Members could seek to obtain access to the terminals that must be capable of accepting bank cards bearing the Yin Lian/UnionPay logo. These terminals could then process transactions also over their networks. However, EPS suppliers of other WTO Members may not be able to get access to all these terminals because, unlike in the case of bank cards bearing the Yin Lian/UnionPay logo, commercial banks, acquirers and merchants could refuse access. Also, even if the same level of access to terminal equipment could be achieved by EPS suppliers of other WTO Members, they would need to expend time and effort, which is not the case for CUP. As pointed out by the United States, the level of access to bank and merchant terminals that an EPS supplier has is an important determinant of its attractiveness to issuers as well as bank card users and thus of its competitive position. Based on these elements, we consider that the terminal equipment requirements modify the conditions of competition in favour of CUP. Having regard to Article XVII: 3, they therefore accord to like EPS suppliers of other WTO Members less favourable treatment than to CUP.

7.726 In the particular case of the terminal equipment requirements, we do not consider that our conclusions on the issue of less favourable treatment are affected by whether a like EPS supplier of another WTO Member provides its services under mode 1 or mode 3. In our view, the conditions of competition of EPS suppliers of other WTO Members are adversely modified irrespective of whether the relevant services are provided under mode 1 or 3. In relation to mode 3, it is nonetheless important to add that the terminal equipment requirements result in less favourable treatment of like EPS suppliers of other WTO Members even if these suppliers meet the qualifications for engaging in local currency business that are stipulated in China's mode 3 limitation.

7.727 Finally, we note that the United States has not specifically addressed how the terminal equipment requirements affect three-party networks. It is clear to us, however, that EPS suppliers operating such networks would find themselves in substantially the same position as EPS suppliers operating four-party networks as regards the issue of access to terminal equipment in China. We therefore consider that our finding of less favourable treatment applies to EPS suppliers, regardless of whether they adopt a three- or a four-party model or some variation of either model.

【延伸思考】

1. 为什么印有"银联"标识是违反国民待遇，而清算必须通过银联却是违反市场准入？

2. 中国应当怎样修改措施，才能符合 GATS 的规定？

3. 此案对银联将产生怎样的影响？

第五节　WTO 与贸易有关的知识产权保护的法律制度

传统上，世界知识产权组织(World Intellectual Property Organization，简称 WIPO)在知识产权的国际保护中起着主导作用，而作为主管世界货物贸易的 GATT 很少涉及知识产权的问题。随着科技的发展和世界产业结构的调整，技术知识在国际经济贸易中的地位迅速上升，而 WIPO 固有的缺点和弱点也使得原有的世界知识产权国际法律体系已经不适应国际经济贸易的发展。① 在此背景下，乌拉圭回合谈判达成了《与贸易有关的知识产权协定》，为国际

---

① WIPO 的弱点表现在以下几个方面：第一，虽然 WIPO 所管辖的国际知识产权公约十分庞大，但是其中不少条约的签字国甚少，约束力有限；第二，这些国际公约大多都为制定行之有效的争端解决规则和机制，从而使得这些公约的执行效果大打折扣；第三，其对于高科技之类的知识产权缺乏规定。

知识产权保护确立了新的统一的国际标准和准则。

TRIPS 相较于以往的国际知识产权公约而言，主要有以下几个特点：

①保护水平高。TRIPS 在很多方面都超过了当时的国际公约对知识产权的保护水平。在与相关国际知识产权保护公约的原则相协调的基础上，TRIPS 在保护范围、保护期限、权利与义务有关使用规定以及相关保护措施等方面的规定高于当时的国际知识产权公约。

②涉及面广。TRIPS 把包括商业秘密在内的几乎所有的知识产权形式都纳入了保护范围，几乎涉及知识产权的各个领域。TRIPS 保护的知识产权包括版权及其邻接权、商标权、地理标志、工业品外观设计、专利权、集成电路图设计的专有权、未披露信息。

③将 GATT/WTO 有关货物贸易的原则和规定延伸到知识产权保护领域。TRIPS 引入 GATT 的国民待遇原则、最惠国待遇原则以及透明度原则，同时也规定了知识产权保护与公共利益平衡的原则。

④强调知识产权执法。TRIPS 规定各成员方应提供保护知识产权的法律程序和救济措施，而且要求这些措施具有有效性，以使知识产权人有效行使权利。知识产权执法包括民事程序、行政程序、临时措施、边境措施和刑事措施等。

⑤适用 WTO 争端解决机制。TRIPS 在处理有关知识产权争端方面，扭转了过去国际知识产权公约的不足，规定适用 WTO 争端解决机制，加强了协定的约束力。

★ 典型案例：

美国 v. 中国——影响知识产权保护与实施措施案①

【基本案情】

中美之间的知识产权争端由来已久。早在 1986 年，当中国刚开始着手建立知识产权制度时，美国就要求中国加强知识产权保护。1989 年 4 月，美国以中国未能对美国知识产权产品提供足够有效的保护为由，将中国列为美国贸易法"特殊 301 条款"规定的"重点观察国家"名单。此后至 2004 年，中国在加入 WTO 前后，进一步全面地加强了知识产权实施。然而，2004 年以来，知识产权争端再次成为中美贸易关系的焦点。2004 年美国"特殊 301 报

---

① China—Measures Affecting the Protection and Enforcement of Intellectual Property Rights, WT/DS362.

告"指责中国"缺乏知识产权保护和实施",从 2005 年初起,对中国进行所谓"非周期性"(out-of-cycle)审议,以评估该实施情况。2005 年美国"特殊301 报告"包括了该评估结果,在承认中国努力改善知识产权保护时,认为在中国各地侵犯知识产权的现象尚未明显减少,并提出启动针对中国的 TRIPS争端解决程序。2006 年美国"特殊301 报告"在"重点观察名单"中列举了中国实施知识产权的问题,包括对侵犯知识产权的刑事打击不力、相关刑罚门槛过高、海关对遏制出口假冒货不力。虽然此后中国政府作出极大努力,包括进一步加强知识产权实施机制,公布《2006 年中国保护知识产权行动计划》和《保护知识产权行动纲要》(2006—2007 年),2007 年 4 月初最高人民法院与最高人民检察院修改了有关惩治侵犯知识产权犯罪的刑法适用规定,降低了对盗版行为的刑罚门槛。但是,美国并不满意,一再扬言,并最终启动了 TRIPS 争端解决程序。

【法律分析】

美国针对中国知识产权保护的法律和法规提出了以下申诉:中国《著作权法》第 4.1 条违反了 TRIPS 所纳入的《保护文学和艺术作品伯尔尼公约》相关条款;中国的《知识产权海关保护条例》中对侵权罚没货物进行处理的海关措施违反了 TRIPS 第 59 条;中国对侵犯知识产权刑事处罚的门槛违反了TRIPS 第 61 条。

中国《著作权法》第 4.1 条规定:"依法禁止出版、传播的作品不受本法保护。"美国认为这一条款违反了 TRIPS 第 9.1 条、第 41 条、第 61 条,也违反了国民待遇。美国指出,依照中国《著作权法》第 4.1 条,外国人的某些作品(内容为通过审查的作品)不能享有《著作权法》第 10 条所规定的权利,也不能获得该法第 46 条、第 47 条规定的救济。专家组经过审查确认,根据《著作权法》第 4.1 条,不予保护的是完全通不过内容审查的作品,以及为了通过审查而删除的部分。专家组指出,TRIPS 要求 WTO 成员方对协定第二部分规定的客体给予保护,并保证以该协定第三部分所提出的程序来实施保护。中国《著作权法》第 4.1 条完全拒绝对某一类符合条件的作品给予保护,这不符合 TRIPS 第二部分的规定。TRIPS 第 41.1 条规定:"各成员必须保证其法律中包括本部分规定的实施程序,从而被允许对任何侵犯本协定所涵盖知识产权的行为采取有效的行动,包括迅速地阻止侵权的救济措施和遏制更多侵权的救济措施",然而,被中国《著作权法》第 4.1 条剥夺了著作权的作品得不到《著作权法》第五章提供的救济。基于此,专家组确认中国《著作权法》第 4.1 条违反了 TRIPS 的规定。①

中国《知识产权海关保护条例》第 27 条规定:"被没收的侵犯知识产权货物可以用于社会公益事业的,海关应当转交给有关公益机构用于社会公益事业;知识产权权利人有收购意愿的,海关可以有偿转让给知识产权权利人。被没收的侵犯知识产权货物无法用于社会公益事业且知识产权权利人无收购意愿的,海关可以在消除侵权特征后依法拍卖;侵权特征无法消除的,海关应当予以销毁。"但 TRIPS 第 46 条明确规定,为有效制止侵权,司法机关有权在不给予任何补偿的情况下,责令将已被发现侵权的商品清除出商业渠道,以避免对权利持有人造成任何损害。而对于假冒商标的货物,除例外情况外,仅除去非法加贴的商标并不足以允许该商品放行进入商业渠道。专家组认为,TRIPS 起草者不仅仅为了阻止侵犯商标权,假冒商标的商品往往也会仿冒商品的外表,即使去除了商标,产品仍然可能与他人的产品相似,因此除去商标不足以消除对权利人的侵害。因此,专家组认为海关的拍卖措施不符合 TRIPS 第 46 条。②

中国《刑法》及其司法解释规定,"非法经营数额在 5 万元以上或者违法所得数额在 3 万元以上","复制品数量合计在 500 张以上"的,才应给予刑事处罚。这些数额显然属于"刑事门槛"。在确定这些门槛是否违反了 TRIPS 第 61 条时,专家组指出,TRIPS 第 61 条规定:"各成员应规定至少将适用于具有商业规模(commercial scale)的蓄意假冒商标或盗版案件的刑事程序和处罚","scale"一词的普通含义是"相对大小或范围、程度、比例",因此是一个相对概念,而"商业规模"就是指商业活动的大小和范围。具体到本案,"商业规模"的假冒货、盗版是指某一产品在特定市场的大小和范围,因此其随着产品和市场的不同有所差异。而美国所指的"5 万元""3 万元"和"500张"都是一些绝对的数字,单单从这些数字无法判断是否达到了"商业规模"。③ 基于此分析,专家组得出结论:美国未能证明中国的刑事门槛不符合其在 TRIPS 第 61 条下的义务。

---

① China—Measures Affecting the Protection and Enforcement of Intellectual Property Rights, Panel Report, WT/DS362/R, paras. 7. 166 – 7. 181.

② China—Measures Affecting the Protection and Enforcement of Intellectual Property Rights, Panel Report, WT/DS362/R, para. 7. 395.

③ China—Measures Affecting the Protection and Enforcement of Intellectual Property Rights, Panel Report, WT/DS362/R, paras. 7. 532 – 7. 579.

【资料阅读】

1. 贺小勇. 论 TRIPS 协定第 61 条"商业规模"的解释问题——评析中美知识产权贸易争端[J]. 国际贸易, 2008(7).

2. 张桂红. 与贸易有关的知识产权成案研究[M]. 北京：中国人民大学出版社, 2010.

3. 田曼莉. 发展中国家实施 TRIPS 协议研究[M]. 北京：法律出版社, 2012.

4. 古祖雪. 从体制转换到体制协调：TRIPS 的矫正之路——以发展中国家的视角[J]. 法学家, 2012(1).

5. 中国影响知识产权保护与实施措施案专家组对 TRIPS 第 61 条"商业规模"的解释：

7.570 The Panel considers that each of the uses on the record, being in the English language, reflects the understanding of the authors as to the ordinary meaning of those words and phrases in that language. That is the reason why a language allows its speakers to render themselves mutually intelligible. These are the very meanings that dictionaries catalogue. Naturally, words and phrases in the same language may have more than one meaning, "common or rare, universal or specialized". It is incumbent on the Panel to assess these usages in context to discern which is relevant to the question of interpretation at hand, just as the Panel has done when confronted with multiple definitions of the words "commercial" and "scale" in the same dictionary. The Panel also notes that Article 61 of the TRIPS Agreement specifically relates the concept of infringement "on a commercial scale" to other intellectual property rights, which include patents, in the fourth sentence of that Article.

7.571 Turning to the ordinary meaning of the term "on a commercial scale", the evidence includes examples of uses of that precise term and also the words "commercial scale" followed by a noun. It is not suggested that this changes the meaning. The nouns include "manufacturing", "production", "facility", "processes", "reactor", "composition" and "cultivation", and the term also follows "manufacture" and "employ". This confirms that the phrase can be used in different contexts as a single term.

7.572 Some of these nouns, notably manufacturing and production, refer to acts that could constitute trademark counterfeiting and copyright piracy, and are therefore particularly apposite to the interpretation of the first sentence of Article 61 of the TRIPS Agreement. However, counterfeiting and piracy include other acts besides manufacturing and production. There are no uses on the record of the phrase with the word "sales" or "selling".

. . .

7.576 The Panel observes a certain degree of convergence between the parties' views, as compared to their initial positions, when addressing these ordinary uses of the phrase "commercial scale". The Panel considers that the contexts in which the term "on a commercial scale" or "commercial scale" is used, given their variety, indicate that each of the words "commercial" and "scale" provides important context for the interpretation of the other when used together. Their combined meaning varies greatly according to the context around them and the lack of precision in the term is apparent. However, it is clear that none of these uses refer to activities that are simply commercial. Rather, they are evidently intended to distinguish certain activities (or premises) from others that pertain to or have a bearing on commerce but which do not meet a market benchmark in terms of what is typical. The precise benchmark in each case depends on the product and the market to which the phrase relates.

7.577 The Panel recalls its view at paragraph 7.545 above and, in light of the evidence considered above, finds that a "commercial scale" is the magnitude or extent of typical or usual commercial activity. Therefore, counterfeiting or piracy "on a commercial scale" refers to counterfeiting or piracy carried on at the magnitude or extent of typical or usual commercial activity with respect to a given product in a given market. The magnitude or extent of typical or usual commercial activity with respect to a given product in a given market forms a benchmark by which to assess the obligation in the first sentence of Article 61. It follows that what constitutes a commercial scale for counterfeiting or piracy of a particular product in a particular market will depend on the magnitude or extent that is typical or usual with respect to such a product in such a market, which may be small or large. The magnitude or extent of typical or usual commercial activity relates, in the longer term, to profitability.

7.578 The Panel observes that what is typical or usual in commerce is a flexible concept. The immediate context in the second sentence of Article 61, which is closely related to the first, refers to the similarly flexible concepts of "deterrent" and "corresponding gravity". Neither these terms nor "commercial scale" are precise but all depend on circumstances, which vary according to the differing forms of commerce and of counterfeiting and piracy to which these obligations apply.

【延伸思考】

我国应当如何在知识产权强保护趋势下建立合理平衡知识产权保护与知识产权使用者利益的保护制度？

第五章　国际技术转让法

第一节　知识产权的国际保护

　　知识产权保护国际公约是国际技术转让的基础。目前，知识产权国际保护存在两大体系，分别是 WIPO 管理下的体系和 TRIPS 体系。1967 年缔结的《建立世界知识产权组织公约》(简称 WIPO 公约，我国 1980 年加入)是知识产权国际保护的重要公约，管理着工业产权、版权等领域的大多数知识产权国际公约，其中包括著名的《保护工业产权巴黎公约》《商标国际注册马德里协定》《专利合作条约》《保护文学和艺术作品伯尔尼公约》《保护表演者、录音制品制作者与广播组织公约》等。

一、《保护工业产权巴黎公约》中的优先权原则

　　《保护工业产权巴黎公约》(简称《巴黎公约》)于 1883 年签订，1984 年生效，截止 2015 年 10 月，共有 173 个成员国，是目前工业产权领域最重要的国际条约。《巴黎公约》确定了各成员国在保护工业产权方面必须遵守的基本原则、规则及最低标准。《巴黎公约》于 1985 年 3 月 19 日在我国生效。我国在加入该公约时提出了对第 28 条第 1 款的保留声明，即我国在对公约进行解释或者适用时与其他国家发生争议，不能以谈判解决的，将不按照《国际法院规约》将争议提交给国际法院裁决。《巴黎公约》包括国民待遇原则、优先权原则、专利或商标独立保护原则、临时性保护原则。

　　《巴黎公约》第四条规定了专利和商标申请的优先权，即享有国民待遇的人，就一项发明首先在某一个成员国提出专利申请，或者就一项商标提出注册申请，自该申请提出之日起，一定期限内(专利和实用新型专利为 12 个

月，外观设计和商标为 6 个月），又就同样的申请向其他成员国提出的，该其他成员国必须以第一个申请日作为本国的申请日。

★ 典型案例：

福建永某电机（集团）有限公司诉重庆神某进出口
贸易有限公司侵害商标权纠纷案①

【基本案情】

福建永某电机（集团）有限公司（以下简称福建永某公司）原企业名称为闽东永某电机有限公司，成立于 1998 年 4 月 17 日，2005 年 4 月 28 日更名为福建永某电机（集团）有限公司。2004 年 1 月，闽东永某电机有限公司经国家商标局核准注册第 3212919 号"MATRIX"商标，核定使用商品第 7 类离心机、交流发电机、发电机（组）等，注册有效期为 2004 年 1 月 28 日至 2014 年 1 月 27 日。2006 年 10 月 12 日，其变更注册人名义为福建永某电机（集团）有限公司。福建永某公司出资设立的福建省新泰格动力有限公司、福安新永某电机有限公司在其生产的发电机上使用"MATRIX"商标。

重庆神某进出口贸易有限公司（以下简称重庆神某公司）成立于 2002 年 2 月 9 日。2011 年 6 月 8 日，重庆神某公司以一般贸易方式申报出口伊拉克 360 台汽油发电机组，总价 55 645.20 美元。当日，上海海关向福建永某公司发出《确认知识产权侵权状况通知书》，要求该公司确认该批货物是否侵权，并决定是否请求海关扣留货物。6 月 9 日，福建永某公司提出扣留申请，并于当日向上海海关支付抵押金 10 万元。7 月 27 日，上海海关向福建永某公司发出沪关知字〔2011〕第 098 号《扣留侵权嫌疑货物通知书》，告知海关已对重庆神某公司涉嫌侵犯福建永某公司的"MATRIX"商标专用权的 360 台汽油发电机组（金额 55 645.2 美元）予以扣留，现上海海关对该案尚在处理中。涉案被扣留的发电机组及外包装盒上标有"MATRIX"商标。

2011 年 1 月 1 日，德国 MATRIX 有限责任公司出具《授权函》，内容为：授权重庆神某公司使用该公司许可证项下对产品的注册商标，标志和/或包装图案设计，这些产品是重庆神某公司为德国 MATRIX 有限责任公司或者为该公司明确指定的单位独家生产和提供的，授权直至德国 MATRIX 有限责任

---

① 上海市第一中级人民法院（2012）沪一中民五（知）终字第 110 号。

公司明确地书面终止。同时附上品牌名称有关的注册商标。2011 年 11 月,德国 MATRIX 有限责任公司出具《MATRIX 有限责任公司产品运至伊拉克的说明》,称其作为发电机的购买方(采购单号 011 - 000159),重庆神某公司严格按照其要求生产。根据授权书及合同,这些产品仅提供给德国 MATRIX 有限责任公司,该公司在世界很多国家都有代理商。这次其向重庆神某公司下的订单是来自德国 MATRIX 有限责任公司在土耳其的一个代理商,这个客户通知其将 360 台发电机运至伊拉克。德国 MATRIX 有限责任公司决定和要求重庆神某公司按指令将 360 台发电机运至伊拉克。

WIPO(世界知识产权组织)网站上的商标注册信息显示,"MATRIX"商标注册日期为 2004 年 4 月 20 日,注册人为德国 MATRIX 有限责任公司,核定使用在商标注册用商品国际分类第 7 类发电机、泵等商品上;与《巴黎公约》所规定优先权相关的日期及其他与该商标在原产国注册相关的日期为德国 2003 年 11 月 7 日;《马德里议定书》第 9 条的指定国包括中国等国,其中未包括伊拉克;临时驳回部分保护(中国),从清单中删除包括第 7 类的发电机、泵。

我国商标局网站上的信息显示,"MATRIX"商标注册号 G837565,国际分类 7,申请人名称 MATRIX 有限责任公司,商品包括属本类的手工制作等,国际注册日期为 2004 年 4 月 20 日,优先权日期为 2003 年 11 月 7 日。德国 MATRIX 有限责任公司出资 20 万欧元,于 2008 年 6 月 10 日在我国注册成立聚正商务咨询(上海)有限公司(以下简称聚正公司),法定代表人为 Thannhuber Andreas,经营范围为商务信息咨询等。聚正公司于 2011 年 11 月 8 日出具《工作流程图说明》,称 MATRIX 有限责任公司以邮件形式下单给聚正公司,聚正公司以邮件形式发给供应商出货状态,包括订单数量、型号、包装要求等信息,供应商收到信息后将签字盖章的形式发票发给聚正公司,聚正公司以邮件给德国公司盖章确认,再发回供应商处。供应商根据聚正公司提供的包装印刷稿,结合产品出货状态及合同安排生产。供应商出货后提供海运单据给 MATRIX 有限责任公司,聚正公司向德国申请付款,德国安排付款,订单完毕。2011 年 8 月 25 日,福建永某公司以重庆神某公司未经其许可生产、销售侵权产品,侵犯了该公司的注册商标专用权,给其造成了极大的经济损失为由,诉至上海市浦东新区人民法院。

【法律分析】

第一,重庆神某公司出口产品上使用的商标与福建永某公司的注册商标是否构成近似?

一审法院认为，比对福建永某公司、重庆神某公司的注册商标，可以看出，福建永某公司的注册商标是一个英文单词"MATRIX"，意为"矩阵、字模"等，从该商标字形上看，仅字母"A"略有细微的变化。重庆神某公司产品上的商标是由英文单词"MATRIX""buydirec"及图形组成的图文商标，其中"MATRIX"与福建永某公司的注册商标文字、发音相同，在商标中字体较大，是整个商标的主要组成部分，使用在商品上后，商标中的图形已与商品或外包装装潢融合在一起，更突出了"MATRIX"文字。"buydirect"意思为直接购买，其位于"MATRIX"的下方，且字体较小。因此整个商标中"MATRIX"明显突出，"MATRIX"是消费者对该商品来源的主要判断依据，以相关消费者的一般注意力，易将两个商标混淆。因此重庆神某公司出口产品上使用的商标与福建永某公司的注册商标构成近似。

第二，重庆神某公司的行为是否属于商标法意义上的使用行为？关于重庆神某公司接受境外商标权利人委托加工涉案产品后发往第三国的行为是否构成商标侵权，一审法院认为：《中华人民共和国商标法》（以下简称《商标法》）规定，未经商标注册人的许可，在同一种商品或者类似商品上使用与其注册商标相同或者近似的商标的，属侵犯注册商标专用权的行为。销售侵犯注册商标专用权的商品，亦构成商标侵权。二审法院认为：①重庆神某公司作为境内加工方在产品上贴附商标的行为形式上虽由加工方实施，但实质上商标真正的使用者仍为境外委托方，即该发电机进入流通领域后，消费者通过商标获悉的商品提供者只能是拥有该商标的德国 MATRIX 有限责任公司，而不可能是加工方重庆神某公司。德国 MATRIX 有限责任公司因销售发电机获利，重庆神某公司获得的仅是向德国方提供加工服务的报酬。②由于本案发电机被查扣时尚处于加工出口环节，并未真正进入流通领域，即尚未面对发电机商品的消费者。同时，该被海关扣押的发电机销往境外，福建永某公司亦无证据证明涉案发电机在我国境内还存在销售情况，故涉案发电机上的商标只在中国境外发挥商品来源的识别意义，并不在国内市场发挥识别功能。③商标权的地域性特点决定了涉案发电机商品是否因贴附商标而在我国境外使消费者对其商品来源产生混淆或误认，并非我国《商标法》所能规制。综上所述，重庆神某公司委托他人加工、贴附经德国 MATRIX 有限责任公司授权使用的商标的行为，并非商标法意义上的使用行为。

第三，关于优先权的问题。

德国 MATRIX 有限责任公司的涉案商标国际注册日期为 2004 年 4 月 20日，优先权日期为 2003 年 11 月 7 日，早于 2004 年 1 月 28 日福建永某公司注册的"MATRIX"商标。同时，对于该两个商标各自的知名度情况，双方当事人均未进行举证，且除本案被扣押的发电机外，亦无证据证实重庆神某公司还曾有贴附涉案商标的发电机申报出口的情况，故难以就此认定德国 MA-TRIX 有限责任公司存在攀附我国境内知名品牌、注册近似商标的恶意，并以此规制重庆神某公司的受托定牌加工行为。

【资料阅读】

1. 李逸竹. 专利国外优先权制度研究［J］. 佛山科学技术学院学报（社会科学版），2014（3）.

2. 唐春. 国家视角下的跨国专利申请制度分析——兼论我国 2010 年《专利审指南》中"对国际阶段恢复的优先权不予认可"［J］. 电子知识产权，2010（6）.

3. 冯晓磊，马丽丹. 专利优先权相关问题解答［J］. 中国法明与专利，2014（9）.

【延伸思考】

1. 《巴黎公约》确立优先权原则的目的是什么？

2. 如果重庆神某公司接受境外商标权利人委托加工的涉案产品在中国境内销售是否构成商标侵权？

二、涉外定牌加工是否构成商标侵权

涉外定牌加工是国际加工贸易中的一种方式，是指境内加工方按照境外定做方要求将特定商标贴附于商品上，并将商品全部出口销售到境外的出口加工贸易方式。《商标法》第五十二条规定，"有下列行为之一的，均属侵犯注册商标专用权：（一）未经商标注册人的许可，在同一种商品或者类似商品上使用与其注册商标相同或者近似的商标的；（二）销售侵犯注册商标专用权的商品的；（三）伪造、擅自制造他人注册商标标识或者销售伪造、擅自制造的注册商标标识的；（四）未经商标注册人同意，更换其注册商标并将该更换商标的商品又投入市场的；（五）给他人的注册商标专用权造成其他损害的。"如果国外定做方指定或授权我国加工企业使用的商标，与中国境内已经注册的某个商标相同或近似，而且该加工产品与该注册商标核定使用的商品相同或者类似，该加工企业在其制造、出口的产品上使用该商标，就有可能违反《商标法》第五十二条的规定。但有观点认为，涉外定牌加工中的商标使用并不构成商标侵权，其理由主要是：由于该定牌加工商品没有在国内销售，因此所贴的商标并不在国内市场发挥识别商品来源的功能，不可能导致相关公众的混淆，因此不侵犯中国境内商标权人的权利。① 这一观点在一些法院判决中也有所体现。

★ 典型案例：

上海柴油机股份有限公司诉江苏洋马发动机有限公司侵害商标权纠纷案②

【基本案情】

上海柴油机股份有限公司（以下简称柴油机公司）是"东风柴油机图商标"和"东风 D 图商标"的持有者。2000 年 9 月，东风柴油机图商标和东风 D 图商标经国家工商行政管理局商标局评定为"驰名商标"，并先后被评为"上海市著名商标""上海名牌产品""中国名牌产品"和"最具价值的上海老商标"。2013 年 1 月 22 日，柴油机公司就东风柴油机图商标向我国海关总署申请知识产权保护备案。该备案于同年 3 月 1 日正式生效。20 世纪 60 年代起至今，柴油机公司将东风牌柴油机出口销售至印度尼西亚等多个国家，并将东风柴油机图商标在秘鲁等多个国家进行了商标注册。1995 年 2 月，根据我国参加的《商标国际注册马德里协定》的相关规定，柴油机公司将东风柴油机图商标向世界知识产权组织国际局（以下简称 WIPO）进行了商标国际注册，并获得该机构颁发的商标国际注册证。

2013 年 2 月至 3 月间，江苏洋马发动机有限公司（以下简称洋马公司）与印度尼西亚的 PT. GITAREKSADINAMIKA（以下简称印度尼西亚 PT 公司）签订了《加工合同》，双方约定由印度尼西亚 PT 公司委托洋马公司加工生产东风牌柴油机，订货数量为 4 100 台，总金额为 $ 1 410 065。同时，印度尼西亚的 PT. ADIPERKASABUANA（以下简称印度尼西亚 PT. ADI 公司）授权洋马公司在柴油发动机及其零配件上使用东风柴油机图商标，并明确洋马公司生产的柴油发动机及零配件向印度尼西亚 PT 公司销售，用于在印度尼西亚境内销售。该商标使用授权期限至 2017 年 1 月 19 日止。

2013 年 6 月 24 日，洋马公司将其生产并销售给印度尼西亚 PT 公司的柴油机及其零配件分两批分别向上海外高桥港区海关报关出口至印度尼西亚。在这些柴油机机体、柴油机机罩、工具包、零配件包装盒、塑料包装袋上均

---

① 孔祥俊. 商标的标识性与商标权保护的关系——兼及最高法院有关司法政策和判例的实证分析 [J]. 人民司法，2009(15)：43 - 48.
② 上海市第一中级人民法院(2014)沪一中民五(知)终字第 138 号。

标有"东风 DONGFENG""DONGFENG"。经比对，上述物品上标注的"东风DONGFENG"商标与柴油机公司的东风柴油机图商标和东风 D 图商标基本一致，差别仅在于前者无柴油机图形和 D 图形。

2013 年 11 月 11 日，上海海关根据柴油机公司的知识产权保护备案及申请，以涉嫌侵犯柴油机公司东风柴油机图商标为由将洋马公司上述报关出口的两批柴油机货物予以扣留，并向洋马公司出具扣留决定书 2 份。由于洋马公司向上海海关提交了印度尼西亚 PT. ADI 公司在印度尼西亚的商标注册证及授权洋马公司使用的商标委托授权书等材料，上海海关于 2013 年 12 月 23 日向柴油机公司出具《侵权嫌疑货物知识产权状况认定通知书》，该通知书表示：经该海关调查，不能认定被扣押的洋马公司货物侵犯了柴油机公司的知识产权，若该海关自扣留侵权嫌疑货物之日起 50 个工作日内未收到人民法院协助执行通知，将放行这些货物，并告知柴油机公司可以向人民法院申请采取责令停止侵权行为或财产保全措施，并将在期限届满前将人民法院有关协助执行通知送达海关。柴油机公司遂于 2014 年 1 月 13 日向上海市浦东新区人民法院提起本案诉讼，称洋马公司擅自在生产的柴油机上使用与涉案两项注册商标相同的商标并将该产品出口销售的行为构成商标侵权，并申请财产保全；请求法院判令洋马公司停止侵权，赔偿经济损失及合理开支合计人民币 20 万元。洋马公司辩称，其接受境外方委托进行定牌加工的行为不是商标法意义上的商标使用行为，不会造成相关公众的混淆，也没有造成柴油机公司的任何损失，且其在接受委托定牌加工生产时已经尽到了合理的审查义务，故其行为不构成商标侵权。上海市浦东新区人民法院于 2014 年 1 月 16 日作出民事裁定，对涉案货物予以查封、扣押。

【法律分析】

本案的争议焦点有二，一是洋马公司实施的被诉侵权行为性质是否属于涉外定牌加工行为；二是洋马公司的行为是否构成商标侵权行为。

第一，洋马公司实施的被诉侵权行为性质是否属于涉外定牌加工行为？

浦东法院认为，本案洋马公司根据印度尼西亚 PT 公司的委托加工生产柴油机，并经印度尼西亚 PT. ADI 公司的商标许可，在这些柴油机产品上使用经印度尼西亚 PT. ADI 公司在印度尼西亚注册的东风柴油机图商标。洋马公司按约将其加工生产的柴油机产品全部销售至印度尼西亚。因此，洋马公司的行为性质应为涉外定牌加工行为。

第二，涉外定牌加工行为是否构成商标侵权？

判定洋马公司的行为是否构成商标侵权的前提——洋马公司贴附授权商

标的行为是否属于商标法意义上的商标使用行为。对"使用商标"行为的判定应以能否起到识别功能为依据,即如果能够起到指示来源的作用,则构成商标性使用;反之则不属于商标性使用。就本案而言,首先,从海关扣押的涉案柴油机照片来看,该柴油机上有被诉侵权商标,但没有显示洋马公司为生产商的信息。洋马公司作为境内加工方在产品上贴附商标的行为形式上虽由加工方实施,但实质上商标真正的使用者为境外委托方,该柴油机进入流通领域后,消费者通过被诉侵权商标不可能获悉商品的生产销售者是洋马公司,洋马公司获得的仅是向委托方提供加工服务的相关报酬。其次,由于本案柴油机被海关扣留时尚处于加工出口环节,并未真正进入流通领域,即尚未面对柴油机商品的消费者。同时,该被海关扣押的柴油机均销往境外,故被诉侵权商标只在我国境外发挥商品来源的识别功能,并不在国内市场发挥识别功能。最后,商标权的地域性特点亦决定了涉案柴油机商品是否会因贴附被诉侵权商标行为而在我国境外造成消费者对其商品来源产生混淆或误认,非我国商标法所能规制。综上,浦东法院认为,洋马公司的行为,并非商标法意义上的商标使用行为。

此外,虽然柴油机公司于 20 世纪 60 年代即已将东风牌柴油机销售至印度尼西亚,并进行了商标国际注册,但印度尼西亚尚未参加《商标国际注册马德里协定》。印度尼西亚 PT. ADI 公司依据印度尼西亚法律在该国注册了被诉侵权商标,并为该国最高法院所确认。由于法律的主权原则和商标权的地域性原则,商标权人无权禁止他人在其未取得商标权的其他国家使用相同或近似商标,印度尼西亚 PT 公司将洋马公司加工生产的柴油机商品在印度尼西亚销售,并不构成对柴油机公司在中国享有商标权的侵害。印度尼西亚 PT. ADI 公司是否为攀附柴油机公司商标的商誉而在印度尼西亚抢注了与柴油机公司商标相同的商标,亦非我国商标法所能规制。故难以认定印度尼西亚 PT. ADI 公司存在攀附我国境内知名品牌,注册相同或近似商标的恶意,并以此规制洋马公司受托定牌加工行为。而且洋马公司在其加工生产的柴油机产品上使用被诉侵权商标经过印度尼西亚 PT. ADI 公司的商标授权的行为,已尽到合理审查义务。

综上,浦东法院判决驳回了柴油机公司的全部诉讼请求。一审判决后,柴油机公司不服,向上海市第一中级人民法院提起上诉,二审维持原判。

【资料阅读】

1. 张伟君,魏立舟,赵勇. 涉外定牌加工在商标法中的法律性质——兼论商标侵权构成的判定[J]. 知识产权,2014(2).

2. 沈强. 涉外定牌加工中的商标侵权问题[J]. 国际商务研究, 2009 (5).

3. 祝建军. 涉外定牌加工中的商标侵权[J]. 人民司法, 2008(2).

4. 斯皮度控股公司与温州路加贸易有限公司、科纳森光学产品贸易和代理有限公司等侵害商标权纠纷二审民事判决书摘录:①

商标使用行为是一种客观行为,不应因为使用人的不同或处于不同的生产、流通环节而作不同的评价。在涉外贴牌加工行为中,作为生产环节的贴牌行为系典型的将商标用于商品上的行为,属于商标使用行为。综上,依据《中华人民共和国商标法》第五十二条第(一)项之规定,应认定本案涉外贴牌加工行为系在同一种商品和类似商品上使用了与斯皮度公司涉案注册商标相同的商标,侵犯了斯皮度公司的注册商标专用权。对于路加公司和科纳森公司提出的"科纳森公司被许可在巴西境内使用被诉侵权商标,且涉外贴牌加工行为不会引起国内相关公众混淆"的抗辩主张,本院认为,商标权具有地域性,在巴西取得的商标权和商标许可使用权益不受我国法律保护;同时《中华人民共和国商标法》并未将"导致相关公众混淆"作为商标侵权的构成要件,且即使考虑混淆因素,对于以商品出口为目的的涉外贴牌加工行为,亦应当以我国的有关消费者以及与产品的营销有密切联系的其他经营者作为相关公众,来评判涉外贴牌加工行为是否容易导致混淆,而不应当简单地以被诉侵权产品系以出口为目的,即否认造成混淆的可能性,路加公司和科纳森公司据此提出的抗辩主张不能成立。路加公司和科纳森公司还抗辩称,涉外贴牌加工侵权判定应考量我国现阶段的加工贸易国情和知识产权保护水准,本院认为,鼓励贴牌加工产业自创品牌、培育品牌竞争优势亦符合我国目前的贸易产业政策和知识产权保护政策;且商标法律制度的根本宗旨是保护商标专用权,在涉外贴牌加工案件中充分保护在我国注册使用的商标,符合我国商标法律制度的立法宗旨。因此,路加公司、科纳森公司提出的侵权抗辩主张均不能成立,本院不予支持。

【延伸思考】

1. 在上海柴油机股份有限公司诉江苏洋马发动机有限公司侵害商标权纠纷案中,法院认为涉外定牌加工中贴附授权商标的行为不是商标法意义上的商标使用行为,相关产品均销往境外,故被诉侵权商标并不在国内市场发

---

① 浙江省高级人民法院(2014)浙知终字第 25 号。

挥识别功能。商标权的地域性特点亦决定了涉案商品是否会在我国境外造成消费者对其商品来源产生混淆或误认，非我国商标法所能规制，因此涉外定牌加工不构成商标侵权。但在斯皮度控股公司与温州路加贸易有限公司、科纳森光学产品贸易和代理有限公司等侵害商标权纠纷案中，法院认为，涉外定牌加工中的贴牌行为系典型的将商标用于商品上的行为，属于商标使用行为，因此构成商标侵权。你是如何看待这一司法实践中的不同做法的？

2. 如果重庆神某公司接受境外商标权利人委托加工的涉案产品在中国境内销售是否构成商标侵权？

三、《商标国际注册马德里协定》及其在我国的适用

《商标国际注册马德里协定》(简称《马德里协定》)于 1967 年签订，1989 年生效，截止 2015 年 10 月，共有 92 个成员国，1989 年 10 月 4 日起在我国生效。根据《马德里协定》，在缔约国内有真实、有效的工商营业所或住所或国籍(原属国)的自然人或法人，可以提出商标国际注册的申请。商标必须在原属国注册以后，才可以通过原属国商标局向国际局提出国际申请。该申请可以要求优先权日。商标经国际注册后，其效力自动延伸至原属国以外的其他缔约国。我国在加入《马德里协定》时声明，通过国际注册取得商标的保护，只有经商标所有人进行国内申请时，才能扩大到中国。

★ 典型案例：

年年红国际食品有限公司与德国舒乐达公司、
厦门国贸实业有限公司侵害商标权纠纷案①

【基本案情】

德国舒乐达公司(以下简称舒乐达公司)系德国一家专业生产罐头食品的企业，自 1997 年起长期委托国内企业为其贴牌加工，其商标 iska 于 1999 年 12 月 13 日获欧共体注册，1997 年 8 月 29 日获国际知识产权组织国际局国际商标注册(即马德里商标注册)，核准使用的商品类别均为 29 类，其企业名称和商标在国内有一定的知名度。自 1998 年 2 月开始至 2006 年，舒乐达公司先后委托年年红国际食品有限公司(以下简称年年红公司)法定代表人苏宇石任职的南宁高新开发区进出口公司、爽的食品厂、广西美年丰食品

---

① 福建省高级人民法院(2012)闽民终字第 378 号。

有限公司、广西玉林市瑞宁罐头食品厂贴牌加工罐头食品。贴牌加工的产品使用的商标标识由椭圆圈形、圈内"iska"组成。涉案商标系广西玉林市瑞宁罐头食品厂（以下简称瑞宁食品厂，该厂法定代表人苏瑞宁系苏宇石的父亲）2001年8月20日申请，2002年10月7日获准注册的商标，商标注册证号为第1999111号，核定使用商品为第29类：蘑菇罐头、蔬菜罐头、水果罐头、豌豆罐头，有效期为2002年10月07日至2012年10月06日。2008年6月14日，瑞宁食品厂将该商标转让给年年红公司。在瑞宁食品厂办理涉案商标转让给原告的过程中，舒乐达公司发现iska商标被中国企业注册后，曾要求年年红公司在受让后将商标归还被告。2008年5月13日，苏宇石以年年红公司董事的身份签署了一份表明其愿意将商标权转让给舒乐达公司的文件。但年年红公司在取得涉案商标后，并没有将其转让给舒乐达公司。2009年3月2日，舒乐达公司向国家工商行政管理总局商标评审委员会提出争议申请，2011年12月31日，国家工商行政管理总局商标局作出《关于第1999111号"ISKA及图"注册商标连续三年停止使用撤销申请的决定》，决定驳回舒乐达公司的撤销申请，第1999111号"ISKA及图"注册商标继续有效。2010年4月27日，厦门海关作出厦关法知字〔2010〕070号行政处罚决定，没收厦门国贸实业有限公司（以下简称国贸公司）申报出口至俄罗斯的标有标识的3507箱蘑菇罐头，并处以罚款。据查，该批货物系由舒乐达公司委托国贸公司进行生产、运输。舒乐公司下订单时，向国贸公司提交了iska商标欧共体注册和马德里国际注册的资料，并授权国贸公司在其订购的货物上使用iska商标。2010年7月21日，国家版权局依舒乐达公司书面申请就图形进行著作权登记，著作权登记证书号为00029071。

2011年，年年红公司向福建省厦门市中级人民法院起诉，称舒乐达公司、国贸公司侵害了其商标专用权。

【法律分析】

本案争议的焦点有二：一、原告对商标是否具有合法权利；二、两被告使用商标是否侵权。

第一，原告对商标是否具有合法权利？

厦门市中级人民法院认为，被告舒乐达公司作为一家有一定知名度的罐头食品加工企业，早在20世纪90年代就委托中国食品加工企业（包括原告法定代表人苏宇石当时任法定代表人的企业）贴牌加工iska牌的罐头食品，原告法定代表人苏宇石理应非常清楚该商标具有一定的知名度。苏宇石通过其父亲苏瑞宁开办的瑞宁食品厂注册商标，无疑是商标抢注行为。但瑞宁食品厂的商标抢注行为是否合法，其注册的商标是否应当撤销，应通过商标确权行政程序解决，而至今国家商标行政管理部门并没有撤销该商标的注册，因此原告受让于瑞宁食品厂的该商标，应受法律保护。

第二，两被告使用商标是否侵权？

商标具有严格的地域性，商标的使用应局限于法定区域。根据我国在加入《马德里协定》时的声明，通过国际注册取得商标的保护，只有经商标所有人进行国内申请时，才能扩大到中国。被告舒乐达公司 iska 商标虽然获得欧共体和马德里国际商标注册，但是被告没有证据证明其在中国国内进行了申请，因此其根据《马德里协定》在世界知识产权组织国际局注册的 iska 商标并不自动获得我国保护，没有取得在中国的商标专用权。

根据《中华人民共和国商标法实施细则》第三条的规定，商标的使用，包括将商标用于商品、商品包装或者容器以及商品交易文书上，或者将商标用于广告宣传、展览以及其他商业活动中。厦门市中级人民法院认为，商业活动包括商品的生产行为和商品的销售行为，贴牌加工作为商品的生产行为也应当严格禁止在同一种商品或类似商品上使用与他人注册商品相同或相近的商标。相关公众既包括产品的消费者，也应包括产品的生产者和销售者，因此即便贴牌加工的产品不在中国市场销售，也同样会引起产品生产和流通环节业者的混淆，从而损害商标的识别功能。然而，诚实信用是商业活动应遵循的基本原则，任何违反诚信的行为均不应受到法律保护。本案原告法定代表人苏宇石明知被告舒乐达公司的商标在国内加工市场和国际销售市场有一定的知名度，作为曾经的贴牌加工商利用被告未在中国注册的可乘之机，借其父开办的企业对该商标稍加改动在中国注册，显然属于商标注册领域不诚信的抢注行为，对其专用权的保护应当给予适当的限制，尤其不得对抗在先使用的权利人，即本案原告无权禁止被告舒乐达公司使用其长期实际使用的商标。且从商标的识别功能而言，被告舒乐达公司长期委托中国企业为其贴牌加工罐头食品，生产和流通领域的相关业者均知道产品的来源是被告舒乐达公司，而不可能误认为是原告的产品，即不可能实际造成相关公众的混淆，因此即便原告商标不被撤销，被告舒乐达公司使用商标也不构成对原告商标权的侵害。据此，厦门市中级人民法院判决驳回原告年年红公司的全部诉讼请求。

年年红公司不服原判，向福建省高级人民法院提起上诉。福建省高级人民法院认为，作为曾经的实际贴牌加工商，瑞宁食品厂在舒乐达公司未在中国进行相关商标注册的情况下，向国家商标局申请注册与前述 iska 商标、标识相同或近似的商标；而由苏宇石完全控股的年年红公司，在受让该商标后又依次起诉舒乐达公司及其在中国国内另外的委托加工商国贸公司，由此可见，二者关于该商标的注册申请和转让系出于不正当目的，主观恶意明显，均有悖于诚实信用原则。况且，本案现有证据能够证明，iska 商标是舒乐达公司已获得欧共体注册和马德里国际注册的商标，而国贸公司在受托贴牌加工时也已审查了舒乐达公司的相关商标权利状况，并取得了相应授权，尽到了合理的注意义务，主观上并无过错。综上，法院认为，虽然商标的注册和转让系经法定程序，国贸公司受托贴牌加工产品所标注的标识与涉案商标也构成近似，但鉴于瑞宁食品厂、年年红公司申请注册或转让该商标的动机和目的均具有不正当性，且国贸公司已尽到了合理的审查注意义务，主观上没有侵权故意，客观上也未在国内市场给年年红公司造成实际损失，故对舒乐达公司和国贸公司在本案中的相关贴牌加工行为不予认定属于商标侵权行为。据此，福建省高级人民法院判决驳回上诉，维持原判。

【资料阅读】

1. 陶俊英. 商标国际注册马德里协定和马德里议定书的主要特色[J]. 中华商标，2000(8).

2. 侯林. 中国加入和实施马德里协定及马德里议定书的经验[J]. 中华商标，2000(8).

3. 王合锋. 商标国际注册的流程模式解读[J]. 中华商标，2015(9).

【延伸思考】

如果本案中贴牌加工的产品在中国市场销售，被告的行为是否属于对原告的商标侵权行为？

四、外国企业名称译文的保护

随着经济全球化的发展，抢注或者擅自使用外文企业名称中文译名的不正当竞争行为日益增多，成为司法实践必须予以解决的问题。《巴黎公约》第八条规定："厂商名称应在本联盟一切国家内受到保护，没有申请或注册的义务，也不论其是否为商标的一部分。"我国《企业名称登记管理实施办法》第三十四条规定："外国（地区）企业名称，依据我国参加的国际公约、协定、条约等有关规定予以保护。"可见，《巴黎公约》成员国企业的名称在我国可以得到保护，但对于外国企业名称的中文译文在国内能否得到保护，我国法律法规并没有作出明确规定。根据我国司法实践，外文企业名称的中文译名如果具有对应性、唯一性及固定性，在我国境内经过商业使用，具有一定的知名度，为相关公众所知悉，则可以得到我国法律的保护。

★ 典型案例：

曼奈柯斯电气有限责任两合公司等诉上海迈驰电气有限公司等擅自使用他人企业名称、姓名纠纷案①

【基本案情】

曼奈柯斯电气有限责任两合公司（以下简称曼奈柯斯两合公司）于 1986 年 12 月 17 日在德意志联邦共和国成立。曼奈柯斯两合公司于 2000 年 2 月 28 日经核准注册了第 1368794 号"曼奈柯斯"商标，核定使用在第 9 类电插头、电插座、电插头和电插座引出线、接线盒（电）、引入线（电）、电耦合器、电相位控制器、电反相器、电缆连接盒、变压器、接地电缆导线、带电电线检测设备商品上，并经核准续展，有效期至 2020 年 2 月 27 日。商标注册证记载的原告中文名称为曼尼克电子技术股份有限公司。1995 年 4 月 20 日，原告曼奈柯斯两合公司、案外人南京通信设备厂于南京签订成立南京曼奈柯斯电器有限公司（以下简称南京曼奈柯斯公司）的章程，约定南京曼奈柯斯公司在所有的活动中都有权使用自己的名称，原告曼奈柯斯两合公司有权继续使用并允许第三方使用"曼奈柯斯"名称。2012 年 9 月 25 日，曼奈柯斯两合公司与南京曼奈柯斯公司签订关于商标许可使用的备忘录，载明：1996 年 5 月召开的南京曼奈柯斯公司董事会就其生产铝合金产品全部采用曼奈柯斯标志达成一致；在曼奈柯斯两合公司核准注册第 1368794 号"曼奈柯斯"商标、第 1534121 号"曼奈柯斯 MENNEKES"商标后亦事实上许可南京曼奈柯斯公司在其公司名称、产品、营销材料、广告等方面使用相关商标。

南京曼奈柯斯公司的产品，不迟于 2007 年即销往全国各地，并多次参加在全国各地召开的与其产品相关的展览会，以宣传推广产品。此外，南京曼奈柯斯公司自 2003 年起，在《建筑电气》《电器制造》《赛尔电气应用》等杂志持续刊登广告，宣传推广产品；并且《中国电子报》《浙江日报》《中华建筑报》《中国工业报》《南京日报》《中国电力报》等多家报纸还对两原告参与的活动多次进行报道。南京曼奈柯斯公司作为起草单位，参与修订了 GB/

①　海市第一中级人民法院（2014）沪一中民五（知）终字第 30 号。

T11918 - 2001 工业用插头插座和耦合器通用要求的标准、GB/T11919 - 2001 工业用插头插座和耦合器带插销和插套的电器附件的尺寸互换性要求的标准、GB7251.4 - 2006 低压成套开关设备和控制设备中对建筑工地用成套设备特殊要求的标准。

2010 年 4 月 14 日,经公证,登录 http://www.manlakis.com 网站,首页主要内容为德国曼奈柯斯国际集团有限公司相关业务资讯,下方显示"? 版权所有德国曼奈柯斯国际集团有限公司"。网站中集团简介显示"外商独资上海曼奈柯斯电气有限公司,是由世界著名的专业电气公司德国曼奈柯斯国际集团有限公司直接投资创办,是专业从事生产工业接插装置和电气设备的厂家""上海曼奈柯斯电气有限公司进驻中国开始,集团销售额平均每年都以 21% 的速度增长,并在北京、上海、成都、重庆、广州、武汉、浙江等地设立了办事处"等内容。网站中销售战果显示 2008 年销售额为 183 亿欧元、2007 年销售额为 173 亿欧元、2006 年为 137 亿欧元。网站中"联系我们"显示上海曼奈柯斯电气有限公司(以下简称曼奈柯斯上海公司)的联系地址及各种联系方式。

2012 年 6 月 29 日,上海市东方公证处的公证员与申请人的委托代理人至上海市天目中路 428 号的凯旋门大厦,楼层指示图中显示"16C 上海曼奈柯斯电气有限公司上海迈驰电气有限公司",16C 内墙壁上有"上海曼奈柯斯电气 MANLAKIS"标识。申请人的委托代理人支付部分货款后取得工矿产品购销合同 1 份、宣传资料 1 份、名片 1 张。货物中检修箱的单价为人民币 1 482 元至 2 843 元,接触器的单价为人民币 100 元。合同中标注上海迈驰电气有限公司(以下简称上海迈驰公司)为曼奈柯斯上海公司华东区总代理,合同多处标注"MANLAKIS"商标。宣传资料多处标注"MANLAKIS""曼奈柯斯(上海)电气"等文字,记载网址为 www.manlakis.com。

登录上海市通信管理局的 ICP/IP 地址/域名信息备案管理系统,查询涉案网站 www.manlakis.com 显示:网站备案/许可证号为沪 ICP 备10014371 号 -1,主办单位名称为德国曼奈柯斯国际集团有限公司,网站域名为 manlakis.com。

2012 年 8 月 31 日,乐清市工商行政管理局现场检查发现,浙江科瑞普电气有限公司(从下简称浙江科瑞普公司)在其生产的产品上仅标注"MANLAKIS""曼奈柯斯(上海)电气"等文字,未标明生产者的名称、地址,制发责令改正通知书,限其于 30 日内改正。

2012 年 10 月 18 日,上海市东方公证处的公证员与申请人的委托代理人至广州市中国进出口商品交易会的展会现场，在"科瑞普电气"字样标识的展台处，取得宣传资料1份、光盘1张，再至展会会刊发放处取得参展商名录1本，并对展会现场及上述资料拍摄照片、录像存档，可见展台上部分产品标注"KRIPAL""科瑞普电气"，部分产品标识"MANLAKIS""曼奈柯斯（上海）电气"。

2012年12月17日，曼奈柯斯两合公司、南京曼奈柯斯公司起诉至上海市徐汇区人民法院，认为被告曼奈柯斯上海公司明知两原告涉案注册商标及字号具有较高的知名度，仍以"曼奈柯斯"为字号注册公司名称，并在商品、包装、宣传资料、www.manlakis.com网站中标注其企业名称，其行为构成对两原告的不正当竞争。曼奈柯斯上海公司、上海迈驰公司、浙江科瑞普公司三被告通过注册企业名称、生产制造、代理销售的方式共同实施了不正当竞争行为，应承担连带赔偿责任。

【法律分析】

本案的主要争议焦点为：一、两原告就其字号的中文译名"曼奈柯斯"是否享有企业名称专用权；二、被告曼奈柯斯上海公司使用"曼奈柯斯"字号，是否侵害两原告权益，构成不正当竞争。

第一，两原告就其字号的中文译名"曼奈柯斯"是否享有企业名称专用权？

根据《最高人民法院关于审理不正当竞争民事案件应用法律若干问题的解释》的规定，企业登记主管机关依法登记注册的企业名称，以及在中国境内进行商业使用的外国（地区）企业名称中的字号，如果具有一定的市场知名度、为相关公众所知悉，可以认定为《中华人民共和国反不正当竞争法》规定的企业名称。

判断企业的字号是否知名，可以从字号的使用时间，使用字号的企业规模、销售额及销售区域，进行宣传推广的持续时间和范围等因素进行综合判断。首先，原告曼奈柯斯两合公司与案外人于1995年共同投资成立南京曼奈柯斯公司时，根据合资公司章程记载，其已将"曼奈柯斯"作为其字号的中文译名，并且据此对合资公司南京曼奈柯斯公司予以命名，授权南京曼奈柯斯公司在经营活动中使用"曼奈柯斯"字号，故可以认定两原告自1995年始，将"曼奈柯斯"作为其字号在国内的经营活动中予以使用。其次，根据原告南京曼奈柯斯公司提供的2007年度至2009年度审计报告记载的信息，其年营业收入近亿元，营业利润逐年递增至千万元，产品的销售区域遍布国内各省、直辖市、自治区，可见南京曼奈柯斯公司的经营规模较大，经营状况良好，其产品在国内相关市场上占有一定份额。再次，两原告注重其产品及品牌的宣传推广，多次参加在全国各地召开的、与其行业相关的展览会，并于2003年起，在多家报刊持续刊登广告，以宣传推广产品。上述宣传推广客观上扩大了相关社会公众对于两原告的认知，提升了两原告的知名度。最后，原告南京曼奈柯斯公司还作为起草单位，参与修订了涉及工业用插头插座和耦合器、低压成套开关设备和控制设备在内的多项国家标准，佐证了其在国内相关行业的地位。

综上所述，原告曼奈柯斯两合公司、南京曼奈柯斯公司的"曼奈柯斯"字号，自1995年始在国内经营多年，通过日常经营、宣传推广，在相同商品市场及相关社会公众中已经形成了相当的知名度，故两原告的"曼奈柯斯"字号可以认定为《中华人民共和国反不正当竞争法》规定的企业名称。

三被告认为，原告曼奈柯斯两合公司提供的商标注册证记载其字号的中文译名为"曼尼克"，其字号的中文译名并不固定，不应就"曼奈柯斯"享有相应权益。原审法院认为，根据原告提供的合资公司章程、外商投资企业名称登记申请书、宣传资料、新闻报道等证据记载曼奈柯斯两合公司的中文译名，以及南京曼奈柯斯公司的命名、涉案注册商标"曼奈柯斯 MENNEKES"等事实予以佐证，可以认定原告曼奈柯斯两合公司对于其字号"MENNEKES"的中文翻译是明确的、唯一的。在一审审理中，曼奈柯斯两合公司表示商标注册证中文名称系商标代理公司在申请商标注册时自行翻译，故与原告曼奈柯斯两合公司在日常经营活动中固定使用的中文企业名称不同，这一解释是合理的。鉴于被告未能对其主张的原告曼奈柯斯两合公司的字号"MEN-NEKES"中文翻译长期不固定一节予以充分举证，故对其意见不予采纳。

第二，被告曼奈柯斯上海公司使用"曼奈柯斯"字号，是否侵害两原告权益，构成不正当竞争？

《中华人民共和国反不正当竞争法》第五条第（三）项规定，经营者不得采取擅自使用他人的企业名称，引人误认为是他人商品的不正当手段从事市场交易，损害竞争对手。国家工商行政管理局在《关于解决商标与企业名称中若干问题的意见》中指出，若商标中的文字和企业名称中的字号相同或者近似，使他人对市场主体及其商品或者服务的来源产生混淆（包括混淆的可能性），则构成不正当竞争。

两原告主张被告字号与其字号及注册商标的权利冲突，应从被告字号与原告字号及注册商标是否相同或近似、两原告的字号及注册商标的知名度、被告是否享有在先权利、被告主观上是否存在过错、被告行为是否会造成市场混淆等方面综合予以判定。

首先，被告曼奈柯斯上海公司使用的"曼奈柯斯"字号，与两原告使用的字号相同，与原告曼奈柯斯两合公司注册取得的第 1368794 号"曼奈柯斯"商标、第 1534121 号"曼奈柯斯 MENNEKES"商标中的中文部分相同。两原告字号的知名度在此前已作论述，而涉案商标经两原告日常经营、宣传推广多年，在相同商品市场及相关社会公众中亦已形成了相当的知名度。

其次，企业对于其名称享有的权利始于企业创立之时，两原告自 1995 年始，将"曼奈柯斯"作为其字号在中国的经营活动中使用至今。原告曼奈柯斯两合公司先后于 2000 年、2001 年注册取得涉案两商标，许可原告南京曼奈柯斯公司在经营活动中使用至今。而被告曼奈柯斯上海公司成立于 2009 年 12 月，其使用相同字号的时间远晚于两原告取得上述权利的时间。

再次，原告曼奈柯斯两合公司、南京曼奈柯斯公司的"曼奈柯斯"字号，自 1995 年始通过日常经营及宣传推广，以及涉案"曼奈柯斯""曼奈柯斯 MENNEKES"商标自注册后在相关产品上使用及宣传推广，在相同商品市场及相关社会公众中已经形成了相当的知名度，而被告上海曼奈柯斯上海公司作为同行业的经营者，对于两原告使用的企业字号、涉案注册商标以及曼奈柯斯两合公司源自德国，应是明知的，但其仍在香港注册成立曼奈柯斯(香港)电气有限公司，随后又更名为德国曼奈柯斯国际集团有限公司，通过该公司投资的方式成立被告曼奈柯斯上海公司，欲使其使用"曼奈柯斯"字号合法化，但其行为实质上是攀附两原告的商誉，意图混淆商品来源，其意图也能从 www.manlakis.com 网站的宣传文字以及在宣传中使用原告曼奈柯斯两合公司总裁与联邦德国总理施罗德交谈照片的行为中得以体现，故可以认定被告曼奈柯斯上海公司具有主观过错。

被告曼奈柯斯上海公司认为其字号系"MANLAKIS"商标的中文译名，其使用该字号并无过错。原审法院认为，根据被告自述，"MANLAKIS"商标系臆造词，由众多英文单词缩写合并而成，故该臆造词创造时应无确定、唯一的中文译名，存在多个中文译名的可能性，而"曼奈柯斯"亦为臆造词，除了被原告选作"MENNEKES"的中文译名外，并无其他含义，但被告曼奈柯斯上海公司在众多可能性中，恰恰选用"曼奈柯斯"作为"MANLAKIS"商标中文译名，其概率极低，被告曼奈柯斯上海公司的辩称不具有合理性，未能令人信服，况且"MANLAKIS"商标并非曼奈柯斯上海公司享有专用权的注册商标，而是被告浙江科瑞普公司注册取得的商标，将自认为无任何特殊关系的其他公司商标的中文译名作为字号，也不符合商业常理，故对于其使用"曼奈柯斯"字号无过错的主张,法院不予采纳。

被告曼奈柯斯上海公司认为 www. manlakis. com 网站非其持有,不应由其承担相应责任。原审法院认为,案外人德国曼奈柯斯国际集团有限公司系被告曼奈柯斯上海公司的投资人,持有涉案网站 www. manlakis. com;该网站先后标注版权归德国曼奈柯斯国际集团有限公司、被告曼奈柯斯上海公司所有,但该网站主要是宣传被告曼奈柯斯上海公司的企业信息及相关产品,并且在被告产品的宣传资料及信誉卡中均载明了该网站地址,故可以认定涉案网站 www. manlakis. com 实际由被告曼奈柯斯上海公司运营使用,应由其承担相应民事责任。

最后,被告曼奈柯斯上海公司使用"曼奈柯斯"字号,在与原告相同的销售区域内,推广、销售与原告相同的商品,在网站 www. manlakis. com 使用"曼奈柯斯"字号进行推广,并使用原告曼奈柯斯两合公司总裁与德国领导人会面交谈的照片进行宣传,客观上会导致一般消费者对于原、被告产品产生混淆,认为被告曼奈柯斯上海公司与两原告存在关联关系。

综上,被告曼奈柯斯上海公司主观上存在攀附故意,将两原告在先使用的"曼奈柯斯"字号、原告曼奈柯斯两合公司的注册商标中的中文部分"曼奈柯斯",作为其字号使用,在与原告相同的经销区域内开展经营活动,通过宣传资料、涉案网站进行宣传推广,足以造成相关社会公众对两者及相应商品来源产生混淆,被告曼奈柯斯上海公司违反了诚实信用原则和市场经营者应共同遵循的商业道德,客观上侵害了两原告利益,获得了不正当的商业利益,构成了不正当竞争。

【资料阅读】

1. 金滢,凌宗亮. 外文企业名称中文译名中字号的法律保护[J]. 人民司法,2011(12).

2. 王燕仓. 外国企业名称的司法保护[J]. 人民司法,2006(6).

3. 黄燕娟,汪华. 仿冒外国企业名称构成不正当竞争[N]. 中国知识产权报,2008 - 3 - 19.

【延伸思考】

如果原告曼奈柯斯两合公司、南京曼奈柯斯公司的"曼奈柯斯"字号在相同商品市场及相关社会公众中并没有形成相当的知名度,被告曼奈柯斯上海公司使用"曼奈柯斯"字号,是否侵害两原告权益,构成不正当竞争?

五、《保护文学和艺术作品伯尼尔公约》

《保护文学和艺术作品伯尔尼公约》（以下简称《伯尔尼公约》）1886 年 9 月 9 日在瑞士伯尔尼通过，1887 年 12 月生效，是世界上第一个国际版权公约。截至 2015 年 11 月，《伯尔尼公约》缔约方总数为 167 个国家，中国于 1992 年 10 月 15 日成为该公约成员国。《伯尔尼公约》的核心内容包括：① 国民待遇原则，即任何成员国公民的作者，或者在任何成员国首次发表其作品的作者，其作品在其他成员国应受到保护，此种保护应与各国给予本国国民的作品的保护相同。②自动保护原则，即作者在成员国中享受和行使《伯尔尼公约》规定的权利不需要履行任何手续。③独立保护原则。根据《伯尔尼公约》第 5 条第 2 款规定，各国依据本国法律对外国作品予以保护，不受作品来源国版权保护的影响。④最低保护限度原则。虽然公约中并没有设定"本公约的规定为最低保护"的规定，但是最低保护限度作为公约的基本原则在一些条款中体现出来了。根据这一原则，伯尔尼公约要求各成员国对著作权的保护必须达到公约规定的最低标准，即公约特别规定的作者所享有的各项权利。

★ **典型案例：**

株式会社万代诉包某、袁某、张某、浙江淘宝网络有限公司侵权责任纠纷案①

【基本案情】

株式会社万代为日本最大的玩具制造商，总部位于日本东京，在中国、美国、法国、英国、德国、西班牙、新加坡、泰国、韩国、菲律宾等都拥有相关企业。株式会社万代制造的机动战士高达的模型于 1980 年开始销售，至今已有 30 多年的历史，具有 1000 以上的商品种类，而且在全世界的销售累计数量已经超过 4 亿个。株式会社万代是"GUNDAM"机动战士系列和拼装玩具模型及其相应的模型产品外包装、使用手册的著作权拥有者。包某、袁某、张某利用淘宝公司的淘宝网，以及网下实体店铺，对株式会社万代产品的侵权品进行销售。为此，株式会社万代诉至浙江省杭州市余杭区人民法院，请求判令：一、包某、袁某、张某立即停止侵犯株式会社万代著作权的行

① 浙江省杭州市余杭区人民法院(2014)杭余知初字第 770 号。

为，包括停止销售侵权产品；二、包某、袁某、张某在《第一财经日报》、《钱江晚报》、《新民晚报》、新浪网、AC模玩网等媒体上向株式会社万代公开赔礼道歉、消除影响；三、包某、袁某、张某销毁、删除各种有关侵权产品的实物、零部件、宣传资料、网页链接、网店、电子数据等；四、包某、袁某、张某支付株式会社万代经济赔偿金人民币58万元；五、包某、袁某、张某支付株式会社万代为本案支出的合理费用145 300元；六、淘宝公司删除包某、袁某、张某在淘宝网的所有侵权商品。

【法律分析】

本案中的关键法律问题是株式会社万代对涉案作品是否享有权利以及是否受中国著作权法保护。

《中华人民共和国著作权法》第二条第二款规定，外国人、无国籍人的作品根据其作者所属国和经常居住地国同中国签订的协议或者共同参加的国际条约享有的著作权，受本法保护。中国和日本均是《伯尔尼公约》的成员国，根据《伯尔尼公约》第三条第1款(a)项规定，作者为本同盟任何成员国的国民者，其作品无论是否已经出版，都受到保护。据此，我国有义务对日本国民的作品在中国给予保护。法院认为，株式会社万代提供的著作权登记证书显示其系涉案的10幅涉及外包装的美术作品及10个涉及使用手册的作品的著作权人，因此，在无相反证据的情况下，应当认定株式会社万代系涉案作品的著作权人，其依法享有的著作权受中国法律保护。其中涉及外包装的美术作品，其图案的形态、色彩布置等为这些作品中最具独创性的表达，应受中国著作权法保护；其中涉及使用手册的作品，这些作品主要系对涉案产品如何组装进行指导，如何组装本身属于思想领域，不属于著作权法的保护范围，但是株式会社万代将涉案产品的组装方法以其独特的图形示例形式加以描绘并以一定的顺序编排后形成了具有独创性的表达，该图形示例形式及编排顺序应受中国著作权法保护。

在此基础上，法院认为，包某、袁某、张某销售涉案产品侵犯了株式会社万代对涉案作品所享有的发行权，且未能举证证明涉案产品的合法来源，故应承担赔偿损失的民事责任。法院在综合考虑涉案作品的知名度、被告侵权行为的性质、主观过错程度、株式会社万代为制止侵权所支出的合理费用等因素，判令包某、袁某、张某共同赔偿原告株式会社万代经济损失（含合理费用）150000元。

【资料阅读】

1. 李俊英.《伯尔尼公约》及其在我国的实施[J]. 山西省政法管理干部

学院学报,2005(1).

【延伸思考】

《保护文学和艺术作品伯尔尼公约》第 6 条第 1 款规定:"任何非本同盟成员国如未能充分保护本同盟某一成员国国民作者的作品,成员国可对首次出版时系该非同盟成员国国民而又不在成员国内有惯常住所的作者的作品的保护加以限制。如首次出版国利用这种权利,则本同盟其他成员国对由此而受到特殊待遇的作品也无须给予比首次出版国所给予的更广泛的保护。"如何理解这一条文?

第二节　国际许可协议

一、标准必要专利许可费中的 FRAND 原则

许可协议是指出让方将其技术使用权在一定条件下让渡给受让方,而由受让方支付使用费的合同。国际许可协议就是指位于不同国家境内的当事人之间以让渡技术使用权为目的签订的合同。根据许可协议的标的可将许可协议分为:①专利许可协议;②商标许可协议;③版权许可协议;④专有技术许可协议;⑤混合许可协议,即同时转让专利、商标、版权和专有技术中的任何两种技术使用权。其中,最常见的是专利许可协议。标准必要专利是指实施某项标准必不可少的专利。标准必要专利许可费中的 FRAND 原则是"Fair, Reasonable and Non-discriminatory"的缩写,即公平、合理、无歧视,是标准化组织的一项知识产权许可政策,通常指标准必要专利权人在许可过程中所遵守的"公平、合理、无歧视"的许可义务。① 该义务也是"电气与电子工程师协会""欧洲电信标准化协会"等多个标准化协会的知识产权许可政策,但标准化组织和标准化协会并未界定 FRAND 原则的具体内涵,而是留给法院在具体案件中进行解释。

---

① 罗娇. 论标准必要专利诉讼的"公平、合理、无歧视"许可——内涵、费率与适用[J]. 法学家,2015(3):86 – 94.

★ **典型案例：**

华为技术有限公司与 InterDigital Technology Corporation
标准必要专利使用费纠纷案①

【基本案情】

InterDigital Technology Corporation（以下简称 IDC 公司）是一家美国公司，参与了各类无线通信国际标准的制定。IDC 公司持有无线通信基本技术相关的专利，这些专利已经成为或可能成为蜂窝以及其他无线标准（包括 2G、3G、4G 和 IEEE802 系列标准）必要专利或专利申请。其他公司制造、使用或销售基于这些标准的产品需要得到其必要专利的许可，并将需要获得其待批专利申请中必要专利的许可。公司的大部分收入来自公司专利组合中的专利许可。欧洲电信标准化协会（ETSI）、美国电信工业协会（TIA）的知识产权政策要求加入者遵循互惠原则，根据 FRAND 原则公平、合理和无歧视条件来授予不可撤销的许可。华为技术有限公司（以下简称华为公司）、IDC 公司均为欧洲电信标准化协会会员。IDC 公司在 ETSI 网站中对其在各类标准中拥有的标准必要专利和专利申请作了声明，并承诺遵守 FRAND 原则，其将以无任何不公平歧视的合理条款与条件提供许可。IDC 公司在 ETSI 声称的标准必要专利，对应中国电信领域的移动终端和基础设施的技术标准，亦是中国的标准必要专利。华为公司与 IDC 公司就标准必要专利许可费或者费率问题进行了多次谈判，谈判期间，IDC 公司向美国法院提起诉讼，同时请求美国国际贸易委员会对华为公司等相关产品启动 337 调查并发布全面禁止进口令、暂停及停止销售令。华为公司遂向广东省深圳市中级人民法院提起诉讼，要求法院判令 IDC 公司按照 FRAND 原则确定标准专利许可费率。广东省深圳市中级人民法院一审认为，根据 FRAND 原则，标准必要专利许可使用费率应确定为 0.019%。IDC 公司不服一审判决，向广东省高级人民法院提起上诉。二审维持原判。

【法律分析】

涉及技术标准的专利纠纷长久以来一直是美国及欧盟法院审理的热点及难点案件，其中关于标准组织 FRAND 原则如何确立其在司法审判中的法律

---

① 广东省高级人民法院（2013）粤高法民三终字第 305 号。

效力、如何确定必要专利的市场支配地位以及如何确定所谓的 FRAND 许可费率，各国法院始终都没有给出清晰的原则判断，特别是 FRANDD 原则自身语言的模糊性和概括性难以在司法中直接适用，这导致 FRAND 许可成了"空洞的承诺"，没有法律约束力，进而导致涉及技术标准必要专利的竞争恶化，权利滥用越来越严重。深圳中院及广东高院这一判决不仅是我国在该领域的开创性判决，而且在国际上也具有深远的意义。

本案的主要法律问题是对 FRAND 原则内容的解释，具体的争议焦点有三个。

第一，相关市场如何界定？

首先，从必要专利的基本属性与特征来看。当某一专利技术成为必要专利被选入标准后，参与该行业竞争的产品制造商/服务提供商就必须提供符合标准的商品/服务，这意味着其不得不实施相关必要专利技术，而无法做规避设计以绕过该必要专利。

其次，从需求替代分析。本案各方当事人均认可，IDC 在中国和美国分别享有 3G 无线通信技术 WCDMA、CDMA2000、TD-SCDMA 标准下的大量必要专利。由于每个必要专利技术均是 3G 无线通信标准体系所必不可少的组成部分，拒绝任何一个必要专利的许可均将导致相关产品制造商无法使用相关技术，从而无法生产出符合标准的产品，被排除在目标市场的准入之外。本案中，华为公司为了执行 3G 无线通信技术标准，已经做出了大量先期投入，这些成本投入不可撤回，若立即放弃该标准而转向其他标准，不仅需要承受上述先期投入的成本，还需要承受巨大的转换成本和市场风险，这显然是难以执行甚至不可能的。

最后，从供给替代分析。如前所述，专利与标准相结合后，必要专利成为唯一的且必须实施的技术，必要专利权人成为所涉技术市场唯一的供给方。故在涉案必要专利许可市场，并不存在可与 IDC 公司相竞争的经营者。因此，IDC 公司在中国和美国的 3G 无线通信技术标准（WCDMA、CDMA2000、TD-SCDMA）中的每一个必要专利许可市场，均构成一个独立的相关市场。

第二，IDC 公司在相关市场是否具有支配地位？

本案的相关市场为：IDC 公司在中国的 3G 无线通信技术标准（WCDMA、CDMA2000、TD-SCDMA）中的每一个必要专利许可市场，以及在美国的 3G 无线通信技术标准（WCDMA、CDMA2000、TD-SCDMA）中的每一个必要专利许可市场，均构成一个独立的相关市场。IDC 作为涉案必要专利许可市场唯一的供给方,其在3G标准中的每一个必要专利许可市场具有完全的份额,故其完全具有阻碍或者影响其他经营者进入相关市场的能力。而且,由于IDC公司仅以专利授权许可作为其经营模式,自身并不进行任何实质性生产,不需要依赖或者受制于3G标准中其他必要专利权利人的交叉许可,故其市场支配力未受到有效制约。在此情况下,一审法院和二审法院都认定IDC公司在相关必要专利许可市场具有市场支配地位。

第三,涉及技术标准的FRAND许可费率如何计算?

首先,FRAND许可的前提条件是"许可"的存在。对于愿意支付合理使用费的善意的标准使用者,标准必要专利权人不得径直拒绝许可,否则将不恰当地将技术标准使用者排除在市场竞争之外,危及他人基于对技术标准的信任所做的各种投资的安全,有悖于专利法的宗旨以及技术标准的内在要求。其次,落实FRAND原则应平衡标准必要专利相关当事人之间的利益,既保证专利权人能够从技术创新中获得足够的回报,同时也避免标准必要专利权利人借助标准所形成的强势地位索取高额许可费率或附加不合理条件。再次,FRAND原则的核心在于合理、无歧视,关键在于许可费率的合理,而许可费的合理既包括许可费本身的合理以及许可费相比较的合理。最后,从许可费自身的合理来说,至少应考量以下因素:一是许可使用费数额的高低应当考虑实施该专利或类似专利的所获利润,以及该利润在被许可人相关产品销售利润或销售收入中所占比例。技术、资本、被许可人的经营劳动等因素共同创造了一项产品的最后利润,专利许可使用费只能是产品利润中的一部分而不应是全部,且单一专利权人并未提供产品全部技术,故该专利权人仅有权收取与其专利比例相对应的利润部分。二是专利权人所作出的贡献是其创新的技术,专利权人仅能够就其专利权而不能因标准而获得额外利益。三是许可使用费的数额高低应当考虑专利权人在技术标准中有效专利的多少,要求标准实施者就非标准必要专利支付许可使用费是不合理的。四是专利许可使用费不应超过产品利润一定比例范围,应考虑专利许可使用费在专利权人之间的合理分配。

本案中,华为公司仅请求按照FRAND原则判决,确定IDC公司许可华为公司实施IDC公司包括2G、3G、4G标准在内的全部中国标准必要专利及标准必要专利申请的费率或费率范围。根据中国法律,双方在本案中提交的证据，综合考虑 IDC 公司标准必要专利数量、质量、价值，业内相关许可情况以及被告的中国标准必要专利在被告全部标准必要专利中所占份额等因素，一审法院考虑到，在 IDC 公司与苹果公司和三星公司之间的专利许可中，许可使用的专利及其范围是全球范围内，而本案华为公司要求 IDC 公司许可的专利仅仅是指 IDC 公司在中国的标准必要专利，故根据以上情况，综合考虑他们之间专利许可实际情况的差别，以及华为公司如果使用 IDC 公司在中国之外的标准必要专利还要另行支付使用费的情况，避免专利使用费的过高堆积，在 IDC 公司许可苹果公司的许可费率即 0.0187% 的基础上，将专利许可使用费率确定为 0.019%。

【资料阅读】

1. 李扬，刘影. FRAND 标准必要专利许可使用费的计算——以中美相关案件比较视角[J]. 科技与法律,2014(5).

2. 胡洪. 司法视野下的 FRAND 原则——兼评华为诉 IDC 案[J]. 科技与法律, 2014(5).

【延伸思考】

该案是我国第一例涉及标准必要专利的垄断民事侵权诉讼，也是我国法院首次适用 FRAND 原则作出的判例。但 FRAND 许可费率的计算仍然具有模糊性，请在研究国内外专利许可费实践的基础上，总结出专利许可使用费计算的若干原则。

二、平行进口中的商标权问题

平行进口是一个与知识产权有关的国际贸易问题。平行进口是指在国际贸易中，当某一知识产权获得两个以上国家的保护时，未经知识产权或者独占许可证持有人的许可，第三者所进行的进口并销售该知识产权产品的行为。平行进口与知识产权保护之间的冲突主要表现为知识产权的权利用尽原则和地域性原则的冲突。不同国家对平行进口的合法性有着不同的态度。我国立法没有规定平行进口问题，平行进口在我国是否合法也一直学术研究的热点话题，在司法实践中也存在不同做法。

★ **典型案例：**

维多利亚的秘密商店品牌管理有限公司与
上海锦天服饰有限公司侵犯商标权纠纷案①

【基本案情】

维多利亚的秘密商店品牌管理有限公司（原告，以下简称维多利亚的秘密公司）是一家注册于美国的公司，原告是案外人 Intimate Brands Holding, LLC 的全资子公司，Intimate Brands Holding, LLC 是案外人 Intimate Brands, Inc. 的全资子公司，Intimate Brands, Inc. 是 LBI 公司的全资子公司。此外，LBI 公司旗下还有一家全资子公司——维多利亚的秘密商店有限公司（Victoria's Secret Stores LLC，以下简称 VSSLLC 公司）。原告负责 LBI 公司旗下包括涉案注册商标在内的所有"VICTORIA'S SECRET"（维多利亚的秘密）品牌商标的注册、使用、管理和保护，是上述商标的所有权人，LBI 公司和其他全资子公司经原告许可使用包括涉案注册商标在内的"VICTORIA'S SE-CRET"（维多利亚的秘密）商标。上海锦天服饰有限公司（以下简称锦天公司）于 2007 年从 LBI 公司处购买了价值约为 510 万美元的维多利亚的秘密品牌商品，在销售时，双方约定"转售只能（非目录或因特网）传统零售"。2011 年 3 月至 2012 年 10 月间，锦天公司向在上海市、天津市、湖南省、四川省、河北省、山东省、山西省、辽宁省、浙江省、广东省等地商场内的部分"维多利亚的秘密"品牌专柜销售了内衣商品，上述内衣商品的内标签上印有"VICTORIA'S SECRET"文字，上述店铺的店招、内部装潢、衣架、包装袋及内衣商品吊牌上印有"VICTORIA'S SECRET""维多利亚秘密""VS""PINK""中国总经销：上海锦天服饰有限公司"等字样。

2012 年，原告维多利亚的秘密公司向上海市第二中级人民法院起诉，称被告锦天公司未经授权对外宣称其为原告的总经销商，在中国以直营或特许加盟形式开展经营活动，并在上述经营活动中使用原告的"维多利亚的秘密""VICTORIA'S SECRET"商标和企业名称对外销售商品。原告认为，被告的行

---

① 上海市第二中级人民法院（2012）沪二中民五（知）初字第 86 号民事判决书，该案被《中华人民共和国最高人民法院公报》2013 年第 12 期收录。

为侵害了原告的注册商标专用权，并构成擅自使用他人企业名称和虚假宣传的不正当竞争行为，故诉至法院请求判令：①被告停止商标侵权及不正当竞争行为；②被告赔偿原告经济损失人民币 500 万元，其中包括合理费用人民币 233 323 元。被告锦天公司辩称：①被告销售的商品来源于原告维多利亚的秘密公司的母公司（案外人 LBI 公司），即被告销售的是正牌商品。因此，原告的注册商标专用权利已经用尽，被告有权再行出售上述商品并进行必要宣传，并不构成商标侵权；②由于原告在中国境内没有经营零售业务，被告作为 LBI 公司"VICTORIA'S SECRET"品牌的经销商，事实上也确实是中国大陆境内唯一的经销商，被告自称总经销商并无不可，故被告不存在虚假宣传的不正当竞争行为。综上，请求驳回原告的诉讼请求。

【法律分析】

本案例涉及商品平行进口是否构成侵犯商标专用权的问题。我国现行商标立法及相关司法解释均未对商品平行进口是否侵害商标专用权作出规定。本案的主要争议焦点有二：一是被告锦天公司的行为是否构成侵害原告维多利亚的秘密公司的注册商标专用权；二是被告的行为是否构成不正当竞争。

第一，被告锦天公司的行为是否构成侵害原告维多利亚的秘密公司的注册商标专用权？

根据原、被告提交的证据材料，法院认定如下事实：①被告锦天公司销售的被控侵权商品系来源于原告维多利亚的秘密公司的母公司（LBI 公司）。②被告不存在以特许加盟形式授权他人销售维多利亚的秘密品牌内衣商品的行为，被告与案外人之间的品牌终端销售合同并没有关于商标等知识产权经营资源授权的约定，也没有约定加盟费等特许经营费用，因此被告与上述零售商之间仍属于购销关系。

据此，法院认为，被告锦天公司从原告维多利亚的秘密公司的母公司（LBI 公司）处购进维多利亚的秘密品牌正牌内衣商品后，以批发销售的方式向多家零售商销售商品的行为确实有违其与 LBI 公司"转售只能（非目录或因特网）传统零售"的约定，但被告销售的商品是从 LBI 公司处购买并通过正规渠道进口的正牌商品，而非假冒商品，被告在销售商品的过程中，在商品吊牌、衣架、包装袋、宣传册上使用原告涉案注册商标的行为属于销售行为的一部分，不会造成相关公众对商品来源的混淆、误认。因此，在本案中，被告向零售商销售被控侵权商品的行为不构成侵害原告的注册商标专用权。

第二，被告锦天公司的行为是否构成不正当竞争？

法院认为，原告维多利亚的秘密公司在中国境内并没有实体经营活动，且其提交的证据也不足以证明其主体的字号已经具有一定的知名度，为相关公众的知悉，因此，原告的企业字号尚不属于我国反不正当竞争法保护的企业名称，且被告锦天公司销售的商品也非假冒商品，因此，被告的行为不构成擅自使用他人企业名称的不正当竞争行为。但是，根据《反不正当竞争法》第九条的规定，经营者不得利用广告或者其他方法，对商品的质量、制作成分、性能、用途、生产者、有效期限、产地等做引人误解的虚假宣传。在本案中，被告没有证据证明自己确实是"美国顶级内衣品牌维多利亚秘密唯一指定总经销商"，事实上，被告仅是从原告母公司（LBI公司）处购进了库存产品在国内销售，被告的这种宣称会使相关公众误以为被告与原告存在授权许可关系，从而获取不正当的竞争优势，也会对原告今后在中国境内的商业活动产生影响，致使原告的利益受到损害。因此，被告存在虚构事实以引人误解的主观恶意，实施了虚假宣传的客观行为，构成不正当竞争，应当承担停止侵权、赔偿损失的民事责任。

故法院判决：①被告锦天公司立即停止对原告维多利亚的秘密公司虚假宣传的不正当竞争行为；②被告锦天公司应于本判决生效之日起10日内，赔偿原告维多利亚的秘密公司经济损失人民币6万元；③被告锦天公司应于本判决生效之日起10日内，赔偿原告维多利亚的秘密公司合理费用人民币2万元。

【资料阅读】

1. 王春燕. 平行进口法律规制的比较研究[M]. 北京：中国人民大学出版社，2012.

2. 马乐. 国际知识产权贸易中平行进口法律规制研究[M]. 北京：法律出版社，2011.

3. 吴伟光. 商标平行进口问题法律分析[M]. 环球法律评论，2006(3).

4. 法国大酒库公司诉天津慕醍公司侵犯商标权纠纷二审民事判决书

摘录：①

当今世界，贸易自由是国与国之间贸易活动的基本原则，防止人为划分市场、造成价格上的垄断，是大势所趋。商标法保护注册商标权利人的合法权利，但也禁止其利用其优势地位人为地进行市场分割，获取不合理的垄断利益。我国相关法律、法规并未将天津慕醍公司的进口行为规定为侵犯注册商标专用权的行为，只要进口商品没有经过任何加工、改动，仅仅以原有的包装销售，依法合理标注相关信息，不会导致消费者的混淆误认，不会损害大酒库公司商标标示来源、保证品质的功能，不损害商标权人和相关消费者的利益，不构成对商标权的侵害。

综合以上分析，因天津慕醍公司进口的葡萄酒与大酒库公司在我国销售的葡萄酒之间不存在实质性差异，该进口行为不足以导致消费者混淆，大酒库公司的商誉亦未因此受到损害，故大酒库公司关于天津慕醍公司未经其授权进口涉案葡萄酒构成商标侵权的主张不能成立。

【延伸思考】

1. 什么是权利用尽原则？

2. 对于商标领域的平行进口，我国最近的几个案例都认定为不构成商标侵权，但专利和版权领域的平行进口呢？

---

① 天津市高级人民法院(2013)津高民三终字第 0024 号民事判决书。

第六章 国际投资法

第一节 外国投资和投资者

国际投资法是指调整国际间私人直接投资关系的法律规范的总和，是国际经济法的一个重要分支。私人投资相对于官方投资而言，政府间或国际组织与国家间的资金融通关系是官方投资，不是国际投资法的调整范围；直接投资对应的概念是间接投资，间接投资一般并不直接对投资企业享有经营管理权，诸如债券、股票等间接投资由国际金融法来调整。在国际投资自由化的背景下，无论是国际投资条约的文本定义，还是以解决投资争端国际中心（ICSID）仲裁机制为代表的国际投资仲裁实践，投资定义均呈扩散化态势。近来更多的投资条约不再区分直接投资与证券投资，而是为其提供一体化保护。

《解决国家和他国国民之间投资争端公约》第 25 条规定，解决投资争端国际中心的管辖适用于缔约国和另一缔约国国民之间直接因投资而产生并经双方书面同意提交给中心的任何法律争端。"另一缔约国国民"系指，具有作为争端一方的国家以外的某一缔约国国籍的任何自然人和法人，或者是具有作为争端一方缔约国国籍的任何法人，而该法人因受外国控制，双方同意为了本公约的目的，应看作是另一缔约国国民。

★ 典型案例：

Saipem 诉孟加拉国案①

【基本案情】

Saipem 为一家在意大利注册的公司，主要从事石油和天然气管道铺设业务。1990 年 2 月 14 日 Saipem 和孟加拉国一家叫孟加拉石油的国有企业签订合同，在孟加拉国铺设石油和天然气管道，管道长度为 409 公里，合同造价约 3400 万美元。该项目由世界银行及其下属的国际开发协会提供贷款。合同规定铺设管道的项目应于 1991 年 4 月 30 日完成。后由于在铺设管道过程中遭当地居民反对以及其他问题，双方同意将完工时间推迟一年。由于孟加拉石油没有按合同规定向 Saipem 支付预扣款，且双方无法就 Saipem 在工程延迟过程中的额外开支达成协议，1993 年 6 月 7 日，Saipem 根据双方的合同，向国际商会仲裁院提起仲裁。仲裁庭组成后，孟加拉石油向孟加拉国法院提起诉讼，认为依据孟加拉国国际仲裁法，该争议不能以仲裁解决。1997 年 11 月 24 日，孟加拉国最高法院发布禁止令，责令 Saipem 停止在国际商会仲裁院的仲裁。2000 年 4 月 5 日，达卡初级法院否决了国际商会仲裁院的裁决权。2001 年 4 月 30 日，国际商会仲裁院仲裁庭决定继续仲裁，并于 2003 年 5 月 9 日，裁定孟加拉石油败诉，判其偿付 Saipem 600 余万美元及 11 余万欧元。

在国际商会仲裁庭作出裁决后，孟加拉石油向当地法院起诉，要求撤销国际商会的裁决。2004 年 4 月 21 日，孟加拉国最高法院驳回了孟加拉石油的申请，指出根据孟加拉国的法律，国际商会的裁决系自始无效，因此也就没有撤销的问题。

2004 年 10 月 5 日，Saipem 依据孟加拉国和意大利之间签订的双边投资保护协定向解决投资争端国际中心提起仲裁。仲裁庭首先需要解决的是 Saipem 和孟加拉国政府之间的争议是否是《华盛顿公约》第 25 条下的投资；其次是相关争议是否直接源自投资。

【法律分析】

《华盛顿公约》并未具体规定何为投资。在 Salini 诉摩洛哥案中，仲裁庭裁定适格投资应包含下列因素：①投资者的投入；②项目要运行一段期间；

---

① Saipem S. p. A. v. People's Republic of Bangladesh（ICSID Case No. ARB/05/7）.

③涉及一定的风险；④投资对东道国经济发展有贡献。此后，许多仲裁庭在分析某一项目是否构成适格投资时都以该案的裁决为基础。仲裁庭认为孟加拉国以实际施工时间作为判断该项目是否满足了"一定期间"的要求缺乏先例支持，施工期以外的时间所受到的干扰事实上较施工期的风险更高。孟加拉国的意思是 Saipem 提供的是铺设管道服务，而项目的资金系孟加拉国自己借贷，且要事先向 Saipem 支付工程款，从而 Saipem 在此项目中并不承担任何风险。对此问题，仲裁庭的意见是工程的施工受到干扰而暂停，双方因此需要谈判延期合同以及预扣款安排等均为投资者的风险。孟加拉国还指出，其与意大利的双边投资保护协定第 1 条第 1 款关于投资所用的是英文"property"，不同于与其他国家双边协定所用的"asset"。据此，孟加拉国认为孟意双边协定关于投资的定义应按孟加拉国国内法解释，孟加拉国法律对"property"有专门规定。对此，仲裁庭认为，该案牵涉对《华盛顿公约》和双边投资保护协定的解释，对此国际社会早有定论，只能依国际法为之。仲裁庭还提出，不能只考虑孟加拉国的法律，还要综合考虑其他相关裁决。

事实上，即使 Saipem 的行为构成投资，还需要证明其与孟加拉国政府的争议系"直接源于"该投资。在庭审期间，孟加拉国辩称孟加拉石油和 Saipem 间签订的铺设油气管道合同不属于"投资"的范畴；就算其属于"投资"，也与孟加拉国政府无关，因为相关争端是因孟加拉石油欠付 Saipem 款项而起，因此不属于解决投资争端国际中心的管辖范围。仲裁庭认为，作为《1958 年纽约公约》的缔约方，孟加拉国法院有义务依该公约第 2 条第 1 款承认仲裁协议的效力。但孟加拉国法院没有善意履行职责，而根据国际法，任何国家机构如果不按法律规定行使职权便构成滥用权力。而且，Saipem 案仲裁庭认为孟加拉国法院对《1958 年纽约公约》的违反系"非法的、任意的和不同寻常的"，因为国际商会仲裁庭的裁决并不存在该公约第 5 条所规定的例外。由于孟加拉国法院没有指出第 5 条第 2 款所规定的例外情形，而又不承认并执行该仲裁，这就构成了法院的滥权行为。鉴于法院属于国家政府的一部分，其行为属于国家行为，解决投资争端国际中心仲裁庭因此裁定孟加拉国违反了《1958 年纽约公约》的规定，其违约行为构成孟意投资保护协定第 5 条第 2 款规定的与征收和国有化具"类似效果"的措施，属于间接征收，这使得申请人剩余的合同权利无法实现。最后解决投资争端国际中心仲裁庭裁定孟加拉石油须赔偿意大利 Saipem 600 余万美元和 11 余万欧元。

【资料阅读】

1. 王贵国. 从 Saipem 案看国际投资法的问题与走势[J]. 中国政法大学

学报, 2011(2).

2. 季烨. 国际投资条约中投资定义的扩张及其限度[J]. 北大法律评论, 2011(1).

3. 张庆麟. 论国际投资协定中"投资"的 性质与扩大化的意义[J]. 法学家, 2011(6).

4. Saipem 诉孟加拉国案, ICSID 仲裁裁决理由:

99. To determine whether Saipem has made an investment within the meaning of Article 25 of the ICSID Convention, the Tribunal will apply the well-known criteria developed by ICSID tribunals in similar cases, which are known as the "Salini test". According to such test, the notion of investment implies the presence of the following elements: (a) a contribution of money or other assets of economic value, (b) a certain duration, (c) an element of risk, and (d) a contribution to the host State's development.

106. With respect to the first one, it is true that the host State may impose a requirement that an amount of capital in foreign currency be imported into the country. However, in the absence of such a requirement, investments made by foreign investors from local funds or from loans raised in the host State are treated in the same manner as investments funded with imported capital. In other words, the origin of the funds is irrelevant. This results from the drafting history of the ICSID Convention and is confirmed by several arbitral decisions relating to BITs.

107. During the elaboration of the Convention, an argument was made that the nationality of the investment was more important than the one of the investor. The Chairman, Dr. Broches, answered that he did not see how the Convention could make a distinction based on the origin of funds. As a consequence, the idea of looking to the origin of funds was abandoned.

108. Cases do not consider the origin of the funds either. As an illustration in lieu of several others one may refer to Wena Hotels v. Egypt, where both the Tribunal and the ad hoc Committee found the alleged origin of the funds from other investors who were not entitled to benefit from the applicable BIT irrelevant.

179. Bangladesh's argument that its admissions on the Retention Money have no bearing in an action for violation of the BIT overlooks the fact that the ICC Award disposed of the Retention Money and of the Warranty Bond and that the claims in this treaty arbitration relate at least in part to the ICC Award.

180. Similarly, Bangladesh's assertion that Petrobangla never requested the payment of the Bond is difficult to reconcile with the content of the "extend or pay" letter of 18 April 1993 and with the fact that such a payment remains an issue in the pending litigation in Bangladesh.

181. Moreover, at the hearing Saipem convincingly showed that there is a risk that it may be required to pay to the Italian bank the amount that the Bangladeshi bank may have to pay to Petrobangla.

182. Hence, in view of the pending litigation in Bangladesh, the Tribunal considers that there is both necessity and urgency. This finding is reinforced by the facts that, apart from denying that it called the Warranty Bond, Bangladesh does not contest Saipem's contentions and that there is a risk of irreparable harm if Saipem has to pay the amount of the Warranty Bond.

183. Considering that under the current circumstances there is a risk that Petrobangla may draw on the Warranty Bond while keeping the Retention Money, that Bangladesh admitted that either the Retention Money should have been released or the Warranty Bond returned, and taking into account the parties' respective interests, the Tribunal is of the opinion that Bangladesh should take the necessary steps to ensure that Petrobangla does not proceed to encash the Warranty Bond.

184. Such a recommendation strikes a fair balance between the parties' interests. Saipem is protected from the risk of being required to effect payment to the Italian bank; Petrobangla is protected from the risks that are inherent in Saipem's requests to return the Warranty Bond for cancellation and to terminate or suspend immediately the litigation pending in Bangladesh.

185. By contrast, the Tribunal is of the opinion that Saipem's second request, i. e. the request for the return of the Retention Money, must be dismissed. Indeed, it is difficult to see how an immediate payment is necessary and urgent today. While the Tribunal is prepared to recommend measures preventing an increase of the harm allegedly suffered by one of the parties, the Tribunal is not inclined to recommend measures guaranteeing an award in favour of Saipem. Indeed, as correctly put by Bangladesh, this could be viewed as a de facto enforcement of part of the ICC Award.

【延伸思考】

1. 投资协定中的"property"和"asset"是否存在区别？
2. 投资保护协定中的投资一般包括哪些形式？

第二节 外国投资者的待遇标准

外国投资者的待遇标准问题是指东道国给予外国投资者及外资企业什么法律地位的问题。主要有：最惠国待遇；国民待遇；公平与公正待遇等。

给予外国投资者以最惠国待遇，是指东道国给予外国投资者的待遇不低于其已经给予或将要给予第三国投资者的待遇。最惠国待遇是通过国际投资条约确立的，目前世界各国订立的投资条约，绝大多数都规定了最惠国待遇问题。这样就使各国投资者在东道国拥有平等竞争的法律机会。这种做法有助于促进国际投资活动的开展。

给予外国投资者以国民待遇，是指在一定范围内，东道国给予外国投资者及其投资的权利、义务，应与已经或将要给予本国投资者或投资在相同情况下的权利、义务同等。发达国家的市场经济体制比较完善，企业竞争力较强，故发达国家把国民待遇看作是投资条约的重要内容，一般都对外资实行国民待遇。许多发展中国家不愿给予外资以国民待遇，这主要是因为其经济发展较落后，国际竞争力弱；再加上其市场经济体制不完善，国内企业经营管理存在诸多不足。因此，需要对其国内企业给予特殊的保护，以避免其民族经济因外资的进入而受到损害。当然，一国给予外资以国民待遇也是存在例外的，主要表现为：公共秩序例外；市场准入例外；某些特定的部门不适用国民待遇原则等。

对于公平与公正待遇标准，学术界有不同的理解，但其焦点主要是如何确定公正与公平待遇标准与其他待遇标准的关系。我国有学者认为应把公正与公平待遇标准理解为给予外国投资者及其投资无差别待遇，即国民待遇与最惠国待遇，有学者认为公正与公平待遇标准应是独立的、总的待遇标准。而西方学者更多关注公正与公平待遇标准与传统的一种待遇标准，即最低待遇标准之间的关系。最低待遇标准是西方国家在19世纪后期提出的，根据西方某些学者的解释，是指为所有文明国家所普通接受的、构成世界国际法一部分的公正标准或国际最低标准。西方发达国家最初坚持以所谓的"文明国家"的国际法来衡量该待遇标准，且常利用该标准内容的模糊性来作为护侨的借口，所以早期的国际最低待遇标准一直受到发展中国家的抵制。就目前来说，该标准仍高于许多发展中国家国内法所确定的标准，因此，国际法最低待遇标准在发展中国家和发达国家之间仍然存在分歧。

★ 典型案例：

美国西方石油公司诉厄瓜多尔政府案①

【基本案情】

1999年5月21日，厄瓜多尔政府通过厄瓜多尔国家石油公司（PetroEcuador）与西方石油公司的全资子公司西方石油勘探和生产公司签订"分成合同"，共同开发厄瓜多尔境内的第15号石油区块油田。"分成合同"规定未经厄瓜多尔政府授权而转让该合同项下的权利或义务将导致该合同的终止。后因西方石油勘探和生产公司未经厄瓜多尔政府批准将"分成合同"项下的40%权益转让给注册于百慕大的AEC公司（AEC公司随后转售给中国公司Andes），厄瓜多尔能源与矿业部长颁发"失效法令"（Caducidad Decree），单方终止了"分成合同"。

2006年7月西方石油公司和其全资子公司西方石油勘探和生产公司申请仲裁程序，原仲裁程序中，双方争议主要包括仲裁庭是否有管辖权、西方石油勘探和生产公司未经厄瓜多尔政府批准的转让行为是否发生效力、西方石油勘探和生产公司的转让行为是否必然导致"分成合同"的终止、厄瓜多尔政府单方终止"分成合同"是否违反美厄双边投资协定项下的公平与公正待遇和征收条款等。

仲裁庭认为，"分成合同"本身以及厄瓜多尔法律均规定，转让"分成合同"的权利义务须经厄瓜多尔当局批准，因此西方公司未经批准而擅自转让合同的行为确有不当；但是，转让行为未经批准这一事实并不导致"分成合同"应当被终止，以终止合同来惩罚西方石油公司不符合比例原则。

据此，仲裁庭裁定，厄瓜多尔当局终止"分成合同"的行为违反了其国内法、习惯国际法以及厄瓜多尔和美国之间双边投资协定中的公平与公正待遇和间接征收条款。仲裁庭经法律推理后，多数意见裁定厄瓜多尔政府违反了公平公正待遇和征收条款而应赔偿17.7亿美元。

值得注意的是，原仲裁庭中的仲裁员Brigitte Stern教授就计算赔偿金额

---

① Occidental Petroleum Corporation and Occidental Exploration and Production Company v. Republic of Ecuador（ICSID Case No. ARB/06/11）.

所依据的法律基础提出了两点反对意见。第一，Stern 教授赞同厄瓜多尔确实行为不当而严重违反了相关法律，但认为多数意见严重低估了申请方对厄瓜多尔法律的违反，且未能充分考虑外国公司尊重东道国法律指令的重要性。第二，Stern 教授就多数意见对西方石油勘探和生产公司将 40% 权益转让给 AEC 公司之效力的分析提出了两点质疑。首先，其认为多数意见对这一问题在厄瓜多尔法律下的分析未能陈述原因，甚至无法得到从 A 点到 B 点的推理过程；同时对厄瓜多尔法律的解释也存在一些错误。其次，其认为 AEC 公司并不是本仲裁的当事方，最终权益方 Andes 亦不受美厄双边投资协定的保护，多数意见裁定转让行为无效明显超越了其权限。上述两点反对意见直指"未陈述理由"和"明显超越权限"两项仲裁裁决撤销理由，这也为厄瓜多尔申请撤销仲裁裁决提供了有力支撑。

2012 年 10 月厄瓜多尔申请撤销程序，2015 年 11 月 2 日，ICSID 专门委员会以"明显超越权限"为由，部分撤销"西方石油公司诉厄瓜多尔政府案"的仲裁裁决。经审理，专门委员会认为原案申请人西方石油公司仅对该案合同标的"第 15 号石油区块油田"享有 60% 权益，遂将厄瓜多尔的赔偿金额降至原赔偿额 17.7 亿美元的 60%，即 10.6 亿美元。原裁决其余内容的效力不受部分撤销的影响。

【法律分析】

公平与公正待遇条款在国际投资争议仲裁中经常被援引和适用，除极个别案件外，迄今为止，ICSID 仲裁庭裁决的案件大部分都涉及公平与公正待遇条款，被誉为国际投资法领域的帝王条款。公平与公正待遇条款，直接将表现法律价值和伦理的公平与公正词汇嵌入条款之中，高度简化了条文的内容，扩充了条文的外延。在国际投资仲裁实践中，认为可以归入违反公平与公正待遇条款的情形达 11 种之多，大致包括：违反正当程序；实行专断的和歧视性措施；损害外国投资者合法期待；缺乏透明度；未提供稳定的和可预见的法律和商务框架；采取强制和侵扰行为；以不适当之目的行使权力；东道国政府或部门越权行事；未尽适当审慎之义务；不当得利；非善意等。可以预见，随着国际投资不断发展，国际投资形式或种类创新，新的投资争议类型不断出现，公正与公平待遇也会与时俱进产生各种不同的新情形。

本案当中，仲裁庭分几个层次进行论证：①厄瓜多尔宪法、厄瓜多尔和美国双边投资协定以及习惯国际法都确立了比例原则或者通过公平与公正待遇间接规定了比例原则；②对于未经批准擅自转让这种行为，厄瓜多尔法律虽然授权厄瓜多尔当局可以终止合同，但并未要求必须终止合同，换言之，厄瓜多尔当局拥有终止或不终止合同的裁量权;③在终止合同之外,厄瓜多尔当局拥有替代选项,例如修改合同以提高厄瓜多尔方的分成比例;④厄瓜多尔终止合同给西方石油公司造成了高达几十亿美元的损失;⑤AEC 公司长期在厄瓜多尔从事石油勘探开发,拥有相应资质,受让分成合同的部分权利义务不会给厄瓜多尔造成损失;⑥最后,厄瓜多尔终止合同背后有明显的政治动机,包括为其在增值税纠纷案中的败诉进行报复,安抚国内反美情绪等。此外,仲裁庭还指出:法律和商务框架的稳定是公平与公正待遇的一个实质要素。

但是,也有国内外学者对于将公平与公正待遇作为独立条款不断扩张其外延的仲裁实践提出了批评。我国学者徐崇利教授指出,这种定性使得公平与公正待遇将脱离国际法的约束在国际投资法律实践中裸奔,使得国际仲裁庭获得过度的自由裁量权,以致不当地扩张对该项待遇适用的解释。就此,仲裁员实际上享有法官造法的权力,究其实质,是要将公平与公正待遇标准抬举为国际投资法中的超级帝王条款,从而严重损害东道国对外资的管理权。不仅如此,美国学者 M. C. Porterfield 也认为,即便是将之界定为国际习惯法中的最低待遇标准,因为抽象和概括的国际习惯法之最低待遇标准是不存在的,同样也会导致公平与公正待遇独立性主张之风险的发生。所以,得出的结论是:只有将公平与公正待遇严格限定在经国际习惯法之构成要件检验的范围内,即东道国不违反正当程序,不采取歧视性行为和不实行专断措施等,才能符合双边投资条约缔约方宗旨,限制关于公平与公正待遇方面的法官造法,保证双边投资条约国家造法的性质。

【资料阅读】

1. 余劲松,梁丹妮. 公平公正待遇的最新发展动向及我国的对策[J]. 法学家,2007(6).

2. 王衡,惠坤. 国际投资法之公平公正待遇[J]. 法学,2013(6).

3. 梁开银. 公平公正待遇条款的法方法困境及出路[J]. 中国法学,2015(6).

4. 徐崇利. 公平与公正待遇:真义之解读[J]. 法商研究,2010(3).

5. 邓婷婷. 投资者的行为在公平与公正待遇条款中的适用[J]. 求索,2010(9).

6. 韩缨. 国际投资协定中"公平与公正待遇"之趋势——ICSID 最新仲裁案例评析[J]. 社会科学家,2010(9).

7. 王楠. 试析外资公平公正待遇标准[J]. 时代法学,2008(6).

8. 徐崇利. 公平与公正待遇标准：国际投资法中的"帝王条款"？［J］. 现代法学, 2008(5).

9. 余劲松. 外资的公平与公正待遇问题研究——由 NAFTA 的实践产生的几点思考［J］. 法商研究, 2005(6).

10. 杨慧芳. 外资公平与公正待遇标准的要素评析［J］. 法学评论, 2009(3).

11. 邓婷婷. 外资公平与公正待遇与国际最低待遇标准［J］. 湖南社会科学, 2009(9).

12. 美国西方石油公司诉厄瓜多尔政府案, ICSID 仲裁庭裁决理由：

404. Against that background, the Tribunal observes that there is a growing body of arbitral law, particularly in the context of ICSID arbitrations, which holds that the principle of proportionality is applicable to potential breaches of bilateral investment treaty obligations. In the present case, the Treaty provides at Article II. 3 (a) that investments shall at all times be accorded fair and equitable treatment, shall enjoy full protection and security and shall in no case be accorded treatment less than that required by international law. The obligation for fair and equitable treatment has on several occasions been interpreted to import an obligation of proportionality.

452. It follows that even if Occidental Exploration and Production Company, as the Tribunal found earlier, breached Clause 16. 1 of the Participation Contract and was guilty of an actionable violation of Article 74. 11 (or Articles 74. 12 or 74. 13), the Caducidad Decree was not a proportionate response in the particular circumstances, and the Tribunal so finds. The Caducidad Decree was accordingly issued in breach of Ecuadorian law, in breach of customary international law, and in violation of the Treaty. As to the latter, the Tribunal expressly finds that the Caducidad Decree constituted a failure by the Respondent to honour its Article II. 3 (a) obligation to accord fair and equitable treatment to the Claimants' investment, and to accord them treatment no less than that required by international law.

455. The Tribunal agrees with the Claimants. Having found in the previous Section of the present Award that the Caducidad Decree was issued in breach of Ecuadorian law, in breach of customary international law and in violation of the Respondent's Article II. 3 (a) obligation to accord fair and equitable treatment to the Claimants' investment, the Tribunal now has no hesitation in finding that, in

the particular circumstances of this case which it has traversed earlier, the taking by the Respondent of the Claimants' investment by means of this administrative sanction was a measure "tantamount to expropriation" and thus in breach of Article III. 1 of the Treaty. This phrase is found in NAFTA Article 1110 which provides that "[n]o party shall directly or indirectly... expropriate an investment... or take a measure tantamount to... expropriation...."

527. In conclusion, Law 42 is in breach of the Participation Contract and flouts the Claimants' legitimate expectations. It is, as a result, in breach of the Respondent's ArticleII. 3(a)Treaty obligation to accord fair and equitable treatment to the Claimants' investment and the Tribunal so finds. In the circumstances, the Tribunal need not rule on whether Law 42 is in breach of other provisions of the Treaty.

707. The Tribunal agrees with the parties. Having found earlier in this Award that the Claimants' investment in Ecuador has not been accorded fair and equitable treatment by the Respondent and has been expropriated by the issuance of the Ca-ducidad Decree, the Tribunal will now determine, as mandated by Article III of the Treaty, the fair market value of this investment.

【延伸思考】

1. 比例原则是否包含在公平与公正待遇原则中?
2. 公平与公正待遇原则的适用是否应当受到限制?
3. 公平与公正待遇原则一般应该包含哪些内容?

第三节　外国投资者的国有化

国际法学会 1952 年会议对国有化的定义是:"国有化是以立法行为为手段,以公共利益为目标,将某种财产或私有财产权利转移给国家,使国家能够利用或控制这些财产或权利,或者将其置于新的用途。"西方发达国家曾极力反对国有化,经过发展中国家的长期努力,现代国际法已经承认国家有权实行国有化。为了加强对国家权力的约束和监督以及保护私人权利,现代国际法对国有化提出了一些条件,主要有:要满足公共利益的需要;非歧视;要尊重条约义务;要符合法定程序等。

对于国有化是否应给予补偿、补偿的程度怎样、补偿的根据是什么等问题,国际上主要有三种观点。第一种观点是:全部补偿,即"充分、及时、有效"的补偿。这主要是西方国家及其一些学者的观点，他们以保护既得权和反对不当得利为根据，要求对被国有化的外国财产给予全部补偿。第二种观点是：不予补偿。持这种观点者根据国家主权原则和国民待遇原则认为，国有化不存在对其财产被国有化的人予以赔偿的义务，故不必补偿。第三种观点是：适当补偿。持这种观点者常根据公平互利原则和国家对其自然资源永久主权原则，认为国有化应给予适当补偿，这一观点得到第三世界国家及许多学者的支持，我国也持这种观点。

★ 典型案例：

埃克森美孚公司诉委内瑞拉案①

【基本案情】

1975 年，委内瑞拉政府进行了石油工业的国有化，对私人石油工业进行征收，并成立了委内瑞拉国家石油公司，而本案中的被申请人委内瑞拉政府则是委内瑞拉国家石油公司的唯一股东。20 世纪 80 年代，为了对多余的石油资源进行开采，委内瑞拉制定了"石油开发"计划，允许外国投资者参与本国的石油工业。埃克森美孚公司对委内瑞拉的投资环境进行考察与评估后，最终决定与委内瑞拉国家石油公司合作包括塞罗内格罗和拉塞瓦项目，并签订了合作协议和条件框架协议。该协议所允许的活动包括：发展勘探超重原油、升级石油精炼厂、铺设管道、进行产品销售。协议同时赋予了各方参与者扩大超重原油和合成原油的生产容量的权利。但是，这样的增产计划需要各方一致同意，或者在特定的情况下，根据多数原则通过。然而，在委内瑞拉新任领导人查韦斯上台后，情况开始发生变化。申请人所享有的协议规定的优惠逐渐被取消，并最终于 2007 年，在第 5200 号法令颁布后，委内瑞拉政府没收了申请人在其国内的所有财产且未给予任何补偿。申请人不服委内瑞拉当局的行为，于 2007 年 9 月 6 日将纠纷提交 ICSID 仲裁庭请求仲裁，索要 146 亿美元的赔偿。

申请人认为，在第 5200 号法令直接征收其在两项计划中的权利和利益前，他们投资的权益就已经被效果等同于征收的委内瑞拉政府行为永久地剥夺了，同时申请人指出，这些行为既无法定程序，也与其承诺相违背，更是

---

① Venezuela Holdings B. V. and others v. Bolivarian Republic of Venezuela (ICSID Case No. ARB/07/27).

没有丝毫赔偿。因此，申请人认为被申请人的措施完全违反了双边投资协定的规定，毫无疑问是一种违法的征收，应给予赔偿。被申请人认为，国有化的进行是依据当时的一项公共政策，采取的是一种有序、非歧视性的方式，并且是为了追求公共目的。同时被申请人声明，委内瑞拉政府并未作出过任何限制自己在石油领域的管理和征税的主权权力的特殊承诺。此外，被申请人进一步提出，其一直致力于与申请人在补偿上进行真诚的协商，但由于申请人的要求太高而未达成。因此，被申请人认为，在补偿上未能达成一致不能说这样的征收就是违法的。

仲裁庭首先需要解决的是委内瑞拉的行为是否构成征收，征收是否是违法；其次是解决赔偿的问题。

【法律分析】

仲裁庭认为，在国际法语境下，一个不具备征收所有要件的行为如果产生了对整个投资进行实质性剥夺的效果，那么也可以被等同于征收。而这种剥夺包括对整个投资价值的永久剥夺和对投资者控制投资的权利的永久剥夺。本案中，征收行为是由于国会颁发的法令和总统采取的决定导致的，并且给予了被申请人四个月的考虑和协商时间。在协商过程中，国有化只有在协商失败后才会被委内瑞拉政府考虑。仲裁庭认为，被申请人所给予的四个月考虑时间的程序使得申请人能够权衡他们的股份并在合理的期间内作出自己的决定，因此被申请人未违反双边投资协定法定程序义务。

对于申请人所说的被申请人无意、不愿最终也没有进行补偿就足以构成违法的征收的说法，被申请人认为，委内瑞拉政府一直是很乐意在任何案件中提供补偿的，仅仅是由于未受到补偿并不能导致整个国有化违法。对于被申请人的观点，仲裁庭表示认可，但是对于这样的一个案件，征收的合法性要由所提供的补偿方案来决定。在 5200 号法令中，并没有正视补偿问题。而事实上，在《转移效力法》(Law on the Effects of Migration) 中包含的"回归原则"则可以被视为一种例外补偿。申请人大量地应用当时的媒体报告来证实自己的观点，同时也应用了委内瑞拉时任能源部部长的拉米雷斯的声明来证明当时的委内瑞拉政府只愿意赔付这些被征收财产的账面价值。然而仲裁庭认为这些材料并不能真实地还原 2007 年双方关于补偿方案的讨论。毋庸置疑的是，委内瑞拉政府提出过建议性的协商方案，同时他们之间也可能讨论过对被征收股份的评估方式，相关的限制条款以及实际上应赔付给申请人的款项，但最终未能达成一致。仲裁庭认为，就现有的事实来看，其并不能论证委内瑞拉政府的目的与双边投资协定规定的补偿的标准不一致。因此，仲裁庭认为本案中的征收并未违法。

关于赔偿数额，按照双边投资协定规定，计算出来的被征收财产的市场价值应该是在征收时，在买方与卖方都没有任何压力的情况下，一个完全意思自治的买家所愿意支付给卖家的数额。仲裁庭考虑到：申请人投资的投资金额，塞罗内格罗和拉塞瓦项目的运营期间、产量、运营成本等因素，以申请人在该计划中的投资额为参考标准，最终裁决委内瑞拉补偿埃克森美孚公司：①2006 年和 2007 年欠产补偿 900 万美元；②补偿塞罗内格罗项目损失 14.11 亿美元；③补偿拉塞瓦项目损失 1.793 亿美元；④从 2007 年 6 月 27 日起算到实际支付时日每年复利 3.25% 的利息。上述赔偿金额应减去委内瑞拉国家石油公司按照 2011 年国际商会仲裁裁决已向埃克森美孚公司支付的 9.07 亿美元。

【资料阅读】

1. 李尊然. 管制性征收与国际投资法的新发展[J]. 武大国际法评论，2007(1).

2. 李尊然. 国际投资争端解决中"公平的市场价值"适用标准的限制[J]. 国际经济法学刊，2013(2).

3. 李尊然. 国际投资仲裁中的补偿计算方法研究[J]. 法商研究，2015(1).

4. 寇顺萍，徐泉. 国际投资领域"间接征收"扩大化的成因与法律应对[J]. 现代法学，2014(1).

5. 彭岳. 国际投资中的间接征收及其认定[J]. 复旦学报(社会科学版)，2009(2).

6. 埃克森美孚公司诉委内瑞拉案，ICSID 仲裁庭裁决理由：

288. The Parties agree that the Claimants' investments were expropriated on 27 June 2007 in implementation of Decree-Law 5200 (see paragraphs 111 to 113 above). The Claimants submit that that expropriation was unlawful and that, as a consequence, the Respondent is under the obligation to make full reparation for the damages caused, in conformity with international law. By contrast, the Respondent contends that the expropriation was lawful and that the indemnity to be paid to the Claimants must represent the market value of the investment in June 2007, as provided for in article 6 of the BIT. The Respondent considers that the same rules would apply even if the expropriation was deemed to have been unlawful.

305. It was the Claimants' burden to prove their allegations concerning the

position taken by Venezuela during the discussions regarding the compensation to be paid. It is not disputed that negotiations too place, and it has been established that Venezuela made proposals during those negotiations. It seems likely that there were discussions at the time on the method of valuation of the expropriated interests, on the relevance of the cap provisions referred to by Venezuela and on the exact amount of the compensation payable to the Claimants. The Tribunal finds that the evidence submitted does not demonstrate that the proposals made by Venezuela were incompatible with the requirement of "just" compensation of Article 6(c) of the BIT. Accordingly, the Claimants have not established the unlawfulness of the expropriation on that ground.

306. In light of the above, the claim that the expropriation was unlawful is rejected. Accordingly, the Tribunal does not need to consider the standard for compensation in case of unlawful expropriation or whether it would differ from the standard for compensation to be paid in case of lawful expropriation. The compensation must be calculated in conformity with the requirements of Article 6(c) of the BIT.

404. For the foregoing reasons, The Tribunal unanimously decides as follows:

(a) the Tribunal has no jurisdiction over the claim arising out of the increase in the income tax rate for the participants to the Cerro Negro Project;

(b) the Tribunal has jurisdiction over the remaining claims, i. e. :

a. the claim arising out of the imposition of the extraction tax on the Cerro Negro Project;

b. the claim arising out of the production and export curtailments imposed on the Cerro Negro Project in 2006 and 2007; and

c. the claim arising out of the expropriation of the Claimants' investments in the Cerro Negro and La Ceiba Projects;

(c) the Respondent shall pay to the Claimants the sum of US $ 9, 042, 482 (nine million, forty two thousand, four hundred and eighty two United States dollars) in compensation for the production and export curtailments imposed on the Cerro Negro project in 2006 and 2007;

(d) the Respondent shall pay to the Claimants the sum of US $ 1, 411. 7 million (one thousand, four hundred and eleven million, seven hundred thousand United States dollars) in compensation for the expropriation of their investments in the Cerro Negro Project;

(e) the Tribunal takes note in both cases of the Claimants' representation that, in the event of favourable award, the Claimants are willing to make the required reimbursements to PDVSA. Double recovery will thus be avoided;

(f) the Respondent shall pay to the Claimants the sum of US $ 179.3 million (one hundred seventy nine million, three hundred thousand United States dollars) in compensation for the expropriation of their investments in the La Ceiba Project;

(g) these sums shall be paid to the Claimants net of any Venezuelan tax;

(h) these sums shall be increased by annual compound interest on their amount at the rate of 3.25% from 27 June 2007 up to the date when payment of this sums has been made in full;

(i) each Party shall bear its own costs and counsel fees;

(j) the Parties shall equally share the fees and expenses of the Tribunal and the costs of the ICSID Secretariat; and

(k) all other claims are rejected.

【延伸思考】

1. 对外国投资进行征收或者国有化应当满足哪些条件?

2. 征收补偿的数额如何确定?

第四节 国际投资的外交保护

国际投资争端是指外国私人直接投资过程中产生的争端。其可能发生在外国投资者和当地投资者之间,也可能发生在外国投资者和投资东道国政府之间,还可能发生在投资东道国和投资母国政府之间。实践中,国际投资争端中较为复杂和难以处理的是东道国政府与外国私人投资者之间的争议。这类争议主要是由于东道国主权的行使与外国投资者既得权利之间的冲突,东道国国内公共利益与其承担的国际义务之间的冲突。具体表现为:一方面,东道国根据国际法享有对外国投资行使管理权和控制权,对本国自然资源行使主权权利;另一方面,外国投资者在东道国享有对其财产的所有权、企业控制权和管理经营权、外汇自由兑换与汇出权等,这些权利的行使相互交错,不可避免地会产生争议并导致相关的国内、国际法律问题。再加上,根据习惯国际法及相关国际条约,东道国还需要履行保护外国投资者权益并赋予其"公正、合理待遇"的国际义务,使这类争议更易产生、更具复杂性。

卡尔沃主义(Calvo Doctrine)是阿根廷著名外交家和学者卡洛斯·卡尔沃1868年在其著作《国际法理论与实践》中提出的,其主张国家主权独立,各国自己决定本国事务和政策,不受外来干涉;谴责和反对外国任何形式的干预,包括外交保护或武力干预。在一国范围内,内外国民应享受同等待遇,而不应赋予外国人任何超出本国国民待遇的特权;反对西方国家所主张的国际法待遇标准或国际最低待遇标准;一国范围内的所有投资纠纷均应由国内法庭解决,既不应诉诸国际或外国法庭或仲裁庭,更不应通过外交保护,提起国家之间的国际求偿。

在实践上,卡尔沃主义主要表现为在拉美国家盛行了一个多世纪的"卡尔沃条款"(Calvo Clause)。"卡尔沃条款"有五个要素:当地管辖权;当地法的适用;在当地合同安排上对外国人实行国民待遇;外国人母国外交保护权的放弃;国际法上的权利的放弃。卡尔沃主义在区域性与全球性国际协定和法律文件中也有充分反映,如1948年签订的美洲国家组织的《美洲和平解决争端条约》以及1974年联合国通过的《各国经济权利与义务宪章》就体现了卡尔沃主义精神。

★　典型案例:

迪亚洛案①

【基本案情】

几内亚国民迪亚洛自1964年就在刚果(金)居住,并在刚果(金)投资了两家公司,为了向刚果(金)和几家刚果(金)石油公司追讨债务,迪亚洛本人被当局非法监禁2个半月,其重要资产,包括公司、投资、银行账户等动产和不动产,被非法剥夺,1996年,迪亚洛被刚果(金)驱逐出境。1998年12月28日,几内亚向国际法院提交起诉书,请求法院谴责刚果(金)对几内亚国民迪亚洛犯下的严重违反国际法的行为。

几内亚请求,国际法院判决刚果(金)就其对几内亚国民施加的不法行为向几内亚致以官方道歉,向几内亚赔偿迪亚洛遭受的财产损失310亿美元。几内亚诉请的被侵害的权利有三类:①几内亚国民迪亚洛遭受监禁和驱逐时免遭不人道和侮辱性待遇的权利被剥夺;②迪亚洛作为两家依据刚果(金)法

---

① 国际法院关于迪亚洛案初步反对意见的判决. http://www.icj-cij.org/docket/index.php?p1=3&p2=3&k=7a&case=103&code=gc&p3=4.

律成立,具有刚果(金)国籍的公司的股东的直接权利被侵害;③几内亚作为两家公司的"替代"保护性权利。该替代权利是基于:当公司系根据实施所指控不法行为的国家法律成立之时,一国对于作为该公司股东的国籍国对本国股东行使的外交保护。

2002年,刚果(金)经过了延长的辩诉期后提交了初步反对意见:①要求赔偿不具有其国籍的公司所遭受的损害,根据国际法,几内亚没有外交保护权;②所涉公司和迪亚洛本人都未用尽原扎伊尔以及后来的刚果(金)提供的适用并有效的当地救济。2007年,国际法院对于初步反对意见作出了判决,宣布几内亚对迪亚诺本人的保护及其作为公司的股东直接权利受损害的部分可受理,但关于两家公司权利受损害情况下的保护部分不予受理。2010年4月,就案件实体部分,法院进行了10天的听讯,并于2010年11月对本案作出了要求刚果(金)赔偿几内亚损失的判决。

【法律分析】

在初步反对意见阶段,国际法院认真审查了双方提交的有关证据。关于用尽当地司法救济的问题,国际法院认为,迪亚洛受到的刚果(金)移民局签发的依据该国法律不可上诉的"拒绝入境"的决定,其本人有正当理由相信该决定是不可上诉的。尽管刚果(金)提出他可以就此提出特别申请,但法院认为这个特别申请是"恩惠",而不是可以获得正常法律救济的"权利"。因此,法院对刚果(金)提出的未用尽当地司法救济的答辩不予支持。

关于迪亚洛作为两家公司股东的直接权利受到侵犯时,几内亚的外交保护权问题。国际法院认为,当股东本身的直接权利,而非公司的权利,如获得红利、出席公司大会、投票等,其国籍国可以行使外交保护权。这时,几内亚保护的是作为公司股东的本国国民的权利,该保护不能被视为是刚果(金)提出的"外交保护制度的例外",而有所谓的严格限定的条件。因此,几内亚有资格代表迪亚洛提出请求。至于依照刚果(金)法律,两家公司股东的权利和公司的权利分别是哪些、驱逐迪亚洛对这些权利有什么影响等,国际法院需要在案件实质审查时,才会予以裁定。

关于替代保护问题。巴塞罗那公司案确认了只有公司的国籍国才有权利对公司进行外交保护的习惯规则。然而,该原则是否存在例外,也就是当外国股东投资的公司的国籍国就是公司注册成立地的国家时,该外国股东国籍国可否为公司损害替代其国籍国来进行保护?法院认为,考察巴塞罗那案30年来的国际法实践,当今国际法中,对公司权利和股东权利的保护以及相关争议的解决,主要通过双边和多边投资保护条约来实现,仅在少数没有条约或者条约不起作用的情况下才需要诉请外交保护。换言之，几内亚提出的替代保护问题，只在特殊和相对有限的情形下产生。这属于特别法，不足以证明外交保护制度习惯法的改变。因此，本案还不能表明，至少目前如此，允许替代保护例外的习惯国际法已经存在。

在 2007 年至 2010 年案件实质审理阶段，几内亚请法院裁定并宣告：由于任意逮捕和驱逐几内亚国民迪亚洛，违反 1963 年《维也纳领事关系公约》，刚果（金）实施了国际不法行为，因而需要对几内亚负责；刚果（金）必须对迪亚洛遭受的损害或几内亚通过其国民遭受的损害作出全面赔偿；这种赔偿应覆盖刚果（金）的国际不法行为所造成的全部伤害，包括收入损失、利息等。刚果（金）则请求法院裁定并宣告：①刚果（金）在迪亚洛个人权利方面没有对几内亚实施任何国际不法行为；②刚果（金）在迪亚洛作为两公司合伙人的直接权利方面没有对几内亚实施任何国际不法行为；③由于几内亚请求没有任何事实和法律根据，因而刚果（金）没有赔偿的义务。2010 年 11 月 30 日，国际法院对该案实质部分作出判决，判决的主要内容包括：①认定关于为了驱逐迪亚洛而在 1995—1996 年期间将其逮捕和拘留一事，刚果（金）违反了《公民及政治权利国际公约》第 9 条第 1 款、第 2 款和《非洲人权和人民权利宪章》第 6 条；②刚果（金）在 1995—1996 年拘留迪亚洛时没有毫不延迟地告知他根据《维也纳领事关系公约》第 36 条第 1 款 b 项享有的权利，因而违反了该国根据该项承担的义务；③认定刚果（金）没有侵犯迪亚洛作为两个公司的合伙人的直接权利；④决定刚果（金）有义务就违反国际义务行为造成的伤害，向几内亚作出适当赔偿。

迪亚洛案反映了当今有关外交保护国际法的现实状况，也推动了国际法的逐步发展。迪亚洛案提起诉讼和作出裁判之时，正值国际法委员会编纂《外交保护条款草案》的关键时期。因此，迪亚洛案的很多裁判原则直接反映到了《外交保护条款草案》之中。

【资料阅读】

1. 周忠海. 海外投资的外交保护[J]. 政法论坛，2007(3).

2. 余劲松. 公司的外交保护[J]. 政法论坛，2008(1).

3. 黄涧秋. 论外交保护制度中的公司国籍规则——2004 年联合国国际法委员会《外交保护条款草案》述评[J]. 甘肃政法学院学报，2007(6).

4. 肖军. 对海外投资的外交保护——国际法院关于迪亚洛案(初步反对意见)的判决评析[J]. 武大国际法评论，2008(2).

5. 张磊. 论外交保护中对用尽当地救济原则的限制——以联合国《外交

保护条款草案》第15条为线索[J]. 华东政法大学学报，2014(5).

6. 董箫，吴向荣. 试论对我国海外投资的外交保护[J]. 河北法学，2007 (10).

7. 张磊. 论外交保护中认定跨国公司国籍的法律标准[J]. 政治与法律，2013(1).

8. 张磊. 论外交保护的国籍持续要求及其例外规则[J]. 复旦学报(社会科学版)，2012(4).

9. 王天红. 外交保护中的国家责任问题研究[J]. 山西大学学报(哲学社会科学版)，1998(1).

10. 张磊. 论国际投资中对公司股东的外交保护[J]. 世界贸易组织动态与研究，2009(9).

11. 国际法院关于迪亚洛案初步反对意见判决对外交保护的解释：

74. The Court notes that the alleged violation of Mr. Diallo's direct rights asassocié was dealt with by Guinea as a direct consequence of his expulsion given the circumstances in which that expulsion occurred. The Court has already found above, that the DRC has not proved that there were effective remedies, under Congolese law, against the expulsion Order against Mr. Diallo. The Court further observes that at no time has the DRC argued that remedies distinct from those in respect of Mr. Diallo's expulsion existed in the Congolese legal system against the alleged violations of his direct rights as associé and that he should have exhausted them. The Parties have indeed devoted discussion to the question of the effectiveness of local remedies in the DRC but have confined themselves in it to examining remedies open to Africom-Zaire and Africontainers-Zaire, without considering any which may have been open to Mr. Diallo as associé in the companies. Inasmuch as it has not been argued that there were remedies that Mr. Diallo should have exhausted in respect of his direct rights as associé, the question of the effectiveness of those remedies does not in any case arise.

75. The Court concludes from the foregoing that the objection as to inadmissibility raised by the DRC on the ground of the failure to exhaust the local remedies against the alleged violations of Mr. Diallo's direct rights asassocié of the two companies Africom-Zaire and Africontainers-Zaire cannot be upheld.

76. The Court will now consider the question of the admissibility of Guinea's Application as it relates to the exercise of diplomatic protection with respect to Mr.

Diallo "by substitution" for Africom-Zaire and Africontainers-Zaire and in defence of their rights. Here too the DRC raises two objections to the admissibility of Guinea's Application, derived respectively from Guinea's lack of standing and the failure to exhaust local remedies. The Court will again address these issues in turn, beginning with Guinea's standing.

86. The Court recalls that, as regards diplomatic protection, the principle as emphasized in the Barcelona Traction case, is that:

"Not a mere interest affected, but solely a right infringed involves responsibility, so that an act directed against and infringing only the company's rights does not involve responsibility towards the shareholders, even if their interests are affected." (I. C. J. Reports 1970, p. 36, para. 46.)

87. Since its dictum in the Barcelona Traction case, the Court has not had occasion to rule on whether, in international law, there is indeed an exception to the general rule "that the right of diplomatic protection of a company belongs to its national State", which allows for protection of the shareholders by their own national State "by substitution", and on the reach of any such exception. It is true that in the case concerning Elettronica Sicula S. p. A. (ELSI) (United States of America v. Italy), the Chamber of the Court allowed a claim by the United States of America on behalf of two United States corporations (who held 100 per cent of the shares in an Italian company), in relation to alleged acts by the Italian authorities injuring the rights of the latter company. However, in doing so, the Chamber based itself not on customary international law but on a Treaty of Friendship, Commerce and Navigation between the two countries directly granting to their nationals, corporations and associations certain rights in relation to their participation in corporations and associations having the nationality of the other State. The Court will now examine whether the exception invoked by Guinea is part of customary international law, as claimed by the latter.

89. The Court, having carefully examined State practice and decisions of international courts and tribunals in respect of diplomatic protection of associés and shareholders, is of the opinion that these do not reveal—at least at the present time—an exception in customary international law allowing for protection by substitution, such as is relied on by Guinea.

90. The fact invoked by Guinea that various international agreements, such as

agreements for the promotion and protection of foreign investments and the Washington Convention, have established special legal régimes governing investment protection, or that provisions in this regard are commonly included in contracts entered into directly between States and foreign investors, is not sufficient to show that there has been a change in the customary rules of diplomatic protection; it could equally show the contrary. The arbitrations relied on by Guinea are also special cases, whether based on specific international agreements between two or more States, including the one responsible for the allegedly unlawful acts regarding the companies concerned (see, for example, the special agreement concluded between the American, British and Portuguese Governments in the Delagoa case or the one concluded between El Salvador and the United States of America in the Salvador Commercial Company case) or based on agreements concluded directly between a company and the State allegedly responsible for the prejudice to it (see the Biloune v. Ghana Investments Centre case).

91. It is a separate question whether customary international law contains a more limited rule of protection by substitution, such as that set out by the ILC in its draft Articles on Diplomatic Protection, which would apply only where a company's incorporation in the State having committed the alleged violation of international law "was required by it as a precondition for doing business there".

【延伸思考】

1. 在国际投资领域中, 外交保护制度继续存在的价值体现在哪些方面?
2. 外交保护中的"国籍原则"有哪些具体内容?
3. "替代保护"是否是外交保护中的习惯国际法规则?

第五节　国际投资保险法律制度

国际投资保险法律制度包括资本输出国的海外投资保险法律制度和多边投资担保机构建立的多边投资担保机制。

海外投资保险制度又称海外投资保证制度, 是指资本输出国政府对本国海外投资者在国外可能遇到的政治风险, 提供保证或保险, 投资者向本国投资保险机构申请保险后, 若承保的政治风险发生, 致投资者遭受损失, 则由国内保险机构补偿其损失的制度。

根据各国立法与实践, 负责实施海外投资保险业务的有政府机构、政府公司或公营公司等。美国是世界上最早、最广泛实行投资保证制度的国家，也是采用政府公司作为保险人的典型国家，由兼具公、私性质的海外私人投资公司主管海外投资保险业务。海外投资保险制度以东道国的政治风险为保险对象。政治风险是指与东道国政治、社会、法律有关的、人为的、非投资者所能控制的风险。所谓"人为的"，主要是指由东道国政府所为行为产生的风险。主要包括：汇兑险、征收险、战乱险。有的国家还承包其他的政治风险，如违约险。

保险对象，是指作为保险对象的合格的投资。合格的投资一般必须满足三个条件：第一，一般只限于新的海外投资。各国关于投资保险的法律与实践一般只承包新的投资，即新建企业的投资，或者是旧企业扩大、现代化及发展的新投资。第二，海外投资必须符合投资者本国的利益。例如，美国海外私人投资公司在承保一项投资时，必须考虑该投资项目最终是否有利于美国经济，包括对美国工人的就业、国际收支平衡及美国经济发展目标的有利影响。第三，投资的东道国合格。该项投资要有利于东道国的经济发展，美国规定：①海外投资必须经过东道国事先批准同意；②东道国政府必须是事先已经与美国政府订有双边投资协定的国家，以便保险事故发生后，美国政府可以依条约进行代为索赔；③投资所在的东道国必须是发展中国家，而且其国民收入较低。

投保人即被保险人，是指依法有资格申请海外投资保险的投资者。根据各国法律规定与实践，申请投资保险的投资者必须符合下列条件之一，才能作为合格的投保人。一是本国国民，美国规定自然人投保者必须是美国公民，德国规定自然人投保者除了具备德国国籍外，还必须在德国有住所。二是依本国法律设立的公司、合伙或其他社团，而且其资产主要属于本国国民所有。三是外国公司、合伙、社团。外国公司、合伙或社团作为投保人，一般有严格的限制，依美国法律规定，外国公司资产的全部或者至少95%为美国公民、公司、合伙或社团所有时，才可作为合格的投保人。

根据各国规定，合格投资者就其合格的投资要取得政府的投资保险，必须按法定的程序，向承包机构申请，经审查合格后，才订立保险合同。投资者申请投资保险，应按规定提交投资保险申请书及必要资料。海外投资保险机构对保险申请进行审查，主要是对投资者及其投资是否合格进行审查，经审查认为合格的，予以批准。经审查确认申请合格并获批准后，签订保险合同。

投资者有义务按合同的规定缴纳保险费。至于保险费的数额，各国规定不一。一般说来，保险费的数额依承保行业、险别及范围而不同，有的国家还依投资的东道国类别及投保投资的规模而异。以综合保险为例，美国为承包额的 1.5%。保险期间，各国大多规定最长期限为 15 年，有的可延长至 20 年。例如，美国规定，保险期限，根据投资种类、性质和承保险别的不同而不同，一般说来，股份投资保险法定承保期限，自承保之日起，不得超过 20 年。

一旦发生承保范围内的保险事故，海外投资保险机构依据保险合同向海外私人投资者支付约定的保险金。保险金的数额一般是依据损失额与赔偿率确定的，通常在保险合同中加以明确规定。美国海外私人投资公司承保的保险金，以被保险人最初投资时保险人批准的投资项目投资的美元票面价值加上保险合同所定限度内该投资实际上应得的利润、利息或其他收益为限额。但该公司通常只按被保险人投资金额的 90% 支付保险金，由被保险人承担投资金额为 10% 的风险损失。海外投资保险机构在向被保险人支付保险金后，可代位取得被保险人基于保险事故而享有的对东道国的索赔权和其他权益，包括所有权、债权等。

《多边投资担保机构公约》(Convention *Establishing the Multilateral Investment Guarantee Agency*，简称 MIGA 公约)于 1985 年 10 月 11 日在世界银行年会上通过，1988 年 4 月 12 日正式生效。根据该公约建立的多边投资担保机构(MIGA)，属于世界银行集团的成员之一，但同时又是独立的国际组织。中国于 1988 年 4 月 30 日向世界银行递交了对该公约的核准书，从而成为多边投资担保机构的创始会员国。

《多边投资担保机构公约》共 11 章 67 条，主要内容有七个方面。①根据公约成立的多边投资担保机构的法律地位。机构有完全的法人地位，特别是有权：签订合同；取得并处理不动产和动产；和进行法律诉讼。②目标和宗旨是鼓励在其会员国之间，尤其是向发展中国家会员国融通生产性投资，对投资的非商业性风险予以担保。③会员国的资格和资本。机构会员国资格向国际复兴开发银行所有会员国和瑞士开放。机构法定资本为 10 亿特别提款权，由会员国认购。④机构承包的险别为非商业性风险，具体分为货币汇兑险、征收险、违约险、战争和内乱险。⑤合格的投资、合格的投资者和合格的东道。⑥索赔和代位。⑦争端的解决。公约将争端分为三类：有关公约的解释和施行而发生的争端，机构与会员国之间的争端，有关被保险人或再保险人的争端，对于不同的争端应适用不同的程序解决。

多边投资担保机头承包的险别包括：货币汇兑险、征收和类似措施险、违约险。其所承保的合格的投资是指：①包括股权投资，其中包括股权持有者为有关企业发放或担保的中长期贷款，和董事会确定的其他形式的直接投资。②机构给予担保的申请收到之后才开始执行的投资，包括为更新、扩大或发展现有投资所汇入的外汇；以及现有投资产生的、本可汇出东道国的收益。③投资应具备经济合理性并对东道国的发展所作贡献；符合东道国的法律条令；与东道国宣布的发展目标和重点相一致；在东道国的投资条件下，该投资将受到有公平、平等的待遇和法律保护。

能够向多边投资担保机构投保的投资者分为两类。①自然人投资者是东道国以外的会员国国民。法人投资者在一会员国注册并在该会员国设有主要业务点，或其多数资本为会员国或几个会员国或这些会员国国民所有，在上述任何情况下，该会员国必须不是东道国。②根据投资者和东道国的联合申请，董事会经特别多数票通过，可将合格的投资者扩大到东道国的自然人，或在东道国注册的法人，或其多数资本为东道国所有的法人。但是，所投资产应来自东道国境外。

合格的东道国必须是发展中国家会员国。

★ 典型案例：

MIGA 就美国安然公司与印度尼西亚之间政治风险纠纷代位求偿案①

【基本案情】

1995 年，美国安然公司与印度尼西亚国家电力公用事业公司签订了一项在东爪哇省 Surabaya 港口城市合资建设电厂的投资合同，并且就此安然爪哇电力公司项目向 MIGA 投保了征收和类似措施险、战争和内乱险、汇兑转移限制险，担保合同的理赔金额达到 1500 万美元。该项目于 1996 年开工建设，不久，东亚金融危机爆发，印度尼西亚当局的时局动荡和混乱，苏哈托政府垮台。随后，1997 年，印度尼西亚政府在国际货币基金组织等的认可下，发布法令，对包括安然爪哇电力公司项目在内的许多电厂项目和电价安排，以重新严格审查为由予以中止，而中止令中没有任何给予业主补偿和解决纠纷的安排。对此，安然公司按照担保合同正式通知了 MIGA，同时，安然公司为了其在印度尼西亚的经济利益希望首先通过协商谈判与印度尼西亚政府解决纠纷。在担保合同规定的 365 天等待期和 180 天的赔付决定期届满后，虽然

---

① 韦经建，王彦志. 国际经济法案例教程［M］. 科学出版社，2011：182 - 184.

安然公司多次同意 MIGA 展期,但是,印度尼西亚始终没有给予充分回应。于是,安然公司只好选择要求 MIGA 赔付。MIGA 根据担保合同向安然公司进行了赔付。此后 MIGA 推动的安然公司与印度尼西亚之间的和解谈判也无果而终。在给予安然公司理赔之后,MIGA 就其向该案投资者赔付的全部损失赔偿额向印度尼西亚政府提出代位求偿权。2001 年年初,MIGA 和印度尼西亚达成协议,印度尼西亚同意向 MIGA 支付全额赔偿,但可以采取分期等额支付的方式,利率适中。2003 年 6 月,MIGA 收到印度尼西亚最后一期赔偿支付,从而最终解决了这一 MIGA 历史上罕见的同时也是第一起正式理赔和正式代位求偿案件。与此同时,MIGA 也开始恢复在印度尼西亚的外国投资的多边政治风险担保业务。

【法律分析】

①MIGA 承保的政治风险主要包括货币汇兑险、战争与内乱险、征收与类似措施险以及政府违约险。

在实践中,投资者向 MIGA 报告的问题多数都不是货币禁兑险或者传统类型的征收与国有化险,而更多的是政府违约险。尽管 MIGA 设立了独立的政府违约险险种,但是,却极少有投保政府违约险的情形。这主要是因为,MIGA 单独签发违约险担保合同的前提是,要求投资者应援引其与东道国政府订立的投资协议中的仲裁救济条款,然后再赢得对东道国政府的仲裁裁决,只有在东道国政府阻挠仲裁程序的进行并且使之无法完成,或者即使仲裁程序已经完成但是东道国政府拒不履行对其不利的仲裁裁决时,MIGA 才承担赔付的责任,这实际上是要求存在"拒绝司法"才能够给予赔付,而作为征收险的承保险种则没有这些限制。

正因如此,多数投资者都选择投保范围更广的征收与类似措施险,因为根据 MIGA 担保合同的格式条款,这个险种包括了能够构成征收的政府违约险。在本案中,安然爪哇电力公司项目直接涉及的就是这种征收与类似措施险。在此,需要注意,只有当政府违约构成了征收,才符合这里的征收险的承保范围;这里的政府违约通常表现为政府取消了合法的投资合同或者严重侵犯了投资合同,因此,一般表现为间接征收。在本案中,印度尼西亚政府通过法令取消了项目合同,构成了对于征收险承保范围的违约。

②MIGA 机制体现了南北两类国家之间的相互妥协和利益平衡。发展中国家在一定程度上自我限制了本国在外国投资政治风险及其担保方面的主权,基于多边公约,其承认了 MIGA 与外国投资者之间担保合同在一定条件下对于东道国具有法律约束力,其承认了 MIGA 对东道国的代位求偿权,比

之于其他私人机构或者母国单边或者双边政治风险担保机制更加有利于对于外国投资者的国际法保护，同时，也强调了外国投资者对于东道国政治主权和经济主权的尊重义务，强调外国投资者必须遵守东道国法律法规以及外国投资应该促进东道国的经济和社会发展，比之于其他私人机构或者母国单边或者双边政治风险担保机制，也更加有助于改善东道国的投资环境。

本案表明，发展中国家作为 MIGA 机制的成员，既通过认缴 MIGA 股金份额的方式在 MIGA 的事先理赔之中直接赔偿了外国投资者，又通过 MIGA 事后的代位求偿权追偿的补偿方面间接赔偿了外国投资者，尤其是通过多边体制的身份和压力增强了对于东道国的事前和事后的政治风险合理制约。在本案中，这些法律义务和多边影响的考虑成为促使印度尼西亚政府最终友好解决有关争议的重要因素。

【资料阅读】

1. 劳伦·威森费尔德，徐崇利. 多边投资担保机构的十五年发展历程[J]. 国际经济法学刊，2004(2).

2. 张庆麟，余海鸥. 评《MIGA 公约》的最新修订及其启示[J]. 国际经济法学刊，2015(1).

【延伸思考】

1. MIGA 承保的政治风险包括哪些种类？本案具体涉及 MIGA 承保的何种政治风险？

2. MIGA 政治风险担保机制具有哪些优点？本案体现了 MIGA 机制的何种优点？

第七章　国际金融法

第一节　国际货币基金组织

国际货币基金组织是于 1944 年 7 月在美国新罕布什尔州布雷顿森林召开的一次联合国会议上构想建立的。参加此次会议的 44 个国家试图建立一个经济合作框架，避免再次出现加剧了 20 世纪 30 年代大萧条的竞争性货币贬值现象。

国际货币基金组织的主要宗旨是确保国际货币体系，即各国（及其公民）相互交易所依赖的汇率体系及国际支付体系的稳定。

为了保持稳定，防止国际货币体系发生危机，国际货币基金组织通过一种称作监督的正式系统，对国别政策以及各国、地区和全球经济和金融发展进行检查。国际货币基金组织向 189 个成员国提供建议，鼓励有利于促进经济稳定、减少对经济和金融危机的脆弱性以及提高生活水平的政策。它通过《世界经济展望》定期提供其对全球前景的评估，通过《全球金融稳定报告》定期提供其对金融市场的评估，通过《财政监测报告》提供其对公共财政发展的评估，还出版一系列地区经济展望。

国际货币基金组织的融资为成员国纠正国际收支问题提供喘息空间。通过与国际货币基金组织密切合作，成员国当局就国际货币基金组织支持的贷款制定调整规划。是否继续提供贷款支持取决于成员国能否有效实施这些规划。为了应对全球经济危机，国际货币基金组织加强了贷款能力，并于 2009 年 4 月批准对资金支持机制进行重大调整，2010 年和 2011 年又通过了进一步改革。这些改革的重点是，加强危机防范，缓解系统性危机期间的蔓延效应，以及根据成员国的表现和情况采用适合它们的工具。在第 14 次份额总检查下的增资生效后，国际货币基金组织审议并于 2016 年初提高了非优惠贷款机制下的贷款限额。为扩大对最贫穷国家的资金支持，国际货币基金组织在 2009 年大幅提高了通过减贫与增长信托向低收入国家提供的优惠资金，而优惠贷款机制下的平均贷款限额提高了一倍。此外，2015 年将贷款限额提高了 50%。这些贷款在 2016 年底之前是无息的，而紧急融资的利率永久设为零。最后，目前正在努力获取约 150 亿美元(110 亿特别提款权)的额外贷款资源，为国际货币基金组织的优惠贷款活动提供支持。

国际货币基金组织提供技术援助和培训，其目的是帮助成员国增强其设计和有效实施政策的能力，包括税收政策和征管、支出管理、货币和汇率政策、银行和金融体系监管、立法框架和统计等领域。

国际货币基金组织发行一种称作特别提款权(SDR)的国际储备资产，用以补充成员国的官方储备。特别提款权总额约为 2040 亿特别提款权(约合 2830 亿美元)。国际货币基金组织成员国之间可自愿用特别提款权兑换货币。

国际货币基金组织的主要资金来源是成员国的份额，份额大致反映成员国在世界经济中的相对地位。第 14 次份额总检查最近生效之后，份额资金总额约为 4670 亿特别提款权(约合 6500 亿美元)。此外，国际货币基金组织可以通过借款临时补充份额资金。新借款安排(NAB)能提供高达 1820 亿特别提款权(约合 2530 亿美元)的补充资金，是份额资金的主要后备支持。2012 年中期，成员国还承诺通过双边借款协议增加国际货币基金组织的资金；目前生效的约为 2800 亿特别提款权(约合 3870 亿特别提款权)。

国际货币基金组织对成员国政府负责。其组织结构的最高层次是理事会，由每个成员国的一位理事和一位副理事组成，通常来自中央银行或财政部。理事会每年在国际货币基金组织/世界银行年会之际开会一次。国际货币与金融委员会由 24 位理事组成，通常每年举行两次会议。

国际货币基金组织的日常工作由代表全体成员国的 24 位成员组成的执董会执行；其工作受国际货币与金融委员会指导，并由国际货币基金组织的工作人员提供支持。总裁是国际货币基金组织工作人员的首脑并担任执董会主席，由四位副总裁协助。①

★ **典型案例：**

<h2 style="text-align:center">基金组织应对全球经济危机的措施②</h2>

【基本案情】

自 2008 年全球经济危机爆发以来，基金组织在许多领域行动起来，向其 188 个成员国提供支持。增加并配置了贷款能力，利用跨国经验提供政策方案，并对自身进行改革，使其能对成员国的需要做出更有效反应。其中最主要的就是调高其贷款能力。

作为克服全球金融危机的一项关键的努力，20 国集团于 2009 年 4 月同意，将国际货币基金组织的借入资金（作为份额资金的补充）提高 5000 亿美元（提高后的总额是危机前总贷款资源 2500 亿美元的三倍），以支持新兴市场和发展中国家的增长。

2010 年 4 月，执行董事会通过了一项关于扩大"新借款安排"和提高其灵活性的建议。根据该建议，随着 13 个新参加国和机构的加入（其中包括数个新兴市场国家，它们为此次大幅扩充提供大量资金），新贷款安排将扩大到约 3675 亿特别提款权（约相当于 5600 亿美元）。2011 年 11 月 15 日，波兰国家银行作为新成员加入新贷款安排，使安排总额达到约 3700 亿特别提款权（约 5150 亿美元），新成员数达到 14 个。自 2011 年 4 月以来，已经八次启动扩大的新借款安排，为国际货币基金组织提供了重要的资金。

2012 年 4 月，国际货币与金融委员会和 20 国集团财政部长和中央银行行长联合商定，通过新一轮的双边借款，进一步增加国际货币基金组织的资源。最终签订了 35 项、总额约为 2800 亿特别提款权（3850 亿美元）的协议。这些借款协议是份额和新借款安排之后的第二道防线。

2010 年 12 月批准、但仍未生效的第 14 次份额总检查将使国际货币基金组织的永久资金扩大一倍，达到 4770 亿特别提款权（约 6560 亿美元）。新借款安排将从 3700 亿特别提款权缩小到 1820 亿特别提款权，于参与方缴纳其第 14 次份额总检查下的增资时开始生效。

除了提高国际货币基金组织自身贷款能力外，2009 年，成员国同意普遍

---

① 《国际货币基金组织一瞥》，2016 年 4 月 20 日发布，资料来源于国际货币基金组织网站。http://www.imf.org/external/np/exr/facts/chi/glancec.pdf.

② 材料来源于国际货币基金组织网站。http://www.imf.org/external/np/exr/facts/chi/crisisc.pdf.

分配当时相当于 2500 亿美元的特别提款权，使特别提款权增至此前的近 10 倍。这使许多国家(包括低收入国家)的储备大幅增加。

【法律分析】

自 2008 年国际金融危机爆发以来，国际货币基金组织通过各项工作推动全球经济稳定，如：①国际货币基金组织向成员国提供有利于促进稳定、减少对危机的脆弱性、鼓励可持续发展以及提高生活水平的经济和金融政策的有关建议；②检查和公布影响国际货币和金融体系的全球经济趋势和发展，推动成员国之间关于各国政策产生的区域性和全球影响的对话；③提供技术援助帮助成员国强化体制能力，并向他们提供资金促进在发生国际收支危机时的调整。即使最好的经济政策也无法完全消除不稳定或避免危机。当某一成员国发生融资困难时，国际货币基金组织可以提供资金援助，支持有关政策规划，以纠正宏观经济根本问题，限制其对国内和全球经济的不利影响，帮助恢复信心、稳定和增长。

2009 年国际货币基金组织对低收入国家提供的优惠贷款承诺总额达 38 亿美元，约为历史水平的 4 倍。2009—2014 年的优惠贷款承诺总额达到略高于 110 亿美元的水平。国际货币基金组织全面改革了贷款框架，使其更好地适应各国需要，且更加重视危机防范。同时，国际货币基金组织还简化了贷款附带条件。自危机开始以来，国际货币基金组织对成员国的贷款承诺已超过 6000 亿美元。

国际货币基金组织的灵活信贷额度于 2009 年 4 月设立，2010 年 8 月得到进一步强化，是面向经济基本面非常强健的国家的贷款工具；它提供大额和可预先使用的国际货币基金组织资金，主要作为防范危机的一种保险形式。一旦批准一国使用这项信贷额度，就不再有政策条件限制。它已向哥伦比亚、墨西哥和波兰提供了总额约 1000 亿美元的灵活信贷额度。灵活信贷额度的使用已被证明能降低借款成本和增加政策回旋空间。

2010 年，国际货币基金组织建立了灾难后减债信托，以此参与对遭受自然灾害的最贫穷国家的国际减债工作。通过该信托融资的减债金额达到 2.68 亿美元。2015 年，国际货币基金组织扩大了灾难后减债信托，将其转变为控灾和减灾信托，目的是使国际货币基金组织还能向面临重大国际公共卫生灾害(这种灾害威胁到若干国家人民的生命、经济活动以及国际商业)的国家提供特殊减债。到目前为止，调整后的信托向遭受埃博拉疫情冲击的利比里亚、几内亚和塞拉利昂提供了约 1 亿美元的减债融资。

【资料阅读】

1. 谢世清. 后危机时代国际货币基金组织的职能改革[J]. 国际贸易, 2011(11).

2. 林巧燕. 国际货币基金组织(IMF)及其特别提款权[J]. 求是, 2009(15).

3. 温树英, 冯丽. 国际货币基金组织贷款条件改革的法律分析[J]. 山西大学学报(哲学社会科学版), 2006(4).

4. 曹勇. 国际货币基金组织贷款条件研究: 以阿根廷为例[J]. 国际金融研究, 2005(11).

5. 王继祖, 董彦岭. 国际货币基金组织贷款政策争议评析[J]. 国际金融研究, 2005(9).

【延伸思考】

1. 国际货币基金组织的贷款在应对国际金融危机中起到了哪些积极的作用?

2. 国际货币基金组织在应对国际金融危机中是否还采取了其他措施?

3. 国际货币基金组织的贷款条件存在哪些弊端?

第二节　国际融资法律制度

国际贷款又称"国际借贷""国际信贷",是建立在信用授受基础上的资金在不同国家当事人之间的有偿让渡,是资金使用权的跨国交易活动。按不同的标准,国际贷款可划分为不同的种类。根据贷款人的类型不同,国际贷款可分为政府贷款、国际金融机构贷款和国际商业银行贷款;按贷款期限的长短,可分为长期贷款、中期贷款和短期贷款;按贷款的组织方式,可分为独家银行贷款、联合贷款和银团贷款等。

国际商业银行定期贷款是通过签订国际商业借贷协议来实现的。国际借贷协议是指不同国家的当事人之间为进行货币借贷、明确相互间权利义务而达成的协议。在长期的国际借贷实践中,国际商业银行定期贷款协议的基本条款逐渐趋同化和标准化。一般包括七个方面的内容: ①首部与定义条款; ②执行性条款; ③陈述与保证条款; ④先决条件条款⑤约定事项条款; ⑥违约事项与救济条款; ⑦法律适用与司法管辖条款。

国际银团贷款或国际商业银团贷款,又称国际商业辛迪加贷款(syndicated loans），是指由不同国家的数家银行联合组成银行团，按照贷款协议所规定的条件，统一向借款人提供巨额中、长期贷款的国际贷款模式。国际银团贷款可分为直接型银团贷款和间接型银团贷款两类。直接型银团贷款是指在牵头银行的组织下，由借款人与各贷款银行直接签署同一份贷款协议，各银行依照自己承诺的份额，通过代理行向借款人发放并回收贷款。间接型银团贷款方式，通常由一家牵头银行单独同借款人签订信贷协议，向借款人贷款，然后由该牵头银行将参与贷款权分别转售给其他愿意提供贷款的银行。间接型银团贷款下转移贷款参与权的方式主要有合同更新、转贷款、债权让与和非公开代理四种。

★ 典型案例：

银团贷款纠纷案[①]

【基本案情】

甲公司为筹集工程建设资金委托乙银行作为牵头银行组织贷款，并报外汇管理局审批。甲向乙银行提交了委托书，委托书载明了贷款10亿美元、利息率以伦敦同业银行拆借利率加1.2%计，期限5年。另载明适用法律和法院管辖权等内容。乙银行向甲公司出具了一份义务承担书，表示愿意承担为借款人组织国际银团贷款的义务。此后，乙银行与甲公司就贷款协议的各项条款进行了协商，并最终签订了贷款协议。后来乙银行通过发放可转让贷款证书的方式向15家愿意提供贷款的外国银行筹集到资金9.2亿美元。乙银行将9.2亿美元连同自有资金0.8亿美元共10亿美元贷给了甲公司。后乙银行因经营不善而破产，参与银行直接要求甲公司偿还贷款，甲公司不同意，参与银行向中国法院起诉。

【法律分析】

国际银团贷款组成方式决定相关各方的法律地位。在直接型银团贷款方式中，当事人的职责及相互间的法律关系较为明确。主要体现在四方面：①牵头银行在组织银团的过程中，是借款人的代理人。一旦贷款协议签订，即银团组成，牵头银行与借款人间的代理关系终结。②各贷款银行与借款人分别签订贷款协议，分别形成直接的债权债务关系。各贷款银行权利和义务相对独立，相互之间不负连带责任。③各贷款银行相对稳定。④代理银行的

---

① 王海英. 国际经济法案例教程[M]. 北京大学出版社，2012：208.

责任明确。在贷款协定中或由各银行另行签订协议明确规定代理银行的权利与义务，如充当银团成员发放贷款和借款人偿还贷款的中介，代理银行审查发放贷款的先决条件；监督借款人的财产状况；应付借款人的违约事件等。在间接型银团贷款方式中，借款人、牵头银行和参与银行的关系取决于转让贷款参与权的方式。

本案参与银行不能直接要求甲公司偿还贷款。本案中，乙银行通过签发可转让贷款证书方式，向 15 家外国银行筹集贷款资金，并依与甲的合同将资金提供给甲的行为表明，甲与 15 家外国银行没有直接的合同关系，属于间接贷款方式。乙银行签发可转让贷款证书，实际上就是向 15 家外国银行借款，借款目的是要向甲提供资金，因此 15 家外国银行的参与贷款方式是再贷款方式。根据相关法律规定，甲公司与乙银行的国际银团贷款协议合法有效。根据合同相对性，甲与乙之间，乙与参与银行之间的协议各自独立。参与银行和借款人不存在直接的债务债权关系。乙银行破产，参与银行是债权人，只能依据破产法要求破产债务清偿。

【资料阅读】

1. 郑和明. 国际银团贷款及其对我国的启示［J］. 云南社会科学，2013（6）.

2. 阳露昭，史佳佳. 国际间接银团贷款适用美国证券法的理论和实践研究［J］. 政治与法律，2009（5）.

【延伸思考】

1. 国际银团贷款和项目贷款的合同安排有何区别？

2. 国际商业贷款协议中的相关条款如何维护债权人的利益？

第三节　见索即付保函

见索即付保函或保函，无论其如何命名或描述，都指根据提交的相符索赔进行付款的任何签署的承诺。国际商会于 1992 年针对独立性保函首次制定了《见索即付保函统一规则（1992）》（*The Uniform Rules for Demand Guarantees*，简称 URDG458），由于 URDG458 的条款过于笼统，缺乏可操作性，国际商会于 2007 年 4 月决定对其进行修订，最终形成了《见索即付保函统一规则（2010）》（简称 URDG758）。URDG 758 已经于 2010 年 7 月 1 日起生效。

《见索即付保函统一规则（2010）》第 5 条 a 款规定：保函就其性质而言，

独立于基础关系和申请，担保人完全不受这些关系的影响或约束。保函中为了指明所对应的基础关系而予以引述，并不改变保函的独立性。担保人在保函项下的付款义务，不受任何关系项下产生的请求或抗辩的影响，但担保人与受益人之间的关系除外。第6条规定：担保人处理的是单据，而不是单据可能涉及的货物、服务或履约行为。

★ 典型案例：

招商银行股份有限公司成都科华路支行与成都华川进出口集团有限公司、华川格鲁吉亚有限公司保函纠纷①

【基本案情】

2011年12月21日，成都华川进出口集团有限公司（以下简称华川进出口公司）与华西建设公司签订《协议书》，约定：华川进出口公司将格鲁吉亚司法部公正大厦工程安装工程、二次装饰工程发包给华西建设公司，合同价款为人民币6000万元，开、竣工日期分别为2012年2月1日、2012年8月10日；华川进出口公司向华西建设公司支付预付工程款的时间和数额为；双方签订合同后的一周内支付合同金额的25%；华西建设公司在合同签订一周内，向华川进出口公司提供合同金额25%的银行履约保函。

2011年12月29日，招商银行股份有限公司成都科华路支行（以下简称招行科华支行）向华川进出口公司出具保函，该保函的主要内容为：应华西建设公司的要求，招行科华支行向华川进出口公司开立本保函，保证华西建设公司为工程目的使用预付款，并承担预付款金额即1500万元的保证责任；招行科华支行在收到华川进出口公司提交的索赔文件及华西建设公司违约的书面证明后7个工作日内，向华川进出口公司偿付不超过金额为1500万元的预付款赔偿金；招行科华支行承担保证责任的条件是：①华川进出口公司向招行科华支行提交的书面索赔文件必须在华川进出口公司向华西建设公司提供了预付款之后，并且于本保函有效期内送达招行科华支行；②华川进出口公司应向招行科华支行提交证实华西建设公司已违约的书面证明；③本保函之保证金额随华西建设公司所完成的工程进度按比例自动递减。保函还载明：本保函适用中华人民共和国法律，受中华人民共和国法律管辖；除非华

---

① 四川省高级人民法院民事判决书，川民终字第750号，来源中国裁判文书网。http://www.court. gov.cn/zgcpwsw/content/content? DocID＝032ad0ce－633c－4fa4－b935－f140caa1e74f&KeyWord. 见索即付保函.

川进出口公司自动中止或放弃保函项下的权利，本保函开立即行生效，于2012年10月5日失效。2012年1月12日，华川进出口公司通过工商银行向华西建设公司付款1500万元。

2012年9月27日，华川进出口公司向招行科华支行提交了索赔通知，要求招行科华支行立即履行保函项下义务，向华川进出口公司支付1500万元。华川进出口公司索赔的同时，提交了保函复印件、华川格鲁吉亚公司于2012年9月24日出具的违约证明（英文）、工商银行资金汇划补充凭证两张（金额共计1500万元）、中华人民共和国驻格鲁吉亚大使馆经济商务参赞处出具的"关于格鲁吉亚司法大楼项目最新进展事"。

华川格鲁吉亚公司的违约证明加盖了公司公章和公司负责人签名，其主要内容是：华西建设公司应当于2012年2月1日开工并于2012年8月10日完工。但华西建设公司未安排足够的人力履行其义务，且因其未能及时支付施工人员工资，还导致其施工人员多次怠工、罢工，项目业主不得不自2012年3月另行安排了格鲁吉亚当地公司代替华西建设公司施工。工程预计在2012年9月底完成。鉴于上述，华西建设公司的行为已构成对合同的根本违约。

大使馆经济商务参赞处出具的"最新进展事"的主要内容为：2012年8月17日，受刘波参赞委托，大使馆经济商务参赞处徐欣宇秘书赴格鲁吉亚司法部公正大楼项目施工现场考察，与主管该项目的格方吉左先生进行了交流，吉表示，目前项目存在的问题较多，按现有进度，中方承包公司很难按时完工；本应由中方承包公司组织施工的二次装饰工作因管理混乱、中方施工人员数量少、技术差致使施工能力严重不足，施工进度远未达到既定要求，格方业主不得已直接参与工程。

2012年10月10日，华川进出口公司将违约证明中文翻译件提交至招行科华支行。2012年10月11日，招行科华支行向华川进出口公司出具了"拒付通知"，主要理由包括：根据保函约定，华川进出口公司应按与华西建设公司合同要求于该合同签订日后的1周内，即2011年12月28日前支付预付款，但华川进出口公司提供的工商银行网上付款凭证，晚于上述合同约定最迟付款日期，我行无法将其认定为本保函项下的预付款。另外，招行科华支行提交了以华川格鲁吉亚公司名义出具的、落款时间为2012年9月27日的"关于格鲁吉亚公正大厦安装、二次装饰工程专业分包单位施工进度及完成产值的情况证明"。其主要内容是：华西建设公司于2012年3月至9月初步统计完成施工进度产值4600多万元，在整个施工过程中无违约行为及违约事实,该工程已于 2012 年 9 月 21 日交付使用。此份情况证明,无华川格鲁吉亚公司负责人签字,其加盖的是华川格鲁吉亚公司的 2 号印章。

诉讼中,华川格鲁吉亚公司出具了一份声明,主要内容为:招行科华支行提交的落款时间为 2012 年 9 月 27 日的情况证明中,关于华西建设公司履约情况的描述不符合事实,实际情况以华川格鲁吉亚公司于 2012 年 9 月 24 日正式签发的违约声明为准。

华川进出口公司认为,招行科华支行出具的保函构成涉外经济活动中见索即付独立担保,其拒付理由违反了保函项下承诺及相关规则,遂诉请一审法院判令招行科华支行向华川进出口公司赔付 1500 万元,并按银行同期贷款利率支付自 2012 年 10 月 13 日起至实际支付之日止的利息。

【法律分析】

第一,案涉保函是否为独立保函?

招行科华支行认为:从保函形式上看,案涉保函并未标注"见索即付""独立保函字样";从保函内容上看,约定有严格的生效要件、担责范围、担责条件,且与基础合同密切相关,不具有独立性;保函索赔也要求具备必要条件后才予赔付,并非见索即付。招行科华支行没有凭单付款的意思表示,案涉保函不是独立保函。那么,案涉保函是否为独立保函呢? 招行科华支行向华川进出口公司开立的保函中承诺:"保证人保证在收到受益人提交的索赔文件及承包人违约的书面证明后 7 个工作日内,向受益人偿付不超过金额为 1500 万元的预付款赔偿金",同时明确规定其承担保证责任的条件是依据受益人提交的单据,体现了保证人见索即付和凭单付款的意思表示。从整体内容来看,该保函虽提及与之对应的基础合同,也提到开立保函的目的是为工程预付款的使用提供担保,但并未规定保证人承担保证责任需要在单据之外考虑基础合同的履行情况、承包人违约的事实等,保函的有效期和保证金额亦是依据文本的规定来确定,与基础合同的履行期限和合同价款等并无必然联系。因此,案涉保函应为独立保函。案涉保函虽未标注"见索即付""独立保函"字样,亦不能作为否认保函独立性的依据和理由。是否为独立保函,应根据其文本内容所体现的担责条件的意思表示进行判断,即审查其是否与主合同,主债权有没有从属关系、附随关系,而保函称谓的表述可以多样化。

第二,招行科华支行承担保证责任的条件是否已成就?

招行科华支行承担保证责任的条件包括三个方面。

首先,华川进出口公司是否已支付预付款和预付款支付的时间。招行科华支行认为华川进出口公司逾期支付的款项并非保函中所指预付款,而且,《协议书》中约定华川进出口公司向华西建设公司支付预付工程款的时间为双方签订合同后的一周内,因此,其承担保证责任的第一项条件尚未成就。但承担保证责任的第一个条款是要求华川进出口公司索赔的前提条件是已向华西建设公司支付预付款,并未限定预付款支付时间。华川进出口公司于2012年1月12日通过银行转账方式向华西建设公司付款1500万元,金额与双方约定的预付款金额一致,华川进出口公司主张该款为其支付的预付款。招行科华支行认为根据华西建设公司的说明,收到的上述款项性质应为工程进度款、往来款。对于该主张,招行科华支行既未指出相应的付款依据,也未说明系预付款之外何种性质的往来款,其仅以华西建设公司向华川进出口公司的转款行为反驳华川进出口公司的主张,依据不足。华川进出口公司关于已支付预付款的主张成立,其索赔符合保函约定的第一项条件。

其次,华川进出口公司提交的违约证明是否符合保函约定的第二项条件。招行科华支行认为保函保证内容是承包人为工程目的使用预付款,相应违约事件应为未将预付款用于工程、挪用预付款等。但案涉保函约定保证人承担保证责任的第二项条件是:"受益人应向保证人提交证实承包人已违约的书面证明",该条款并未明确规定受益人应证明的具体违约内容,因此,只要受益人提交的书面证明能够反映承包人存在未履行相关合同项下义务的情形,即应视为符合保函约定。""保证将为工程目的使用预付款",系保函中表述的开立保函目的,故招行科华支行以此将违约事件限定为承包人未将预付款用于工程和挪用预付款等,不符合保函约定。案涉保函并未约定受益人提交的违约证明应采用何种形式,也未约定违约证明应由谁出具以及应证明的具体违约事件。大使馆经济商务参赞处出具的"最新进展事",载明了承包人存在施工能力不足、施工进度未达要求等违约情形,华川进出口公司提交的该违约证明符合保函约定。另外,招行科华支行加盖2号章的情况证明无华川格鲁吉亚公司法定代表人签字,招行科华支行亦未说明该情况证明系经合法授权出具,能够代表华川格鲁吉亚公司的真实意思表示。在华川格鲁吉亚公司对其证明内容不予确认,招行科华支行亦未证明该枚印章可以使用于管理工程项目以外其他事项的情况下,应未予采信。另外,该情况证明并非受益人华川进出口公司索赔时提交的违约证明,而是华西建设公司为请求招行科华支行止付提交的证明,不属于保函约定的担保人审单范围。该情况证明不应作为影响担保人付款义务的依据。

最后，关于保证金额应否递减的问题。招行科华支行认为案涉保函对保证金额约定了递减条款，承包工程已竣工并交付使用，产值远高于保函担保金额，保证金额应递减为零。案涉保函约定，"本保函之保证金额随承包人所完成的工程进度按比例自动递减"，但该条款并未规定应提交何种单据表明工程进度情况，也未约定担保人应当依据何种情形确定已完成的工程量。在保函没有规定相应单据，亦未约定减额判断标准的情况下，担保人不能仅凭减额条款完成减额。在独立保函法律关系中，担保人应否付款，应当审查受益人是否提交了满足担责条件的单据，不需要对基础交易的实际履行情况进行审查。招行科华支行认为一审法院在未对工程量及完工量进行审核的情况下，径直认定无法完成减额的理由不能成立。

故法院对华川进出口公司要求招行科华支行支付保函项下赔偿金 1500 万元的诉讼请求，予以支持。

【资料阅读】

1. 李真. 见索即付保函案件司法审判疑难问题研究[J]. 法律适用，2015(9).

2. 李季红，王丽平，姚强. 独立保函见索即付的违法阻却事由[J]. 人民司法，2015(6).

3. 郭德香. 见索即付保函的担保风险及其防控对策——由"利比亚银行保函延期事件"引发的思考[J]. 法商研究，2012(5).

4. 余小伟. 国际商会《见索即付保函统一规则》之修订及其评析[J]. 西部法学评论，2012(1).

5. John Baranello：Understanding the URDG758：Reviewing Some Key Provisions.①

Article 7 of URDG758 is similar to ISP98 Rule 4. 11, UCP600 Article 14(h) and NYUCC §5 – 108(g), in that non-documentary conditions are to be disregarded. However, URDG adds an exception that non-documentary conditions are not to be disregarded to the extent that information in any required documents conflicts with such conditions. This URDG rule can make it tricky to know when these conditions are met and compliance is necessary. To minimize errors, banks may want

---

① http://www.fpsc.com/DB/TreasuryPulse/PDF/Fall10_article4.pdf.

to provide extra training to those examining these documents.

URDG Article 14(b) permits the presenter to provide the required information for a complying demand in a piecemeal fashion if it records this in its partial presentation and if the presentation is completed before the guarantee expires. This effectively shifts the burden of storing and caring for documentation until a demand is complete from the presenter to the guarantor. Under ISP98, UCP600 and the NYUCC, a bank is permitted to return incomplete, non-complying documents to the presenter.

The URDG Article 15 requirement for presentation of a default statement, even if not mentioned in the guarantee, is a potential trap for both beneficiaries and guarantors. A beneficiary that is unaware of this requirement may fail to present this statement and be unable to correct this if the guarantee is to expire shortly. A guarantor that fails to request the statement may jeopardize its right to reimbursement. Beneficiaries and guarantors may protect themselves by using the Article 15 (c) option to exclude any requirement for the presentation of a default statement under Article 15(a) or (b). Banks may also want to include protective provisions in their reimbursement agreements.

URDG Article 24 provides that notice of dishonor must be sent "without delay" and not later than the close of the fifth business day. However, "without delay" is not explicitly defined, and it could be argued that this means just one or two days. Neither ISP98, UCP600 nor the NYUCC requires that notice be given "without delay" (as opposed to within a "reasonable time" or "within a specified period of time"). ISP98 Rule 5.01(a)(i) provides a "safe harbor" for issuers— notice within three business days after the day of presentation is deemed to be not unreasonable and therefore does not trigger the preclusion penalty. Banks may protect themselves from this URDG risk by including appropriate provisions in their guarantees or reimbursement agreements.

URDG Article 35 has no counterpart in ISP98 or UCP600. It specifies an "exclusive place" for the resolution of disputes—something that may work well where there is a demand guarantee but no counter-guarantee. However, where there are both, the "exclusive place" can be different for the guarantor than for the counter-guarantor (likely, as they will often be located in different countries). This exposes them to the risk of inconsistent judgments (e. g. , a court in Country A may hold that the guarantor is obligated to pay under the demand guarantee, but a court in Country B may hold that the guarantor is not entitled to be paid under the counter-guarantee). The parties may wish instead to agree on exclusive jurisdiction in a single jurisdiction for both guarantees. NYUCC §5 – 116(e) permits great freedom in selecting the jurisdiction for disputes under documentary undertakings.

【延伸思考】

1. 案涉保函是否具有涉外因素，是否是涉外保函？

2. 本案应适用的法律依据如何确定？

3. 华川进出口公司没有按照《协议书》约定的时间支付给华西建设公司预付工程款，招行科华支行是否有权对华川进出口公司拒付？

4. 华西建设公司违约，但将1500万元工程预付款用于使用目的，招行科华支行是否应当承担保证责任？

第四节　银行托收

托收(collection)是由收款人对付款人开立汇票，委托银行向付款人收取货款的一种结算方式。托收按照汇票是否附具货运单据(包括提单、保险单、发票等)，可以分为光票托收(clean collection)和跟单托收(documentary collection)。光票托收是卖方仅开具汇票而不附有商业单据或仅附有发票等不包括运输单据的一般商业单据的托收；跟单托收是附带货运单据的托收。跟单托收根据交单条件不同，可分为承兑交单(document against acceptance，简称D/A)和付款交单(document against payment，简称D/P)。承兑交单是指买方对汇票承兑后即可获得装运单据，等到汇票到期日再付款。承兑交单只用于远期汇票的托收；付款交单是指买方付款后才能获得装运单据。付款交单又分为即期付款交单和远期付款交单。即期付款交单指的是卖方开出的汇票是即期汇票，买方见票就要付款并获得装运单据。远期付款交单指的是卖方开出的是远期汇票，买方在见票时先承兑，等付款期到来之日再付款并取得货运单据。

国际商会银行技术惯例委员会为协调托收中有关当事人的利益，统一托收业务的做法，于1958年拟定了《商业单据托收统一规则》，供各国银行办理托收业务时参考。1995 年，国际商会对《商业单据托收统一规则》再次进行了修订，产生了新的《商业单据托收统一规则》，即国际商会第 522 号出版物，简称 URC522。该规则属于任意性惯例，没有普遍拘束力，只有当事人事先约定才受其约束。

★ **典型案例：**

昌邑市晨阳家用纺织品厂与中国银行股份
有限公司昌邑支行委托合同纠纷案①

【基本案情】

2012 年 4 月 18 日，昌邑市晨阳家用纺织品厂（以下简称晨阳家纺）与希腊 G-A 进口公司签订销售合同一份，约定晨阳家纺销售给希腊 G-A 进口公司床单 18 594 套，单价 4.78 美元/套，共计货款 88 879.32 美元。装运时间为形式发票确认后 40 天内，运输方式为海运，转运港为青岛港，目的港为比雷埃夫斯，付款方式为即期付款交单。晨阳家纺开具给收货人希腊 G-A 进口公司的形式发票中包括样品费、运费在内的货款金额为 88 902.70 美元。合同签订后，晨阳家纺于 2012 年 4 月 23 日收到签发的提单后在青岛港装运开船。

2012 年 5 月 15 日，晨阳家纺委托中国银行股份有限公司昌邑支行（简称昌邑中行）为托收行托收上述货款，晨阳家纺向昌邑中行交付商业发票三份、箱单三份、运输单据正本和副本各三份，交单条件为付款交单，托收金额为 88 902.70 美元，晨阳家纺向昌邑中行出具了托收委托书。同日，晨阳家纺同时向昌邑中行出具说明一份，内容为："我公司今日在贵行托收项下交单一笔，金额 USD 88 902.70，请贵行务必用 TNT 快递寄出，由此出现的一切风险由我公司自行承担。"

2012 年 5 月 23 日，代收行希腊花旗银行收到昌邑中行通过 TNT 快递邮寄的邮件，但希腊花旗银行以收到的提单不符合托收指示中提到的发票和提单的内容不能议付为由将托收单据退回昌邑中行。

收货人希腊 G-A 进口公司于 2012 年 5 月 21 日拿到提单以及相关单据，

---

① 山东省潍坊市中级人民法院民事判决书（2014）潍商终字第 652 号，案例来源：中国裁判文书网。http://wenshu. court. gov. cn/content/content? DocID = 01be931a - 20cc - 42d2 - 838e - b82eab18ef34&KeyWord. = 昌邑市晨阳家用纺织品厂.

并于 2012 年 5 月 22 日在目的港办理了提货单，2012 年 5 月 24 日 12：00 提柜。

希腊花旗银行提供了收到的被明显破坏和拆开的快递包裹照片，并陈述：虽然快递文件邮寄的地址是到哈尔基斯，但还是通过 TNT 交付希腊花旗银行 Sygrou 办事处，但花旗集团在希腊已与 TNT 达成共识，所有有关快递的文件交付其 Sygrou 办事处；该文件包括 2 份发票、2 份装箱单、6 份海运提单，但均是复印件。希腊花旗银行不知道也无法说明信封是在哪个环节阶段被破坏干扰，但希腊花旗银行意识到这是希腊的犯罪团伙通过当地快递员拦截到指定银行途中的贸易单据进行诈骗出口商的非法活动。

昌邑中行关于寄交单证的过程，提供了书面说明一份，载明：根据客户要求，昌邑中行将一票单据通过 TNT 邮寄，由于昌邑中行无 TNT 的快递单以及快递包装，因此由潍坊申通快递有限公司快递员于 2012 年 5 月 16 日将用 DHL 包装的单据取走并用 TNT 寄出。

晨阳家纺认为昌邑中行在办理托收业务的过程中没有尽到善意和合理的谨慎义务，应向晨阳家纺赔偿托收货款 88 902.70 美元及利息。昌邑中行认为晨阳家纺未能获得付款的责任不在于昌邑中行，双方遂发生纠纷。

【法律分析】

本案的焦点问题在于：①昌邑中行接受晨阳家纺的委托是否按照诚信的原则尽到了合理谨慎的义务；②昌邑中行在接受委托的过程中对晨阳家纺的损失是否存在过错；③晨阳家纺未收到上述单证项下的货款，昌邑中行是否应承担赔偿责任。

昌邑中行接受晨阳家纺的委托，要求完成托收项下交单，并约定此次交单适用于现时有效的《商业单据托收统一规则》，交单条件为付款交单，晨阳家纺发出函特别指示昌邑中行用 TNT 快递寄单，承诺由此出现的一切风险由晨阳家纺自行承担。昌邑中行按晨阳家纺指示的地址及 TNT 快递寄出，快递在邮寄过程中出现破损，后经希腊花旗银行确认晨阳家纺提供给昌邑中行的地址出现错误，虽然最终邮件到达希腊花旗银行，但因邮件到达之前货物已被晨阳家纺的客户提走，晨阳家纺至今未能收到相应货款。《商业单据国际商会托收统一规则》第四条规定，银行将不会为了取得指示而审核单据；托收指示应载明付款人或将要办理提示的场所之完整地址。如果地址不全或有错误，代收银行可尽力查明适当的地址，但其本身不承担任何义务和责任。第九条规定，银行将本着诚信的原则、尽合理的谨慎来办理业务。第十四条规定，银行对任何信息、信件及（或）单据在传送中所发生的延误或丢失，或对任何电讯在传递中所发生的延误、残损或其他错误，或对技术条款的翻译及（或）解释的错误，概不承担责任或对其负责。本案的事实是，昌邑中行通过晨阳家纺指定的 TNT 快递寄出，最后经辗转到达希腊花旗银行，出现问题的原因是因为在快递流转过程中邮件出现破损，提单被提前取走而提走货物，并非昌邑中行的原因，晨阳家纺提供的邮件查询详情单中虽然显示邮件完好无损地送达，但仅仅是快递公司单方在网上的记载，希腊花旗银行最后收到的邮件单号与昌邑中行寄出所留存根的邮件单号相符，不可否认的事实是昌邑中行已将晨阳家纺交付的原件交给快递公司寄出且由代收行收到的事实，根据托收统一规则的上述规定，昌邑中行对任何信息、信件或单据在传送过程中所发生的延误或丢失，或对在传递中发生的延误、残损或其他错误，概不承担责任或对其负责。且晨阳家纺在委托昌邑中行时书面承诺要求昌邑中行务必用 TNT 快递寄出，由此出现的一切风险晨阳家纺自行承担。因此，昌邑中行在接受委托过程中尽到了诚信的原则和合理的谨慎，按照晨阳家纺的指示处理委托事务，昌邑中行已经完成委托事务，在此过程中不存在过错，晨阳家纺收不到货款的原因过错不在昌邑中行，昌邑中行不应承担赔偿责任。

【资料阅读】

1. 邓旭. 复代理抑或委托：国际托收中委托人和代收行之间的法律关系辨析[J]. 国际贸易问题，2010(4).

2. 陈治东. 国际托收业务中银行责任之法律分析[J]. 武大国际法评论，2004.

3. 刘清生. 论国际托收法律关系的性质——兼与王利明教授商榷[J]. 哈尔滨学院学报，2007(6).

4. 韩宝庆. 国际托收中代收行法律地位的再思考[J]. 对外经济贸易大学学报，2006(4).

5. 李慧东. 银行基于托收持有汇票无权主张票据权利[J]. 人民司法，2011(16).

6. 姚新超. 试析新《托收统一规则》(URC522)[J]. 国际贸易问题，1996(7).

【延伸思考】

1. 托收在国际贸易中存在哪些风险？

2. 托收当事人各方之间的法律关系是什么？

第五节　跟单信用证

国际商会《跟单信用证统一惯例》(UCP600)第 2 条规定：信用证指一项不可撤销的安排，无论其名称或描述如何，该项安排构成开证行对相符交单予以承付的确定承诺。

信用证独立原则是信用证的基石。UCP600 第 4 条"信用证与合同"规定："a. 就其性质而言，信用证与可能作为其开立基础的销售合同或其他合同是相互独立的交易，即使信用证中含有对此类合同的任何援引，银行也与该合同无关，且不受其约束。因此，银行关于承付、议付或履行信用证项下其他义务的承诺，不受申请人基于与开证行或与受益人之间的关系而产生的任何请求或抗辩的影响。受益人在任何情况下不得利用银行之间或申请人与开证行之间的合同关系。b. 开证行应劝阻申请人试图将基础合同、形式发票等文件作为信用证组成部分的做法。"

信用证单证相符原则是指银行在付款时必须审查受益人所提交的单据是否符合信用证规定的条件，只有在单据表面上与信用证相符的条件下，银行才承担必须付款的责任。如果单据在表面上与信用证不符，银行可以拒绝受领单据，拒付货款。另外，受益人交付的单据必须相互一致，即所谓的"单单相符"。UCP600 第 14 条 a 款规定："按指定行事的指定银行、保兑行(如果有的话)及开证行须审核交单，并仅基于单据本身确定其是否在表面上构成相符交单。"d 款规定："单据中的数据，在与信用证、单据本身以及国际标准银行实务参照解读时，无须与该单据本身中的数据、其他要求的单据或信用证中的数据等同一致，但不得矛盾。"e 款规定："除商业发票外，其他单据中的货物、服务或履约行为的描述，如果有的话，可使用与信用证中的描述不矛盾的概括性用语。"

中国最高人民法院在 2006 年 1 月 1 日起实施的《关于审理信用证纠纷案件若干问题的规定》第 6 条明确规定："人民法院在审理信用证纠纷案件中涉及单证审查的，应当根据当事人约定适用的相关国际惯例或其他规定进行；当事人没有约定的，应当按照国际商会《跟单信用证统一惯例》以及国际商会确定的相关标准，认定单据与信用证的条款、单据与单据之间是否在表面上相符。信用证项下单据与信用证条款之间、单据与单据之间在表面上不完全一致，但不导致相互之间产生歧义的，不应认为是不符点。"

信用证独立原则使信用证支付方式取得成功的同时，也为不法商人利用信用证进行欺诈提供了可乘之机。信用证欺诈例外的原则，是指在肯定信用证独立抽象性原则的前提下，允许银行在存在欺诈的情况下，不予付款或承兑汇票，法院亦可颁发禁止支付令对银行的付款或承兑予以禁止。UCP600对欺诈例外原则没有作出规定。中国最高人民法院在《关于审理信用证纠纷若干问题的规定》第8条中规定，凡有下列情形之一的，应当认定存在信用证欺诈：第一，受益人伪造单据或者提交记载内容虚假的单据；第二，受益人恶意不交付货物或者交付的货物无价值；第三，受益人和开证申请人或者其他第三方串通提交假单据，而没有真实的基础交易；第四，其他进行信用证欺诈的情形。依据上述规定，当开证申请人、开证行或者其他利害关系人发现有上述情形，并认为将会给自己造成难以弥补的损害时，可以向有管辖权的人民法院申请中止支付信用证项下的款项。同时其在第10条又规定了虽然具有符合第8条规定的情形，但有下列情形存在的，法院不应当裁定中止支付或者判决终止支付信用证下的款项：开证行的指定人、授权人已按照开证行的指令善意地进行了付款；开证或者指定人、授权人已对信用证项下票据善意地做出了承兑；保兑行善意地履行了付款义务；议付行善意地进行了议付。

★ **典型案例一：**

阿拉伯石化公司与河南东方华宇公司买卖合同纠纷案①

【基本案情】

2009年2月6日，阿拉伯石化公司与河南东方华宇公司签订销售合同一份。买卖标的为片状烧碱，合同约定产品纯度为98%，并约定如有质量异议，由中国检验认证集团河南有限公司提供最终检验结果。2009年4月9日，货物装船，2009年6月16日到达目的港杜阿拉。2009年4月23日，阿拉伯石化公司以信用证支付了货款。2009年6月29日，阿拉伯石化公司向河南东方华宇公司主张烧碱浓度低于约定，并提交了INTERTEK公司的检测报告。2009年11月27日，河南东方华宇公司委托中国检验认证集团河南有限公司对其自行留存样品进行检验，检验结果显示货物符合约定。双方就争议协商未果，阿拉伯石化公司诉至法院，请求判令河南东方华宇公司支付赔

---

① 本案案号：（2011）郑民三初字第315号，（2013）豫法民三终字第39号. 案例编写人：关晓海（河南省高级人民法院）何剑平（巩义市人民法院）. http://openlaw. cn/guidance/4f20f7f8cb224fa683cbe6b0a76e2d2d.

偿款88 981.2美元。

另外,阿拉伯石化公司在其开具的信用证中要求河南东方华宇公司根据编号为 SGS – 15502 – 85 的检测报告出具确认已完成质量检查的确认书。而 SGS – 15502 – 85 号所指检测是涉案货物目的地喀麦隆政府所要求的强制性检测,检测项目是固定的,并不包括质量检测。而检测事宜由阿拉伯石化公司在喀麦隆的买家具体办理。

【法律分析】

河南省郑州市中级人民法院经审理认为,双方发生质量争议时,阿拉伯石化公司未委托合同约定的检测机构进行质量检测,故对阿拉伯石化公司的诉讼请求不予支持,判决驳回阿拉伯石化公司的诉请。阿拉伯石化公司不服,上诉称因河南东方华宇公司未履行装船前的货物质量检验义务,应由其承担货物质量不合格的违约责任。2013 年 10 月 28 日,河南省高级人民法院作出终审判决:驳回上诉,维持原判。

根据信用证独立原则,信用证一旦开立,则完全独立于基础合同。本案中,阿拉伯石化公司和河南东方华宇公司对货物质量产生争议,货物到达目的港之后,各自单方委托进行的检验均不能取得对方认可,货物装船前的检测义务应由谁承担,便成为确定各自责任的一个重要环节。法院认为,装船前的检测条款虽只规定在阿拉伯石化公司开具的信用证中,并未在双方签订的销售合同中进行约定,但仍可以作为处理双方基础合同纠纷的依据。

首先,信用证是合同中双方约定的一种结算方式,信用证的开立,需要与合同相符,但在实践中,信用证与买卖合同不一致的情况十分普遍。当卖方对与买卖合同不符的信用证未提出异议,反而依然装运货物,并向银行提示付款,通常被视为卖方接受了不符合买卖合同的信用证。但买方申请开出的与买卖合同不符的信用证,如果卖方接受,通常认为是对买卖合同的变更。合同的成立需要有对价,合同的变更亦然。一旦卖方接受了不符合买卖合同的信用证,即被视为是对原合同的变更,则变更后的内容构成新的合同条款,并取代原合同的相应条款。中国《合同法》第 11 条规定,当事人协商一致即可变更合同。合同变更的要件包括以下几个方面:一是存在一个有效的合同;二是经双方当事人协商一致;三是遵循法定的程序和方式。信用证由开证行开出,开证行与买方是一种委托代理关系,开证行是基于买方的委托,依其开证申请而开立信用证,无疑,信用证的条款反映了买方的意思表示。根据实践中的开证流程,买方一般会将其开证申请书传真卖方,以征求其意见,征得卖方确认后,银行才据此开证。如此,信用证的条款当然也符合卖方的意思表示。即便买方未将开证申请书传真卖方，但当银行将信用证交到卖方时，卖方不但不提异议或拒绝，而是依此行事，其行为也表明其接受了信用证条款对买卖合同的变更。在法律性质上，表明买卖双方对原买卖合同进行了变更。

本案中，阿拉伯石化公司与河南东方华宇公司所签订的销售合同，以及阿拉伯石化公司开具的信用证中，均未要求河南东方华宇公司承担装船前检测义务。但根据信用证的要求，阿拉伯石化公司明确要求河南东方华宇公司在出具已完成质量和数量满意检查的确认书时必须以编号为 SGS – 15502 – 85 的检测报告为基础，这说明阿拉伯石化公司在申请开证时对装船前的检测已经作出安排，而且该检测作为喀麦隆政府的强制性要求，由于其本身并不包括质量检测项目，必然导致河南东方华宇公司无法依据该检测作出确认已完成质量和数量满意检查的确认书。由于河南东方华宇公司在此次检测中仅为协助配合方，涉案货物未进行装船前质量检测的责任应由阿拉伯石化公司承担。虽然，河南东方华宇公司在得知该次检测并不包括质量项目之后，未将这一情况及时与阿拉伯石化公司进行沟通，反而出具了虚假陈述的受益人证书，该行为不符合信用证的要求，也有违基本商业道德，但不能据此认定涉案货物装船前检验义务应由河南东方华宇公司承担，其提供不符合信用证要求的单据应承担的责任，阿拉伯石化公司可另行主张。

【资料阅读】

1. 何波. 信用证交易中的欺诈例外[J]. 法学研究, 2002(2).

2. 黄亚英. 析银行处理信用证单据的法律规则[J]. 政治与法律, 2004(1).

3. 徐国栋. 罗马法中的信用委任及其在现代法中的继受——兼论罗马法中的信用证问题[J]. 法学家, 2014(5).

4. 刘定华, 李金泽. 关于信用证欺诈例外的若干问题研究[J]. 中国法学, 2002(3).

5. 徐冬根. 信用证软条款问题研究[J]. 政治与法律, 2004(1).

6. 龙著华. 信用证欺诈的民事救济——兼评最高人民法院《关于审理信用证纠纷案件若干问题的规定[J]. 国际经贸探索, 2006(5).

7. 李金泽. 议付信用证有关法律问题研究[J]. 中国法学, 2001(5).

8. Walter (Buddy)Baker and John f. Dolan: Users' Handbook for Documentary Credits under UCP600. ICC Publication, 2008.

Five features of the documentary letter industry reduce these risks and keep costs low.

First, documents that bankers can examine drive the transaction. Under the documentary credit, banks decide whether to honour or dishonour on the basis of documents. Banks do not need to open containers to examine shipments, and they do not hire lawyers to interpret international sales contracts. The documentary credit is independent of related contracts and transactions. Banks deal only in documents, not goods. This feature of the documentary credit saves bankers time and money and allows them to keep the cost of the commercial letter of credit relatively low, yet it also permits sellers and buyers to protect themselves.

Second, the documentary credit substitutes the financial strength of known and reliable banks for that of small banks and commercial buyers.

Third, the SWIFT communications system largely eliminates the risk that a party will forge a documentary credit, an amendment to the credit or a payment order.

Fourth, international department bankers and documentary credit experts staff the International Chamber of Commerce Commission on Banking Technique and Practice, the Commission that supervises the drafting of the Uniform Customs and Practice for Documentary Credits (UCP). Most commercial letters of credit incorporate the UCP, which lays down rules for letters of credit that facilitate uniform bank treatment of documents throughout the trading world. The current version of the UCP (UCP600), implemented on July 1, 2007, goes a long way towards making documentary credit transactions stable and predictable.

Fifth, documents under documentary credits that incorporate the UCP must satisfy international standard banking practices. The ICC Banking Commission has published a handbook, International Standard Banking Practice for the Examination of Documents under Documentary Credits (ISBP, 2007 Revision for UCP600), on those practices to aid document examiners at banks and to achieve uniformity in document examination. From time to time, the Commission also issues opinions and interpretations to clarify documentary credit practices. These opinions often appear in DC Insight, an ICC quarterly newsletter, and are compiled in books available from ICC Services. ICC also provides a dispute resolution service, DOCDEX, whereby a panel of three experts decides each case. The ICC International Centre for Expertise hand-picks each expert after careful screening to check his or her qualifications and independence. Experts include bankers, lawyers, consultants and individuals who have dealt with letter of credit issues for many years. The Centre can call upon experts from over 70 countries, who review the evidence and base their decision on the relevant ICC rules. These DOCDEX decisions often appear in DC Insight.

【延伸思考】

1. 信用证与买卖合同的关系？

2. 卖方作为信用证的受益人，如何处理信用证与买卖合同不一致的情况？

★ **典型案例二：**

乐恩商务有限公司诉友利银行信用证议付纠纷案①

【基本案情】

2007 年 7 月 28 日，原告乐恩商务有限公司与韩国买家 G. T. C 公司签订了货物销售合同，由原告向 G. T. C 公司出售货物，买方以信用证方式付款。同年 7 月 24 日，被告友利银行应 G. T. C 公司的申请，开出了受益人为原告的不可撤销即期信用证。信用证 47A 中的其他附加条件第二款为"货物由 JOOSUNG SEA AND AIR CO., LTD 运输"。该信用证受国际商会第 600 号出版物《跟单信用证统一惯例和实务》（即 UCP600）的约束。

2007 年 7 月 30 日，被告向荷兰银行上海分行（通知行）发送传真对信用证第一次修改，内容为"DEL SHIPMENT BY JOOSUNG SEA AND AIR CO., LTD"。同年 8 月 28 日，被告向通知行发出传真对信用证第二次修改，内容为"ADD SHIPMENT BY SUNGIL TRANSPORTATION CO., LTD"。8 月 29 日，通知行向被告发出传真：受益人不接受信用证第二次修改，并要求被告澄清第一次修改中"DEL"是否为英文"DELETE"缩写。8 月 31 日，被告传真给通知行称：摒弃其 7 月 30 日、8 月 28 日对信用证的第一次和第二次修改。

---

① 本案案号：（2008）浦民二（商）初字第 2502 号，（2009）沪一中民五（商）终字第 34 号。案例编写人：孙黎（上海市浦东新区人民法院）。http://openlaw.cn/guidance/dedd7ae8b4c244b4b68a3e7508295754.

　　2007年9月1日，原告通过上海仁仁国际货运代理有限公司发出了信用证项下货物，并收到该货运公司的提单。同年9月5日，原告将信用证单据交给通知行，后者于9月7日发送给被告。9月14日，被告向通知行传真称：不符点为船运公司不一致，退回单据。同日，通知行回复被告：不同意被告引述的不符点，受益人不接受第二份修订，第一份修订已删除由JOOSUNG SEA AND AIR CO., LTD装运；因此，由其他船运公司装运不是有效的不符点。

　　2008年6月3日，原告向上海市浦东新区人民法院提起诉讼，要求法院判令被告支付信用证款项，并按同期银行美元贷款利率计算至支付日的利息。

【法律分析】

　　上海市浦东新区人民法院经审理后认为，本案是一个涉外的信用证修改和付款纠纷。本案的信用证明确指出受国际商会第600号出版物《跟单信用证统一惯例和实务》（即UCP600）的约束，故应从其约定。本案的争议焦点在于被告以船运公司不符为由拒付信用证是否成立。这涉及了本案信用证的二次修改。UCP600第10条规定，未经开证行及受益人的同意，信用证既不得修改，也不得撤销。开证行自发出修改之日起，即不可撤销地受其约束。在受益人告知通知修改的银行其接受该修改之前，原信用证（或含有先前被接受的修改的信用证）条款对受益人仍然有效。受益人应提供接受或拒绝修改的通知。如果受益人未能给予通知，当交单与信用证以及尚未表示接受的修改的要求一致时，即视为受益人已作出接受修改的通知，并且从此时起，该信用证被修改。本案中，被告发出的第一次信用证修改，被告受该修改约束且不可撤销。被告发出的第二次信用证修改，原告通过通知行拒绝被告的第二次修改。被告仍受第一次修改的约束。被告后在传真中称撤销两次修改的通知应为无效。原告以自己交单表明接受第一次修改的内容，此时双方达成信用证修改合意，即信用证没有关于由谁来运输的条件，可由任何公司负责运输。关于信用证第一次修改中"DEL"系"DELETE"（删除）的缩写已广泛认同，从第二次修改中"ADD"（增加）一词也可反证，除非被告能对"DEL"做出更为合理的解释，而被告自始至终对该词没有做出解释。被告拒付信用证的理由均不能成立。法院判决：被告友利银行向原告乐恩商务有限公司支付信用证项下90 981.60美元；并且支付以90 981.60美元为本金、从2007年9

月 15 日起至实际支付日的利息，利率按本判决生效日的六个月美元 LIBOR
的收盘价上浮 3% 计。

被告不服一审判决提起上诉。上海市第一中级人民法院判决：驳回上
诉，维持原判。

本案是一起因开证行修改信用证而引起的纠纷。信用证的修改与信用证
是不是合同这个古老的问题相关。撇开英国法上的合同对价问题，合同的订
立有要约与承诺的过程。开证行与受益人之间没有合意的过程，但是信用证
却有着合同的效果。《国际商会跟单信用证操作指南》（国际商会第 515 号出
版物）中关于跟单信用证的定义如下："跟单信用证是银行为了买方的利益
（申请人）或者自身的利益而出具的一种承诺，在符合信用证所规定的各项条
件时向受益人支付汇票或/和单据金额。"从该定义看，信用证是开证行向受
益人作出的单方承诺。承诺一旦到达受益人，开证行即应受到承诺的约束。

对承诺作出单方修改会直接影响受益人的权利义务，因此，信用证的修
改有其独特的规则。跟单信用证统一惯例（UCP600）中对信用证修改的规定
为第 10 条。开证行对信用证的修改并不当然发生效力，其效力取决于受益
人是否同意其修改。受益人应通知开证行同意或者拒绝修改。但在通知之
前，原信用证条款仍然有效。受益人可以实际的交单行为表示同意修改，并
且从此时起信用证被修改。该规则同样适用于信用证的再次修改。

本案的信用证纠纷即涉及开证行对信用证的二次修改。受益人告知开证
行不同意第二次修改并按信用证的第一次修改提交了单据。法院审理后认
为，受益人以实际交单行为与第一次修改一致时，该信用证被修改。其后开
证行的第二次修改和取消修改的通知均为无效。开证行以单据与信用证不符
为由拒绝支付信用证项下的款项是无理拒付，应当承担违约责任。信用证纠
纷的法律适用，国际商会所编写的国际惯例起到了相当大的作用。法院依照
国际惯例作出的判决令人信服。

【资料阅读】

1. 孙黎. 信用证修改的效力[J]. 人民司法，2011(4).

2. 舒红. 跟单信用证的修改和开证行处理案例分析[J]. 对外经贸实务，
2007(2).

【延伸思考】

1. 开证行对信用证修改的内容，是否允许受益人部分接受？

2. 受益人对于开证行修改的内容，如果没有表示接受和拒绝，开证行对信用证的修改是否生效？

3. 通知修改的银行(即通知行)应在何时将开证行修改信用证的通知告知给受益人？

★ **典型案例三：**

江苏华西国际贸易有限公司诉釜山银行信用证议付纠纷案①

【基本案情】

江苏省无锡市中级人民法院审理查明：2008 年 3 月 14 日，原告江苏华西国际贸易有限公司(以下简称华西公司)作为卖方与买方韩国 Hanli Steel Corporation 签订买卖合同，2008 年 4 月 21 日，被告釜山银行作为开证行开具了一份申请人为 Hanil Steel Corporation、受益人为原告华西公司的不可撤销信用证。该信用证所要求的文件包括全套清洁装船海运提单。提单第 2 页左上角载明：代码名称：康金提单，版本 1994；右上角载明：提单，与租船合同一起使用；左下方载明：运费按租船合同，日期 2008 年 8 月 22 日，中国江阴外轮代理有限公司在此处盖章。2008 年 9 月 2 日，原告向被告交付了信用证要求的全套单据，通过江阴农村商业银行向釜山银行请求付款。釜山银行在 2008 年 9 月 4 日加盖了进口件外汇业务部的接收章。2008 年 9 月 8 日釜山银行出具的电文回复："根据 UCP600 第 16 条，我方通知如下不符点：提交了租船合约提单，我方正就不符点征求申请人的意见。我方持有单据，一切风险由贵方承担。如果您已从偿付行获得偿付，请退款。"2008 年 9 月 22 日，釜山银行向江阴农村商业银行出具的电文中明确其拒绝付款。

江苏省无锡市中级人民法院认为：根据 UCP600 第 22 条(a)款的规定，租船合同提单是表明其受租船合同约束的提单。而 UCP600 第 20 条、21 条关于"提单""不可转让的海运单"的构成要件中规定必须"未表明受租船合同约束"。即判断一份提单是否是租船合同提单的主要依据在于其是否表明受租船合同约束。华西公司提交的涉案提单右上角载明：与租船合同一起使用；左下方载明：运费按租船合同。虽然提单上并未直接出现受租船合同约束表述，但是"与租船合同一起使用""运费按租船合同"等表述已足以表明该提单是根据租船合同签发，受租船合同约束，因此，该提单为租船合同提

---

① 江苏省无锡市中级人民法院(2009)锡民三初字第 55 号.

单，与涉案信用证要求的海运提单不符。

根据 UCP600 第 16 条(c)款的规定，当按照指定行事的指定银行、保兑行(如有的话)或开证行决定拒绝承付或议付时，必须给予交单人一份单独的拒付通知。该通知必须声明：i. 银行拒绝承付或议付；ii. 银行拒绝承付或者议付所依据的每一个不符点；iii. a)银行留存单据听候交单人的进一步指示……该条(d)款规定，(c)款要求的通知必须以电讯的方式，如不可能，则以其他快捷方式，在不迟于交单之翌日起第 5 个银行工作日结束前发出。本案中，釜山银行 2008 年 9 月 8 日出具的电文载明："根据 UCP600 第 16 条，我方通知如下不符点：提交了租船合约提单，我方正就不符点征求申请人的意见。我方持有单据，一切风险由贵方承担。如果您已从偿付行获得偿付，请退款。"该电文通知虽然在不迟于交单翌日起第 5 个银行工作日的时限内，但该通知并不符合 UCP600 的上述规定。首先，没有直接声明拒绝议付。在釜山银行提交的该电文中未有任何提及拒付的措辞，釜山银行仅凭"如果您已从偿付行获得偿付，请退款"的意思来推断并得出其拒付的意思表示，显然与 UCP600 的上述规定本意不符。其次，没有具体列明银行拒付所依据的不符点。根据 UCP600 第 14 条(g)款的规定，"提交的非信用证要求的单据将被不予理会，并可被退还给交单人"，本案中涉案租船合同提单非信用证要求的单据，银行可以不予理会，并将之退还给交单行。因此，银行必须对于信用证要求的某一或某些单据不符进行声明而不能仅声明提交了某单据。如果釜山银行认为华西公司提交了租船合同提单，而没有提交全套清洁装船海运提单，其应当在不符点声明中表述为"没有提交全套清洁装船海运提单"或"租船合同提单与全套清洁装船海运提单不符"，而不能仅声明"提交了租船合同提单"，故该不符点声明不具体、不完整，不符合 UCP600 第 16 条(c)款 ii 项的规定。釜山银行在审单时未能发出合格的拒付通知，在其通知中没有直接声明拒绝议付，也没有具体列明银行拒付所依据的不符点，故依照 UCP600 第 16 条(f)款的规定，"如果开证或保兑行未能按照本条行事，则无权宣称交单不符"，釜山银行在本案中无权宣称交单不符，在华西公司已履行其合同义务的情况下，其必须按照信用证要求履行其付款义务。釜山银行因违反 UCP600 的规定，应当承担拒绝付款的法律责任以及因未付款给华西公司造成的损失。华西公司请求釜山银行支付其信用证项下款项及利息损失，符合法律规定。

【法律分析】

本案争议焦点为：第一，涉案提单是否为租船合同提单；第二，釜山银行是否提交了有效的拒付通知。

第一，涉案提单是否为租船合同提单？

提单（bill of lading，B/L）是国际海上货物运输中最广泛使用的一种合同形式，用以证明海上运输合同和货物已由承运人接管或装船，以及承运人保证凭以交付货物的单据。根据货物是否装船，提单可分为已装船提单和收货待运提单。根据提单上是否有批注，可分为清洁提单和不清洁提单。本案中，信用证项下要求提供全套清洁装船海运提单，是指卖方华西公司必须提交在货物装船以后承运人签发的载明船名及装船日期的提单，且该提单上无明显地声明货物及（或）包装有缺陷的附加条文或批注。

租船合同提单是租船项下的提单，其性质和作用依租船人的身份不同而异，当租船人运送的是自己的货物时，船东签发的提单起证据的作用，提单要服从租船合同的约束，租船人（托运人）与船东（承运人）双方的权利义务以租船合同为准。当租船人以承运人的身份接受第三者即托运人的货物并签发自己的提单时，该提单的性质同班轮运输提单，适用《海牙规则》的规定。承运人与托运人、提单持有人、收货人的权利义务以提单为准，但船东与租船人的权利义务以租船合同为准。

相比其他种类的提单，租船合同提单因为受租船合同的约束，因而其内容具有更大隐蔽性和不确定性，而信用证交易是以银行信用为保证的单据交易，独立于开证人和受益人之间的基础合同关系，所以除非信用证明确规定可以接受租船合同提单，否则信用证项下的提单都必须"未表明受租船合同约束"这一点，从 UCP600 将提单与租船合同提单在不同条款分别列出即可看出。本案中华西公司提交的涉案提单右上角载明：与租船合同一起使用，左下方载明：运费按租船合同。虽然提单上并未直接出现"受租船合同约束"表述，但是"与租船合同一起使用""运费按租船合同"等表述已足以表明该提单是根据租船合同签发，受租船合同约束。根据《UCP600 评论——UCP600 起草小组逐条评论》关于第 20 条（a）款（v）款"提单不得表明受租船合同约束"的评注中，对"未表明"进行了解释，是指如果一份提单出现任何表明受租船合同约束的措辞，都将根据本款而不被接受。例如，提单注明"与租船合同一起使用"，或包括"运费按租船合同支付"或"租船合同号码ABC123"。因此，本案中，涉案提单上已批注有相应表述与措辞，足以表明该提单受租船合同约束，应当被认定为租船合同提单。

第二，釜山银行是否提交了有效的拒付通知？

根据 UCP600 第 16 条（c）的规定："当按照指定行事的指定银行、保兑行

（如有的话）或开证行决定拒绝承付或议付时，必须给予交单人一份单独的拒付通知。该通知必须声明：及 i. 银行拒绝承付或议付；及 ii. 银行拒绝承付或者议付所依据的每一个不符点；及 iii. a) 银行留存单据听候交单人的进一步指示……"该条（d）款规定，（c）款要求的通知必须以电讯的方式，如不可能，则以其他快捷方式，在不迟于交单之翌日起第五个银行工作日结束前发出。因此，有效的拒付通知必须由以下要件构成：①银行拒绝承付或议付的直接意思表示；②银行拒绝承付或者议付所依据的所有不符点。需要注意的是，只有当拒付的意思表示是明示的，且拒付通知上列出了一切不符点，该拒付通知才是有效的。

按照 UCP600 第 16 条（c）（i）的规定，拒付通知中必须明确表明银行因为不符点而拒绝支付信用证项下款项的意思，即拒付通知中需要包含"refuse"这样的否定性词语。在 UCP600 评论，即国际商会出版物编号 680 一书中很清楚地表示："根据（c）款（i），拒付通知必须首先说明银行拒绝承付或议付。"这是因为，承担审单付款义务的是银行，实践中信用证受益人只有在接获这样的明确拒绝意思之后才能及时修改不符点或者安排以这套单证转售这票"浮动货物"，以减少损失。UCP600 第 16 条 c 项下（a）至（d）的要求，即是敦促买卖双方就不符进行进一步协商。信用证是从国际外贸实践中产生的支付方式，对信用证进行规范目的最终是为了保证支付的顺畅和交易的安全、迅速，因此信用证惯例的规定就必须是明确且可执行的。本案中被告在回复电文中虽然引述"根据 UCP600 第 16 条"，但其内容并没有说明被告拒绝承付或议付，而是称"我方正就不符点征求申请人的意见"，这种表达不符合 UCP600 的规定，在国际标准银行实务下是无效的拒付通知书。

不符点（discrepancy）是指信用证项下受益人所提交的单据表面出现的一处或多处不符合信用证的条款或条件的错误。当单据出现不符点后，信用证的开证行就可以免除付款的责任。根据 UCP600 第 16 条（c）（ii）的规定，拒付通知书所说明的不符点清单必须是完整的，且据以认定的不符点必须是具体的。拒付通知书没有说明具体的不符点，将不被接受为有效的通知。根据 UCP600 第 14 条（g）款的规定，"提交的非信用证要求的单据将被不予理会，并可被退还给交单人"，即非信用证要求的单据银行可以不予理会并将之退还交单行。因此，当银行提出不符点时，其应当指明所提交的单据与信用证要求存在着怎样的不符，即明示不符之处，这种指明存在着一个明确信用证要求以对比不符点的过程，或提示交单人未提交信用证项下有关单据的否定性陈述过程。本案被告对交单人所提交单据的陈述，实质上是将审查不符点的义务转嫁给了交单人，这是有违银行独立审单义务要求的。在 UCP600 评论，即国际商会出版物编号 680 一书中，对于第 16 条的评论指出"（c）款（ii）规定，通知必须还要表明据以拒付的每一个不符点。需要注意的是，该款表述为'每一个不符点'。如果发现不止一个不符点，却仅列出一个不符点或部分不符点是不够的。列出的不符点必须完整，关于被视为不符点的原因必须具体。诸如'发票与信用证不符'或'单据之间内容矛盾'等不符点都将不被视为拒付的具体原因。"可见，银行必须对于信用证要求的某一或某些单据不符进行声明而不能仅声明提交了某单据。

本案中，涉案信用证要求提交的是全套清洁装船海运提单，如果釜山银行认为华西公司提交了租船合同提单，而没有提交全套清洁装船海运提单，其应当在不符点声明中表述为"没有提交全套清洁装船海运提单"或"租船合同提单与全套清洁装船海运提单不符"，而不能仅声明"提交了租船合同提单"，故银行没有完成其审单义务，该不符点声明不具体、不完整，不能构成有效拒付的理由。

【资料阅读】

1. 徐冬根. 银行信用证议付及其追索权的法学解读[J]. 上海财经大学学报，2007(3).

2. 何家宝. 信用证与汇票法律关系比较研究[J]. 法学，2003(4).

3. 姜爱丽，王靖靖. UCP600 规则下我国针对信用证欺诈的立法完善[J]. 山东大学学报(哲学社会科学版)，2012(6).

4. 王晨. 信用证诈骗罪定性问题研究[J]. 法学评论，2004(5).

5. 黄亚英，李薇薇. 论信用证交易中严格相符的条件[J]. 政法论坛，2000(4).

7. 黄亚英. 信用证独立性原则及其适用[J]. 深圳大学学报(人文社会科学版)，第 2005(6).

8. Commodities Finance Impact of UCP600：a Guide to the New Rules. Reed Smith Richards Butler LLP, 2007.

The time allowed to the banks to examine the documents—Articles 14(b) and 16(d)

This is clearly a vitally important Article for all sellers. The old Article 13(b) of the UCP500 gave each bank involved in the credit a "reasonable time, not to exceed seven banking days following the day of receipt of the documents" to examine the documents. Acceptance or rejection of the document was therefore required within this period. Different constructions in different Courts of how many days under seven constituted a "reasonable time" led an overwhelming majority of ICC National Committees to recommend the deletion of this phrase and to give each bank a fixed maximum number of days in which to examine the documents. The period chosen from a number of suggested options was five banking days following the day of presentation: see Articles 14(b) and 16(d) of the UCP600.

The old formulation of "reasonable time" led to a number of disputes, a whole range of factors which needed to be considered and very significant uncertainty. The new "maximum of five banking days" is therefore to be welcomed, although note that a "banking day" is now defined in Article 2 not as simply a day the bank is open, but "regularly open at the place at which an act subject to these rules is to be performed". This definition of a banking day is not, we would suggest, a very precise one.

While omission of the phrase "reasonable time" may have resolved some differences of interpretation, the new so-called "safe haven" of "a maximum of five banking days" may give rise to a new set of problems. Thus, for example, what if a bank decides on the second day that the documents are compliant? Can the seller insist on payment on that second day or must he wait until the fifth day for payment? Article 14(b) gives the bank five banking days "to determine if a presentation is complying". Article 15(a), however, says that "when (emphasis added) an issuing bank determines that a presentation is complying, it must honour" and Article 15(b) and (c) apply the same rule to confirming and nominated banks. Moreover, Article 16(d) states that the notice of its refusal to pay must be given "by telecommunication or, if that is not possible, by other expeditious means no later than (again, emphasis added) the close of the fifth banking day following the day of presentation".

We therefore think that while Article 14(b) gives each bank five banking days to decide whether to pay, Article 15 says that it must pay ("honour") or give notice of refusal immediately it comes to that decision. A seller intent on ensuring payment within the five days (or indeed a shorter period) should stipulate in the sale contract that a specific term will be in the credit opened by his buyer, e. g. "Payment by confirmed irrevocable letter of credit, incorporating UCP600, providing for payment within 3 banking days of presentation of the following documents..."

The same issue may cause problems for the buyer. If the bank were to pay on the second day, and if the goods are lost or damaged on the fourth day in a sale contract concluded on a "delivered" basis, is it open to the buyer to complain that the bank had paid the sum under the credit before it was obliged to—and that therefore the bank should indemnify the buyer for the costs of recovering the price from the seller in a foreign jurisdiction? Alternatively, the bank giving notice of refusal on the second day may thereby give an opportunity for the seller to re-present documents before the expiry of the credit, whereas had the bank waited the full 5 days, the credit would have expired. We think the buyer cannot complain: it is probable that Article 14(b) does not require the bank to wait five days: it simply gives it five days to examine the documents if it needs five days. The consequence would be that a bank is entitled, as far as the buyer is concerned, to pay on the second day if it rightly decides then that the documents comply or to reject on the second day.

The benefit of the new 5 banking days rule in 14(b) is certainty in place of previous uncertainty. Given that large numbers of presentations are discrepant, it also enables a seller to know that a presentation 6/7/8 or more banking days prior to expiry of the credit leaves open the possibility of re-presentation of documents if rejected.

Article 16(c) then clearly sets out what must be contained in the single notice to be given by the bank in refusing to honour and Article 16(b) makes it clear that any application for a waiver does not extend the 5 banking days limit. The likelihood therefore is that banks will refuse to honour and issue a notice under Article 16(c)(iii)(b) that the bank is holding the documents until it receives a waiver or further instructions from the presenter.

【延伸思考】

1. 开证行或是议付行对信用证受益人提交单据审查的义务主要包括哪些方面?

2. 银行信用证当事人之间的法律关系是什么?

3. 釜山银行如何使自己遭受的损失获得救济?

第六节　国际金融监管法律制度

国际金融监管主要是对银行系统和证券市场的监管。

对银行监管的国际合作必要性的认识起始于 1974 年德国荷施塔克银行的倒闭。荷施塔克银行倒闭使各国中央银行意识到，除非各国银行监管机构加强合作，否则银行的国际业务便很难顺利地进行。为了实现这一目标，1975 年，在国际清算银行的主持下，十国集团成员国家和瑞士的中央银行负责人成立了一个常设委员会，即银行条例和监管实践委员会（又称巴塞尔委员会）。

巴塞尔委员会的诞生标志着国际银行监管合作的正式开始。巴塞尔委员会主要通过以下三个方面的工作来实现其宗旨和目标：①交流各国国内监管安排的信息；②加强有关国际银行业务监管的效力；③确立资本充足性的最低标准并审视在其他领域确立标准的必要性。巴塞尔委员会自成立以来，针对接连不断的国际银行倒闭事件及成员国共同关心的监管问题，制定并发布了为数众多的"巴塞尔文件"。这些文件，围绕国际银行业的审慎监管及风险防范主题，提出并阐述了一系列的原则、规则、标准和建议。所谓巴塞尔体制，就是由巴塞尔文件所确立和阐发的有关银行监管的原则、规则、标准和建议的总称，是十国集团成员在银行监管方面进行国际合作与协调的产物，它是由《巴塞尔协定》及其后续文件、《巴塞尔资本协议》及其修正案、《巴塞尔核心原则》以及一系列有关银行业风险管理指南等重要文件为基础而构成的，其提出并阐发了跨国银行机构的合作监管体制、国际银行的资本充足监管标准、有效银行监管核心原则以及银行业务的风险管理准则等，形成一个内容十分丰富、结构相对完整的原则和规则体系。由于巴塞尔委员会坚持不懈的努力，巴塞尔体制的权威性在国际金融领域现已得到普遍公认，其所确立的基本原则和标准已被广泛接受为关于银行监管的"国际惯例"或"国际标准"。

1997 年 9 月，巴塞尔委员会与国际货币基金组织以及世界银行联合在香港召开会议，巴塞尔委员会公布了一份新的文件——《有效银行监管的核心原则》（简称《核心原则》）。这份文件包括一份正文《有效银行监管的核心原则》和两个附件。附件一是《政府所有银行的特殊问题》，附件二是《存款保护》。这个文件的制定过程，不但有经济合作与发展组织国家，也有包括中国在内的发展中国家的参与。所以，同资本充足率文件相对，这个文件更具有国际普遍接受意义。

《核心原则》首次将银行监管作为一项系统工程进行研究，对银行从进入到退出市场的整个过程进行全方位持续监管，提出了"有效银行监管"的理念，并根据以往经验总结了有效银行监管的25条核心原则。《核心原则》的主要内容包括基本理念、有效银行监管的先决条件（原则1）、市场准入管制和对机构变动的审批（原则2~5）、审慎法规和要求的制定与实施（原则6~15）、持续银行监管手段（原则16~20）、信息披露要求（原则21）、监管者权力（原则22）及跨国银行业监管（原则23~25）八个方面。

国际证监会组织（International Organization of Securities Commissions，简称IOSCO）是证券监管领域最重要的国际组织。其前身是成立于1974年的泛美证监会协会。1983年4月，南、北美洲的11个国家的证券监管机构在厄瓜多尔首都基多召开会议并作出了重要的决议，允许美洲以外的其他国家和地区参加泛美证监会协会，自此，IOSCO得以根据加拿大魁北克省的法律作为非赢利性组织正式成立。截至2007年4月28日，IOSCO共有200个会员机构。IOSCO在1986年的年会上，决定将加拿大的蒙特利尔市作为其总部所在地。1999年5月，IOSCO主席委员会作出了将IOSCO总部迁至西班牙马德里的决议，并对IOSCO的章程进行了修改。2004年2月4日，IOSCO位于西班牙马德里的新总部正式启用。中国证监会于1995年7月正式加入该组织，上海证券交易所和深圳证券交易所于同年9月亦成为其附属会员。

1998年9月发布的《证券监管的目标与原则》是IOSCO迄今为止最重要的一份文件。《证券监管的目标与原则》全面陈述了IOSCO在证券监管方面的目标、原则和标准。文件分为三大部分、13小节。第一部分为序言及对证券监管目标与原则的总体陈述；第二部分描述了理想的监管机构的特征以及自律自治的潜在作用，同时也涉及监管机构的执法和对市场监督的问题，以及监管机构间保持紧密联系的必要性；第三部分叙述证券监管目标的具体实现问题，重点提及对发行人、集合投资计划、市场中介机构、二级市场交易及交易的清算结算的监管。

★ 典型案例：

银行监管不力导致全球金融危机案

【基本案情】

2008年伴随着雷曼兄弟申请破产，美林被美国银行收购，AIG依靠政府的救援勉力维持，华尔街金融巨头纷纷倒下，全球股市也不断创下新低，一场袭卷全球的金融危机爆发。复旦大学经济学院院长孙立坚教授指出美国较为宽松的监管制度一定程度上也导致了这次风波，整个监管体制显然已经无法跟上金融创新的速度。目前主要的监管方式包括资本监管和风险监管。但是此次金融危机暴露出的问题在于，即使是风险监管也不足以解决问题，原因是那些和金融衍生产品相关的表外业务并不纳入计算，又缺乏足够的信息披露，单纯看业务收益和支出，监管部门是不能及时发现问题的。

【法律分析】

跨国银行的特点是大量业务游离于其母国监管视线，而东道国对其全部资产运作的信息掌握有限，导致对其监管易出现盲区，资本的逐利性又使跨国银行自控能力弱，这种情况下可能会产生跨国银行经营失败的后果。而母国能够从总体角度规定银行资本充足率、流动性、放款上限及银行业务的范围，东道国能对在其国内的跨国银行资本运营施加一定的管制，从而促使跨国银行依法经营。但是由于主权、信息交流不畅等原因，跨国银行的监管容易出现盲点。

为防范可能的风险，建立适应新的国际环境的、统一的跨国银行监管原则和风险管理框架，随着跨国银行业务的快速发展，原有的《巴塞尔资本协议》落后于实践要求。从 2001 年起，巴塞尔委员会开始制订新的资本协议，目的是完善银行业的风险管理，建立并推广大银行已经着手开发的方法，反映市场对规模大、业务复杂的银行提出的新要求。作为重要的监管框架，巴塞尔新资本协议力求开发出一套全面、系统的银行风险管理方法。2008 年爆发的全球性金融危机充分体现了对银行放松管制的恶果，在金融机构内控机制及母国、东道国监管方面出现了问题。在新的协议框架下，从三方面控制金融机构的行为或许会免除或减轻这一灾难。

【资料阅读】

1. 韩龙，包承恩. 巴塞尔Ⅲ性质之探[J]. 国际金融研究，2014(2).

2. 李楠，汪翀. 关于巴塞尔协议规避银行系统危机的有效性研究[J]. 国际金融研究，2012(1).

3. 陆静. 巴塞尔协议Ⅲ及其对国际银行业的影响[J]. 国际金融研究，2011(3).

4. 韩龙，包勇恩. 巴塞尔Ⅲ对规制资本规则的修订与影响[J]. 江西社会科学，2011(1).

5. 王冬，李圆.《巴塞尔Ⅲ》解析[J]. 金融论坛，2010(12).

【延伸思考】

1. 巴塞尔委员会对银行监管作出了哪些努力？
2. 如何对跨国银行进行有效监管？

第八章　国际税法

第一节　税收管辖权

税收管辖权是一国政府行使的征税权力。这种权力是国家主权或国家管辖权在税收领域内的表现，因此国家行使税收管辖权的依据在于国家主权。依据这一权力，一国政府可以决定对哪些人征税、征哪些税和征多少税以及如何征税。有关国家所主张的税收管辖权在纳税人的跨国所得或财产价值上发生重叠冲突，其结果是导致了国际重复征税现象的产生。

属人性质的税收管辖权，是指征税国依据税收居所联系对纳税人来自境内、境外的全部所得和财产价值予以征税。它可细分为居民税收管辖权与公民税收管辖权。由于绝大多数国家都实行居民税收管辖权，而不考虑公民税收管辖权，以至于属人性质的税收管辖权通常被称之为居民税收管辖权。[①]在这一管辖权下，居民对其居民国所承担的纳税义务是无限的。

属地性质的税收管辖权是指征税国基于征税对象与本国领土存在某种地域上的连接因素而主张行使的征税权。属地性质的税收管辖权又称为来源地税收管辖权，在这一税收管辖权下非居民纳税人承担的是有限的纳税义务。

一般而言，发达国家强调居民税收管辖权，而发展中国家强调来源地税收管辖权。国际税收实践表明，除个别国家外，兼采居民税收管辖权与来源地税收管辖权是国际社会普遍采用的做法。

---

① 刘剑文. 国际税法学[M]. 北京：北京大学出版社，2013：54.

★ **典型案例一：**

帕瓦罗蒂涉税案

【基本案情】

世界三大男高音之一、著名歌唱家帕瓦罗蒂，1935 年生于意大利北部的摩德纳镇，1983 年宣布移居摩纳哥的蒙特卡洛。1996 年，意大利税务部门在检查中发现，1989—1991 年，帕瓦罗蒂的音乐唱片销量剧增，他本人因此获得了大笔收入，但未向税务部门缴纳分文税收。于是，帕瓦罗蒂家乡摩德纳所属的博洛尼亚大区税务部门认为，他是通过"假移民"手段逃避意大利税收，因此将这位歌唱家告上了法庭。2000 年 7 月，帕瓦罗蒂和税务部门达成庭外协议，帕瓦罗蒂一次性向税务部门补缴税款 250 亿里拉（约合 1250 万美元）。

2000 年 4 月，帕瓦罗蒂又被指控有骗税行为。2001 年 2 月，帕瓦罗蒂第三次受指控。检察机关说他在 1989—1995 年，未申报的应税收入为 350 亿~400 亿里拉，约合 1660 万~1900 万美元，因此又一次把帕瓦罗蒂告上法庭。

帕瓦罗蒂认为自己是在国外工作的意大利公民，只需要向演出所在地的政府缴税；自己已正式移居摩纳哥的蒙特卡洛多年，并一直长年居住在那里，已不是意大利的税法居民；而且自己每年在世界各地进行巡回演出，其收入也不是在意大利获得的，因此不需要向意大利税务部门缴纳税款，对他进行起诉是没有依据的。

本案中双方争论的焦点是帕瓦罗蒂是不是意大利的税收居民，他在世界各地获得的收入要不要向意大利税务部门缴纳所得税。

在税收管辖权上，意大利是同时实行居民管辖权和收入来源地管辖权的国家，也就是说，只要是意大利的税收居民，就要对其取得的所有收入向意政府纳税，不管这些收入来自国内还是国外。意大利检察官认为帕瓦罗蒂是假移民、真逃税。检察官指出，帕瓦罗蒂虽然在 1983 年宣布移居摩纳哥的蒙特卡洛，但据调查，他每年在蒙特卡洛的居住时间都未满 6 个月，而大部分时间仍是在意大利度过的，他仍是意大利的税法居民。帕瓦罗蒂在摩纳哥的那座价值 20 万英镑的公寓占地面积不到 100 平方米，其面积、设施与帕瓦罗蒂的身价不符，不能算是一个永久居住的地方，而他在意大利的房产价值远远超过他在摩纳哥的这座房子，因此，意大利税务当局认定帕瓦罗蒂属于意大利居民，应就其全部所得向意大利纳税。

帕瓦罗蒂本人也拿不出充分的证据证明他在此期间一直居住在"免税天堂"蒙特卡洛，所以，他仍是意大利公民，应该在意大利纳税。

审理此案的意大利摩德纳法院法官认为，首先，按意大利法律，被检举的纳税人负有证明其哪国居民的举证责任，而帕瓦罗蒂不能提供其每年在摩纳哥居住满6个月的充分证据，所以帕瓦罗蒂不能算蒙特卡洛居民，仍是意大利税收居民。其次，在住所判定上，虽然帕瓦罗蒂说他的永久住所在蒙特卡洛，而且在那里有一栋价值20万英镑、占地100平方米的公寓式房屋，但他在意大利的摩德纳也有一套豪华住宅，其中包括15个公寓和1个花园，价值200万英镑，由帕瓦罗蒂和前妻共有。同时他在意大利的佩萨罗还有一间别墅，价值120万英镑。按国际惯例，如果一个人在两个或两个以上国家同时有住所，应该认为与其个人经济关系更密切的住所是永久住所。本案中，帕瓦罗蒂的主要房产在意大利，因此按住所标准，帕瓦罗蒂也应当被判定为意大利税收居民。①

【法律分析】

本案中主要涉及的法律问题有居民税收管辖权的含义。居民税收管辖权是国际法上的属人原则在国际税收上的反映，是指不论跨国的应税所得来源于境内或者境外，只要是本国居民取得的收入，其居住的所在国就有权对其征税。这种征税权效力及于一国居民的全部财产和所得，因此，纳税人承担的是无限纳税义务。在帕瓦罗蒂涉税案中，由于意大利同时实行居民管辖权和地域管辖权，基于居民税收管辖权，只要是意大利的税收居民，就要对其取得的所有收入向意大利政府纳税，不管这些收入来自国内还是国外。所以意大利对帕瓦罗蒂享有税收管辖权。"我是一个足迹踏遍整个世界的艺术家，所以我只向我演出所在地的政府缴税"，在居民税收管辖权上，帕瓦罗蒂的这个理由无法成立，无论他在哪个国家演出，他都要基于他意大利居民身份就其全部所得向意大利缴税。

帕瓦罗蒂涉税案中，居民身份的认定是一个焦点问题。在国际税法理论上，居民税收管辖权的核心问题也是居民身份的判定。实行居民税收管辖权的国家只对本国居民行使居民税收管辖权，因此判定纳税人的居民身份是该国征税的前提。自然人居民身份的判定，有以下几种标准：一是住所标准，

① 案件来源：中国税务报[N]2003-01-24.

以自然人在征税国是否拥有住所这一法律事实来判定其是否为征税国的居民，而不问该自然人的国籍。对于何为住所，各国的规定不一，主要有主观说、客观说和折中说。① 法国税法规定，凡在法国境内拥有永久性或经常性住所的个人，均为法国税法上的居民。有的国家还结合自然人的定居意愿来判定其是否为居民纳税人，如荷兰税法规定，自然人在荷兰有家庭、住处或有长期居住意向就为荷兰的居民纳税人。单纯采用住所标准的各国往往同时兼用其他标准以弥补住所标准的不足。二是居所标准，以自然人在征税国是否拥有居所这一法律事实来判定其是否为征税国的居民。居所这一概念，在各国税法上的含义可能不尽相同，但一般是指一个人在某个时期内经常居住的场所，并不具有永久居住的性质。大多数国家采用居所与居住时间相结合的标准来判定自然人的居民身份。三是居住时间标准，以自然人在一国居住或停留的时间长短来判定其是否为该国居民，而不考虑其在征税国境内是否拥有财产或住宅等因素。四是国籍标准，凡是具有本国国籍者，不论其居住何处，也不论其与本国是否存在实际的经济利益联系，都是本国税收上的居民。五是意愿标准，一个自然人在行使居民税收管辖权的国家内有长期居住的主观意图或被认定为有长期居住意愿的，即为该国的居民纳税人。当今国际社会，多数国家同时采用住所或居所标准和居住时间标准，纳税人只要符合其中一个标准即被视为该国居民，鲜有国家仅采用单一标准。

　　本案中，意大利的税法兼采了住所和居住时间标准，具体而言，凡是①在意大利办理了居住人口登记；②在意大利有利益中心和经营地；③在一个财政年度内在意大利停留了 183 天以上，即被认为是意大利的居民纳税人。本案中，从户口登记和居住时间来看，帕瓦罗蒂不构成意大利居民，但他在意大利的财产足以证明其经济利益中心在意大利。虽然帕瓦罗蒂说他的永久住所在蒙特卡洛，而且在那里有一栋价值 20 万英镑、占地 100 平方米的公寓式房屋，但他在意大利的摩德纳也有一套豪华住宅，其中包括 15 个公寓和 1 个花园，价值 200 万英镑，由帕瓦罗蒂和前妻共有。同时他在意大利的佩萨罗还有一间别墅，价值 120 万英镑。按国际惯例，如果一个人在两个或两个以上国家同时有住所，应该认为与其个人经济关系更密切的住所是永久住所。本案中，帕瓦罗蒂的主要房产在意大利，因此其经济利益中心在意大利，按住所标准，帕瓦罗蒂也应当被判定为意大利税收居民，应就其世界范围所得，而不是仅就其来源于意大利的所得向意大利纳税。

① 王利明. 民法总则研究[M]. 北京：中国人民大学出版社，2003：372.

【资料阅读】

1. 陈安. 国际经济法学(第五版)[M]. 北京：北京大学出版社, 2011.
2. 刘剑文. 国际税法学(第三版)[M]. 北京：北京大学出版社, 2013.
3. 朱青. 国际税收(第五版)[M]. 北京：中国人民大学出版社, 2011.
4. 龙英锋. 国际税法案例教程[M]. 上海：立信会计出版社, 2011.
5. Ray August. International Business Law[M]. 3rd edition. New York：Pearson Education North Asia Limited and Higher Education Press, 2002.
6. *Mosel Convention with Respect to Taxes on Income and on Capital*(简称《OECD 范本》)第 1 条、第 3 条和第 4 条关于居民的定义：

Article 1 PERSONS COVERED

This Convention shall apply to persons who are residents of one or both of the Contracting States.

Article 3 GENERAL DEFINITIONS

For the purposes of this Convention, unless the context otherwise requires：

(a) the term "person" includes an individual, a company and any other body of persons；

Article 4 RESIDENT

1. For the purposes of this Convention, the term "resident of a Contracting State" means any person who, under the laws of that State, is liable to tax therein by reason of his domicile, residence, place of management or any other criterion of a similar nature, and also includes that State and any political subdivision or local authority thereof. This term, however, does not include any person who is liable to tax in that State in respect only of income from sources in that State or capital situated therein.

2. Where by reason of the provisions of paragraph 1 an individual is a resident of both Contracting States, then his status shall be determined as follows：

(a) he shall be deemed to be a resident only of the State in which he has a permanent home available to him；if he has a permanent home available to him in both States, he shall be deemed to be a resident only of the State with which his personal and economic relations are closer (centre of vital interests)；

(b) if the State in which he has his centre of vital interests cannot be determined, or if he has not a permanent home available to him in either State, he shall be deemed to be a resident only of the State in which he has an habitual abode；?

（c）if he has an habitual abode in both States or in neither of them, he shall be deemed to be a resident only of the State of which he is a national;

（d）if he is a national of both States or of neither of them, the competent authorities of the Contracting States shall settle the question by mutual agreement.

3. Where by reason of the provisions of paragraph 1 a person other than an individual is a resident of both Contracting States, then it shall be deemed to be a resident only of the State in which its place of effective management is situated.

【延伸思考】

1. 美国、中国、日本、欧盟等主要国家和地区在居民身份认定标准的现行规定是什么？

2. 如何协调国家间的税收利益，解决各国自然人的居民判定标准的冲突？

★ 典型案例二：

比尔斯联合采矿有限责任公司法人居民身份确认案

【基本案情】

比尔斯联合采矿有限责任公司（以下简称比尔斯公司）是一家在南非注册登记成立的企业，公司总机构设在南非的金伯利，其产品的开采地、销售合同签订地、交货地和销售利润来源地均在南非。公司的一部分董事住在南非，主要的董事住在英格兰。公司的董事会会议有时在南非召开，有时在英国伦敦召开，但公司重要的经营管理决策只在伦敦召开的董事会全体会议上才作出，包括矿产开发、资产处理、销售合同签订、利润分配、财务支出、管理人员任免以及公司的其他事务。本案争议的焦点是比尔斯公司是否在英国拥有税收居所，能否构成英国纳税人。比尔斯公司认为自己是南非的居民公司，不应向英国政府纳税，并就英国政府通知纳税的行为起诉。①

【法律分析】

本案中涉及的主要法律问题是法人居民身份如何确定，案件中英国法院认为在确定一个公司的税收居所地时，不应以企业注册登记地为准。公司虽然不能如同自然人一样饮食和睡觉，但却可以如同自然人一样拥有房屋从事

---

① 案件来源：360doc 个人图书馆。http://www.360doc.com/content/11/0205/08/74563_90774999. shtml.

经营活动。因此，如同自然人可以居住在英国并由于在英国拥有永久住所而构成英国居民、拥有英国的居民身份，一个在外国注册成立的公司也可因在英国设有实际经营管理机构而被确认为居住在英国，从而认定为英国居民。

在公司、企业和法人团体的居民身份确认方面，各国税法在实践中通常采用的标准主要有以下几种：一是实际管理和控制中心所在地标准。这一标准强调，企业法人的实际管理和控制中心处在哪一国便为该国的居民纳税人。二是总机构所在地标准。这一标准强调，法人的居民身份决定于它的总机构所在地，即总机构设在哪一国便认定是该国的居民。三是法人注册成立地标准。这一标准强调，法人的居民身份依法人在何国依法成立而定。由于一个社会组织只有依法登记注册才能取得法人资格，因此法人的居民国应当是其注册成立的国家。①四是控股权标准。这一标准强调，以控制公司表决权股东的居民身份为依据来确定该公司的居民身份，又称为资本控制标准。上述确认法人居民身份的诸种标准，在各国税法实践中并非仅限于采用其中的一种标准。许多国家往往同时兼用两种以上的标准，以尽可能扩大自己的居民税收管辖权范围。各国最为常用的标准是法人注册成立地标准和实际管理和控制中心所在地标准，较少采用的是控股权标准。

本案中，比尔斯公司在南非注册成立，并且其产品的开采地和销售交货地均在南非，因此该公司认为自己是南非的居民公司，不应向英国政府缴纳税款。然而，该公司的大部分董事均住在英国伦敦，董事会大多数在伦敦举行，且该公司经营与管理的重要决定，包括矿产开发、产品销售以及利润分配等都是在伦敦召开的董事会上作出的。根据这些事实，英国政府认定比尔斯公司的控制与管理中心在英国，该公司可以认定为英国的居民公司，因此英国有权对其行使居民税收管辖权。通过此案，我们可以推知，当公司法人的注册成立地与实际管理和控制中心地之间有冲突、不一致时，英国法院更加重视的是公司法人的实际管理和控制中心所在地。

本案涉及的另一个法律问题是居民与非居民纳税义务的不同。凡符合一国法律所规定的居民标准者，即是该国的居民，否则即是该国的非居民。居民与非居民所承担的纳税义务是不同的。在税收实践中，有些国家还将自然人居民分为非永久居民与永久居民，两者都承担无限纳税义务，但非永久居民负有条件的无限纳税义务，永久居民则负无条件的无限纳税义务。我国税

---

① 朱青. 国际税收：第 5 版[M]. 北京：中国人民大学出版社，2011：35.

法就有这种区分,根据我国《个人所得税法实施条例》第6条的规定①,在我国境内无住所但居住满1年不超过5年的个人视为非永久居民,允许其承担有条件的无限纳税义务。对于非居民,一国可以依据来源地税收管辖权对其征税,即对非居民来源于本国境内的所得征税。例如根据我国税法规定,一个在我国境内无住所而在一个纳税年度中在我国境内连续或累计工作不超过90日的个人,可仅就其实际在华工作期间由中国雇主支付的或由境外雇主在中国境内的机构、场所所负担的工资、薪金所得承担纳税义务。② 根据我国税法规定,在中国境内设立机构、场所的非居民企业,其境外取得的所得与其所设立的机构、场所有实际联系的,即应就其境外所得纳税;没有实际联系的,则不必纳税。③

【资料阅读】

1. 熊伟. 税法解释与判例注释[M]. 北京:法律出版社,2012.

2. 叶姗. 税法之预约定价制度研究[M]. 北京:人民出版社,2009.

3. 金晓晨,谢海霞. 国际税法[M]. 北京:首都经济贸易大学出版社,2008.

4. 廖益新. 国际税收协定适用于合伙企业及其所得课税的问题[M]. 北京:上海财经大学学报,2010(4).

5. 《联合国范本》第二部分关于居民规定的注释:

Article 4 RESIDENT

B. Commentary on the paragraphs of Article 4

Paragraph 2

7. This paragraph, which reproduces Article 4, paragraph 2, of the OECD Model Convention, lists in decreasing order of relevance a number of subsidiary criteria to be applied when an individual is a resident of both Contracting States

---

① 我国《个人所得税法实施条例》第6条规定:"在我国境内无住所,但是居住1年以上5年以下的个人,其来源于中国境外的所得,经主管税务机关批准,可以只就由中国境内公司、企业以及其他经济组织或个人支付的部分缴纳个人所得税;居住超过5年的个人,从第6年起,应当就来源于中国境外的全部所得缴纳个人所得税。"

② 我国《个人所得税法实施条例》第7条规定:"在中国境内无住所,但是在一个纳税年度中在中国境内连续或者累计居住不超过90日的个人,其来源于中国境内的所得,由境外雇主支付并且不由该雇主在中国境内的机构、场所负担的部分,免予缴纳个人所得税。"

③ 我国《企业所得税法》第3条第2款规定:"非居民企业在中国境内设立机构、场所的,应当就其所设机构、场所取得的来源于中国境内的所得,以及发生在中国境外但与其所设机构、场所有实际联系的所得,缴纳企业所得税。"

and the preceding criteria do not provide a clear-cut determination of his status as regards residence. It may be noted that in 1999, the word "only" was inserted in subparagraphs (a), (b) and (c) of paragraph 2, following the changes previously made to the OECD Model Convention. The OECD Commentary states:

9. This paragraph relates to the case where, under the provisions of paragraph 1, an individual is a resident of both Contracting States.

10. To solve this conflict special rules must be established which give the attachment to one State a preference over the attachment to the other State. As far as possible, the preference criterion must be of such a nature that there can be no question but that the person concerned will satisfy it in one State only, and at the same time it must reflect such an attachment that it is felt to be natural that the right to tax devolves upon that particular State. The facts to which the special rules will apply are those existing during the period when the residence of the taxpayer affects tax liability, which may be less than an entire taxable period. For example, in one calendar year an individual is a resident of State A under that State's tax laws from 1 January to 31 March, then moves to State B. Because the individual resides in State B for more than 183 days, the individual is treated by the tax laws of State B as a State B resident for the entire year. Applying the special rules to the period 1 January to 31 March, the individual was a resident of State A. Therefore, both State A and State B should treat the individual as a State A resident for that period, and as a State B resident from 1 April to 31 December.

11. The Article gives preference to the Contracting State in which the individual has a permanent home available to him. This criterion will frequently be sufficient to solve the conflict, e. g. where the individual has a permanent home in one Contracting State and has only made a stay of some length in the other Contracting State.

12. Subparagraph a) means, therefore, that in the application of the Convention (that is, where there is a conflict between the laws of the two States) it is considered that the residence is that place where the individual owns or possesses a home; this home must be permanent, that is to say, the individual must have arranged and retained it for his permanent use as opposed to staying at a particular place under such conditions that it is evident that the stay is intended to be of short duration.

13. As regards the concept of home, it should be observed that any form of home may be taken into account (house or apartment belonging to or rented by the individual, rented furnished room). But the permanence of the home is essential; this means that the individual has arranged to have the dwelling available to him at all times continuously, and not occasionally for the purpose of a stay which, owing to the reasons for it, is necessarily of short duration (travel for pleasure, business travel, educational travel, attending a course at a school, etc.).

14. If the individual has a permanent home in both Contracting States, paragraph 2 gives preference to the State with which the personal and economic relations of the individual are closer, this being understood as the centre of vital interests. In the cases where the residence cannot be determined by reference to this rule, paragraph 2 provides as subsidiary criteria, first, habitual abode, and then nationality. If the individual is a national of both States or of neither of them, the question shall be solved by mutual agreement between the States concerned according to the procedure laid down in Article 25.

15. If the individual has a permanent home in both Contracting States, it is necessary to look at the facts in order to ascertain with which of the two States his personal and economic relations are closer. Thus, regard will be had to his family and social relations, his occupations, his political, cultural or other activities, his place of business, the place from which he administers his property, etc. The circumstances must be examined as a whole, but it is nevertheless obvious that considerations based on the personal acts of the individual must receive special attention. If a person who has a home in one State sets up a second in the other State while retaining the first, the fact that he retains the first in the environment where he has always lived, where he has worked, and where he has his family and possessions, can, together with other elements, go to demonstrate that he has retained his centre of vital interests in the first State.

16. Subparagraph b) establishes a secondary criterion for two quite distinct and different situations:

(a) the case where the individual has a permanent home avail able to him in both Contracting States and it is not possible to determine in which one he has his centre of vital interests;

(b) the case where the individual has a permanent home available to him in neither Contracting State.

Preference is given to the Contracting State where the individual has a habitual abode.

17. In the first situation, the case where the individual has a permanent home available to him in both States, the fact of having an habitual abode in one State rather than in the other appears therefore as the circumstance which, in case of doubt as to where the individual has his centre of vital interests, tips the balance towards the State where he stays more frequently. For this purpose regard must be had to stays made by the individual not only at the permanent home in the State in question but also at any other place in the same State.

18. The second situation is the case of an individual who has a permanent home available to him in neither Contracting State, as for example, a person going from one hotel to another. In this case also all stays made in a State must be considered without it being necessary to ascertain the reasons for them.

【延伸思考】

1. 国际税法中确定居民身份的意义何在?
2. 对于从事跨国经济活动的合伙企业如何认定其居民身份?

★ 典型案例三:

(中国江苏)荷兰国际酒店管理公司劳务派遣常设机构认定案

【基本案情】

2010 年江苏省某市工业园区国税局在针对涉外酒店的非居民企业专项检查中,发现某家星级酒店纳税存在问题。该星级酒店 2002 年注册成立,主要从事综合性旅游宾馆及配套服务。酒店主要通过与荷兰国际酒店管理公司签署管理合同来约定双方的权利和义务,为期 30 年。酒店的经营交由荷兰国际酒店管理公司监督和控制,酒店业主定期向其支付管理费。该酒店自 2008 年每月计提并支付管理费(营业收入的 2% + 运营毛利的 5%),且已按 30% 核定利润率代扣代缴了企业所得税。从表面上看,酒店履行了代扣代缴义务,扣减了非居民企业荷兰国际酒店管理公司的所得税。但税务人员在进一步检查酒店管理合同和账户凭证时发现,酒店有 3 名香港籍员工担任酒店高级管理人员(总经理、营运总监、财务总监),负责酒店的经营决策和运营管理。这 3 名香港籍员工的工资薪金都在酒店领取,酒店还负责其往来香港的机票费用。经核对酒店相关售付汇备案材料，税务人员还发现酒店的对外实际支付金额大于合同约定计算的管理费金额，包括了3名香港籍员工在境外缴纳的养老保险金。税务人员还仔细查看了合同条款，其中约定"除管理公司决定某些重要酒店员工属于管理公司外，其他所有酒店员工在任何时候均须作为业主的雇员"，"每月的例会总经理代表国际酒店管理公司出席会议"。该工业园区国税局由此认为其中可能存在荷兰国际酒店管理公司在中国设有常设机构问题。经多方查证，在事实面前，酒店终于承认3名香港籍员工与荷兰国际酒店管理公司签订劳务合同，养老保险金由业主境外缴纳，存在着事实上的劳动关系。基于中国与荷兰签订的税收协定第5条第3款①和我国相关法律规定，国税局责成荷兰国际酒店管理公司办理常设机构登记手续，将酒店支付给3名香港籍员工的工资薪金和报酬费用约149万计入该常设机构所得征收企业所得税，并按规定加征滞纳金。

【法律分析】

本案涉及的主要法律问题是来源地税收管辖权的判定。本案中荷兰国际酒店管理公司不是我国的居民纳税人，我国对其不可以行使居民税收管辖权，而只能通过判定其是否有来源于我国境内的收入或位于我国境内的财产价值来决定是否行使来源地税收管辖权。本案中，该荷兰国际酒店管理公司表面上在我国没有设立常设机构，但事实上却存在常设机构，因此其经营所得应当认定为来源于我国境内的所得，而需要向我国税务机关缴纳税款，我国税务机关可以对其行使来源地税收管辖权。

来源地税收管辖权是征税国基于所得或财产源自或存在于本国境内的事实而主张行使的征税权。因此，在一个实行来源地税收管辖权的国家，一个纳税人若有来源于或存在于该国境内的所得或财产价值，该国就可以对其征税，即使这个纳税人是非居民。相反，如果该纳税人没有来源于或存在于该国境内的所得或财产价值，该国就不能对其征税，即使该纳税人是该国的居民纳税人。这种"从源征税"的原则表现出国际间经济利益分配的合理性，有利于税收征管。因此，来源地税收管辖权被世界各国普遍采用。并且，有少数国家和地区实行单一的来源地税收管辖权，规定只对来源于本地区或本国境内的所得或位于本国地区、本国境内的财产征税，来源于境外的所得或位

---

① 该款规定："缔约国一方企业通过雇员或雇佣的其他人员，在缔约国另一方为同一项目或相关联的项目提供的劳务，包括咨询劳务，应仅以在任何12个月中连续或累计超过6个月的为限。"

于境外的财产不征税。①

本案涉及的另一个法律问题是各项跨国所得来源地的判定标准。在所得税法上，纳税人的各项所得或收益一般可划分为四类，即营业所得、劳务所得、投资所得和财产收益。各国所得税法和实践，对不同种类性质所得的来源地采用的判定标准和原则并不完全一致。

本案中，荷兰国际酒店管理公司是我国的非居民，我国对其无权行使居民税收管辖权，但是对其来源于我国的营业所得、投资所得、劳务所得和财产所得可以行使来源地税收管辖权。本案涉及的所得种类主要是营业所得，我国税法对于营业收入所得的来源地判断标准采用的就是常设机构标准，即非居民企业在我国境内设立机构、场所，并通过该机构、场所在中国境内从事生产经营活动而取得的所得，属于来源于中国境内的经营所得。本案中荷兰国际酒店管理公司表面上在我国没有设立常设机构，但是经税务机关仔细审查，酒店有 3 名香港籍员工担任酒店高级管理人员（总经理、营运总监、财务总监），负责酒店的经营决策和运营管理。这 3 名香港籍员工的工资薪金都在酒店领取，酒店还负责其往来香港的机票费用。税务人员还发现酒店的对外实际支付金额大于合同约定计算的管理费金额，包括了 3 名香港籍员工在境外缴纳的养老保险金。酒店终于也承认 3 名香港籍员工与荷兰国际酒店管理公司签订劳务合同，养老保险金由业主境外缴纳，存在着事实上的劳动关系。由此我们可以认定荷兰国际酒店管理公司在中国设有常设机构。我国税法相关规定表明，对非居民企业仅派其雇员或其雇佣的其他人员到中国境内提供劳务，任何 12 个月内这些人员为从事劳务活动在中国境内停留连续或累计超过 183 天的，构成常设机构。因此我们可以认定该荷兰国际酒店管理公司在我国设立了常设机构。该常设机构的营业所得属于来源于我国的收入所得，应该向我国缴纳所得税，我国税务机关也有权对其行使来源地税收管辖权。因此我国税务机关责成荷兰国际酒店管理公司办理常设机构登记手续，将酒店支付给 3 名香港籍员工的工资薪金和报酬费用约 149 万计入该常设机构所得征收企业所得税，并按规定加征滞纳金，这种做法是合法、正确的。

【资料阅读】

1. 刘剑文. 中德税收协定的现状与趋势[J]. 现代法学，2012(2).

---

① 杨斌. 国际税收[M]. 上海：复旦大学出版社，2003：3.

2. 何杨，嵇绍军. 2008 年 OECD 税收协定范本新规解析[J]. 涉外税务，2008(10).

3. 杨斌，宋春平. 两个协定范本关于所得税征税权分配规则的比较[J]. 涉外税务，2011(8).

4. *United Nations Model Double Taxation Convention between Developed and Developing Countries*(简称《联合国范本》)第 5 条：

Article 5 PERMANENT ESTABLISHMENT

1. For the purposes of this Convention, the term "permanent establishment" means a fixed place of business through which the business of an enterprise is wholly or partly carried on.

2. The term "permanent establishment" includes especially：A place of management；A branch；An office；A factory；A workshop；A mine, an oil or gas well, a quarry or any other place of extraction of natural resources.

3. The term "permanent establishment" also encompasses：A building site, a construction, assembly or installation project or supervisory activities in connection therewith, but only if such site, project or activities last more than six months；The furnishing of services, including consultancy services, by an enterprise through employees or other personnel engaged by the enterprise for such purpose, but only if activities of that nature continue (for the same or a connected project) within a Contracting State for a period or periods aggregating more than 183 days in any 12-month period commencing or ending in the fiscal year concerned.

4. Notwithstanding the preceding provisions of this Article, the term "permanent establishment" shall be deemed not to include：

(a) The use of facilities solely for the purpose of storage or display of goods or merchandise belonging to the enterprise；

(b) The maintenance of a stock of goods or merchandise belonging to the enterprise solely for the purpose of storage or display；

(c) The maintenance of a stock of goods or merchandise belonging to the enterprise solely for the purpose of processing by another enterprise；

(d) The maintenance of a fixed place of business solely for the purpose of purchasing goods or merchandise or of collecting information, for the enterprise；

(e) The maintenance of a fixed place of business solely for the purpose of carrying on, for the enterprise, any other activity of a preparatory or auxiliary character.

(f) The maintenance of a fixed place of business solely for any combination of activities mentioned in subparagraphs (a) to (e), provided that the overall activity of the fixed place of business resulting from this combination is of a preparatory or auxiliary character.

5. Notwithstanding the provisions of paragraphs 1 and 2, where a person— other than an agent of an independent status to whom paragraph 7 applies—is acting in a Contracting State on behalf of an enterprise of the other Contracting State, that enterprise shall be deemed to have a permanent establishment in the first-mentioned Contracting State in respect of any activities which that person undertakes for the enterprise, if such a person:

(a) Has and habitually exercises in that State an authority to conclude contracts in the name of the enterprise, unless the activities of such person are limited to those mentioned in paragraph 4 which, if exercised through a fixed place of business, would not make this fixed place of business a permanent establishment under the provisions of that paragraph; or

(b) Has no such authority, but habitually maintains in the first-mentioned State a stock of goods or merchandise from which he regularly delivers goods or merchandise on behalf of the enterprise.

6. Notwithstanding the preceding provisions of this Article, an insurance enterprise of a Contracting State shall, except in regard to re-insurance, be deemed to have a permanent establishment in the other Contracting State if it collects premiums in the territory of that other State or insures risks situated therein through a person other than an agent of an independent status to whom paragraph 7 applies.

【延伸思考】

1. 《联合国范本》关于个人劳务所得征税权的划分规则是什么？
2. 在征税权划分方面《联合国范本》与《OECD 范本》的主要区别有哪些？

第二节　国际双重征税

在国际税法上，人们对国际重复征税这一概念的认识，存在一定的分歧。这种分歧主要表现在国际重复征税的概念范围，是仅限于法律意义的国际重复征税，还是应包括所谓的经济意义的国际重复征税。我们认为国际重复征税的概念应该包括法律性质的和经济性质的重复征税。因此，完整的国际重复征税概念，应该是指两个或两个以上的国家，对同一纳税人或不同纳税人的同一种征税对象或税源，在相同期间内课征相同或类似性质的税收。这种重复征税，除在某些情形下可能表现为多重性的以外，在一般情形下往往是双重性的，故亦可统称为国际双重征税。

国际双重征税包括法律性国际双重征税和经济性国际双重征税。法律性国际双重征税是指两个或两个以上的国家或地区对同一纳税人的同一课税对象在同一征税期内征收同一或类似的税收。经济性国际双重征税是指两个或两个以上的国家或地区对属于不同纳税人的来源于同一税源的课税对象在同一征税期内征税。法律性国际双重征税与经济性国际双重征税产生的原因不同，具体表现形式也不同，因此，消除两种重复征税的措施也不相同。

经济合作与发展组织(OECD)的定义表明，法律性国际双重征税具有以下特征：涉及两个或多个国家的税收管辖权；纳税主体只有一个；对同一课税对象征收类似的税种；在同一征税期间。经济性国际双重征税也具有上述特征，唯一不同的是第二点特征即经济性国际双重征税的纳税主体是对不同纳税人的课税对象征税。经济性国际双重征税涉及的不同纳税人可能都是公司，也可能一方是公司，另一方是自然人，分别适用个人所得税和公司所得税。

法律性国际双重征税产生的法律原因是多个税收管辖权叠加的结果。消除这类双重征税应当从协调国家的税收管辖权入手，不论是采取单边、双边或多边措施，一国可以主动放弃税收管辖权，或者通过与其他国家之间签订的双边协定将税收管辖权归某一国单独享有与行使。在税收征收权由两个国家共享时，在承认来源地国税收管辖权优先并进行适当限制的情形下，居民国应采用免税法或抵免法等措施来消除双重征税。对于多个居民税收管辖权重叠或多个来源地税收管辖权重叠造成的双重征税，则需要通过多边协定等多边措施来进行规制。

经济性国际双重征税是因为各国对公司的利润和股东的股息同时征税所导致。这种双重征税与各国的税收体制结构有关，既存在于一国国内，也存在于国际之间。一国国内税法消除经济性双重征税的措施可以从公司所得和股东所得环节分别入手。对于经济性国际双重征税则可以在税收协定中给予间接抵免或将国内法中的措施扩充适用于非居民。

消除国际双重征税的方法主要有免税法、抵免法、扣除法和抵税法等。由于扣除法和抵税法只具有缓解双重征税的作用，故居民国多采用免税法或抵免法。居民国可以单独采用免税法、抵免法等措施来消除双重征税，也可以在国际税收协定中预定消除双重征税的措施。免税法是指居民国对本国居民来源于境外的所得和财产免于征税。抵免法是指居民纳税人在居民国以其境内外全部所得为应税所得，应税所得乘以应适用的税率减去该居民纳税人已经在境外实际缴纳的所得税额为其在居民国的应纳税额。

实践中，免税法可分为无条件免税法和有条件免税法，以及全额免税法和累进免税法。无条件免税法是指居民国对本国居民纳税人来源于境外的所得和财产免于征税而不附带任何条件。有条件免税法是指一国对本国居民纳税人来源于境外的、符合特定条件的所得和财产免税。全额免税法和累进免税法在计算居民的应税所得时，都为境内外全部应税所得减去境外应税所得的免税部分，但在计算应税所得适用的税率方面有区别，按照全额免税法，在决定应税所得的适用税率时不考虑予以免税的所得，即不把免税的所得列入全部所得中计算税率纳税。按照累进免税法，计算居民应纳税所得额时，要适用该居民境内外全部应税所得对应的税率，即将免税所得列入总收入决定其余收入的税率，这是为了避免适用免税法的纳税人获得税率累进优势。

实践中，抵免可分为全额抵免和限额抵免，限额抵免又分为综合抵免、分国抵免、分享抵免等。全额抵免是指居民国允许其居民纳税人将境外实际缴纳的全部税额从其境内外全部所得应向居民国缴纳的应纳税额中予以扣除，即使境外所得在境外缴纳的税额超过该笔所得应在本国缴纳的税额。限额抵免是指居民纳税人在境外实际缴纳的税额，仅允许其抵免不超过该笔境外所得依居民国的税法计算的应纳税额的抵免。抵免限额是允许居民纳税人抵免本国税款的最高数额，但其并不一定等于纳税人的实际抵免额。限额抵免的具体做法包括综合限额法、分国限额法、分项限额法。综合限额法是指将居民纳税人来自于境外的全部所得汇总相加，作为一个整体计算抵免限额，即只有一个统一的抵免限额。分国限额法是指当居民纳税人有来自多个来源地国的所得时，以每个国家为单位，分国计算抵免限额，即来自于每个来源地国的所得都有一个抵免限额。分项限额法是指居民纳税人来源于境外的某些特定项目的所得单独计算抵免限额，与其他项目分开，纳税人就各类境外所得在来源地国缴纳的税款只能在同项抵免限额内抵免。

此外，税收饶让抵免是在税收抵免方式基础上发展起来的一种特殊的抵免方法。税收饶让抵免是指一国政府（一般是指居民国政府）对本国纳税人来源于国外的所得由收入来源地国减免的那部分税款，视同已经缴纳，同样给予税收抵免待遇的一种制度。税收饶让抵免的目的在于使来源地国利用外资的税收优惠政策与措施能够真正取得实际效果，并为国际双边税收协定所广泛采用。税收饶让抵免是一项国家间的措施，是缔约国之间意志妥协的产物，必须通过双边或多边安排方能实现，其目的并不在于避免和消除法律性或经济性的国际双重征税，而是居民国配合来源地国吸引外资的税收优惠政策的实施，使其能够真正产生实际的政策效果。

★ 典型案例一：

法律性国际双重征税案

【基本案情】

某甲在 A 国有自己的居所。2009 年，甲离开 A 国去 B 国从事经营活动，在 B 国居住了 150 天并取得了一笔收入。甲回到 A 国，先后收到了 A 国和 B 国要求其缴纳个人收入所得税的纳税通知。根据 A 国税法规定，A 国公民离开 A 国满 180 天的为 A 国非居民；根据 B 国税法规定，凡在 B 国居住满 90 天的个人为 B 国居民。

【法律分析】

本案涉及的法律问题是法律性国际重复征税，某甲在 A 国有居所，离开 A 国前往 B 国从事经营活动，在 B 国居住了 150 天并取得了一笔收入。根据 A 国税法规定，某甲在 A 国有居所且离开 A 国未满 180 天，因此 A 国认定某甲为 A 国的居民纳税人，可以对其行使居民税收管辖权，就其境内外的收入所得征收税款。然而 B 国根据该国税法，凡在 B 国居住满 90 天的个人为 B 国居民，从而认定某甲为 B 国居民纳税人，也主张对其行使居民税收管辖权，就其境内外的收入所得征税。从而出现了 A 国与 B 国之间的居民税收管辖权之间的冲突，导致某甲在 B 国的同一笔收入所得需要同时向 A 国与 B 国纳税，同时承担无限纳税义务，导致法律性国际重复征税。

国际双重征税的产生是有关国家所主张的税收管辖权在纳税人的跨国所得或财产价值上发生重叠冲突的结果。这种税收管辖权之间的冲突，主要有以下三种：一是居民税收管辖权与来源地税收管辖权之间的冲突；二是居民税收管辖权与居民税收管辖权之间的冲突；三是两个国家的来源地税收管辖权之间的冲突。一纳税人有来源于他国的境外所得，该国对其主张来源地税收管辖权，同时该笔所得收入被另一国认定为来源于其境内，也要对该纳税人主张来源地税收管辖权，于是出现这两个国家之间的来源地税收管辖权的冲突。以上国家间税收管辖权冲突的种种情形均可导致国际双重征税。

国际双重征税使从事跨国投资和其他各种经济活动的纳税人相对于从事

国内投资和其他各种经济活动的纳税人，背负了沉重的双重税收负担，违背了税收公平和税收中性的税法原则。税收公平原则是指税收应基于纳税人的纳税能力予以课征，包括横向公平和纵向公平。① 税收中性原则是指税收不应对纳税人的投资、经营决策产生影响。纳税人根据市场条件，准备对外投资，税收中性意味着税收不应干预或影响纳税人的投资取向和经营决策。纳税人对投资区域、行业和经营方式的选择，主要应由价值规律和市场竞争因素来支配。② 国际双重征税造成税负不公，使跨国纳税人处于不利的竞争地位，势必挫伤其从事跨国经济活动的积极性，从而阻碍国际间资金、技术和人员的正常流动和交往，从而对国际投资和国际经济交往产生扭曲影响。

【资料阅读】

1. 刘永伟. 国际税法学精要[M]. 北京：中国政法大学出版社，2012.

2. 汤洁茵. 金融创新的税法规制[M]. 北京：法律出版社，2010.

3. 陈红彦. 跨国股息征税问题研究[M]. 北京：科学出版社，2011.

4. 汤贡亮. 2012 中国税收发展报告——中国国际税收发展战略研究[M]. 北京：中国税务出版社，2013.

5. 陈小安. 国内税收的重复征税问题及改革路径[J]. 统计与决策，2007(10).

6. Baistrocchi, Eduardo A. The International Tax Regime and the BRIC World: Elements for a Theory[J]. Oxford Journal of Legal Studies, 2013(733): 733 –766.

【延伸思考】

1. 分析国际法律性双重征税与国际经济性双重征税的异同。

2. 归纳总结国际双重征税的规制原理。

★ **典型案例二：**

经济性国际双重征税案

【基本案情】

A 国甲公司拥有在 B 国成立的乙公司的 50% 的股权，在某纳税年度，甲公司在 A 国的国内所得为 100 万美元，乙公司在 B 国的国内所得也为 100 万

---

① 凯文·墨菲，马克·希金斯. 美国联邦税制[M]. 解学智，译. 大连：东北财经大学出版社，2001：6.

② 廖益新. 国际税法学[M]. 北京：北京大学出版社，2001：133.

美元。A 国、B 国两国的企业所得税税率分别为 50%、30%。乙公司在该年度向 B 国缴纳 30 万美元企业所得税后，将税后利润 70 万美元中的 35 万美元以股息的方式支付给甲公司。之后，A 国就甲公司该年度的所得 135 万美元（即甲公司国内所得 100 万美元加上乙公司支付的 35 万美元股息所得）适用 50% 的税率，征收了 67.5 万美元税收。

【法律分析】

本案中存在国际双重征税，本案中的双重征税属于经济性国际双重征税。经济性国际双重征税是指两个或两个以上的国家或地区对属于不同纳税人的来源于同一税源的课税对象在同一征税期内征税。经济性国际双重征税主要表现在两个国家分别同时对在各自境内居住的公司的利润和股东从公司获取的股息征税。从法律角度而言，公司和公司股东在法律上各自具有独立的法律人格，属于独立的纳税人。公司通过经营活动取得的营业利润和股东从公司获得的股息，也是属于两个不同的独立的纳税人的。因此，一国对属于其境内居民的公司的利润征税和另一国对其境内居住的股东从上述公司取得的股息征税，在法律上均属于合法征税。但是，两个国家分别对公司的利润和股东的股息征税，在经济上不合理。从经济角度而言，公司实质上是由各个股东所组成的，公司的资本是各个股东持有的股份的总和，股东所取得的股息利润来源于公司的利润。因此，既对公司的利润征税，又对作为公司税后利润分配的股息征税，这属于对同一征税对象或同一税源进行的双重征税。就实际效果而言，对公司利润征收的所得税，最终还是按照股份比例由各个股东承担。本质上来讲，与对同一纳税人的同一所得重复征税无异。

本案中，乙公司向其所在国 B 国缴纳所得税后，将税后利润 35 万美元以股息的方式支付给 A 国的甲公司，A 国对这 35 万元的股息再次征税，从而构成 A、B 两国对源自于同一税源的课税对象在同一征税期内的双重征税，从而构成经济性双重征税。

【资料阅读】

1. 马斯格雷夫，等. 财政理论与实践［M］. 邓子基，邓力平，译校. 北京：中国财政经济出版社，2003.

2. 陈红彦. 试论避免公司间经济性重复征税的税法完善［J］. 环球法律评论，2008（3）.

3. 许春淑，刘添翼. 我国所得税法中经济性重复征税问题探讨［J］. 天津商业大学学报，2009（3）.

【延伸思考】

1. 法律性国际双重征税与经济性国际双重征税有何异同？
2. 消除经济性国际双重征税的基本思路是什么？

★ **典型案例三：**

运用免税法防止国际双重征税案

【基本案情】

甲国居民公司 A 在某一纳税年度内获得营业所得 1000 万美元，其中来源于居住国甲国境内所得 600 万美元，来源于乙国境内的所得为 400 万美元。居住国甲国税率为 40%，来源地国乙国税率为 30%。

【法律分析】

本案中涉及的法律问题是运用免税法防止国际双重征税。免税法是指居民国对本国居民来源于境外的所得和财产免于征税，也就是说居住国一方对本国居民纳税人来源于来源地国另一方的已向来源地国纳税的跨国所得，在一定条件下放弃行使居民税收管辖权，允许不计入该居民纳税人的应税所得额内而免于征税的方法。运用这种方法，居住国一方不仅承认了来源地国的来源地税收管辖权的优先地位，而且放弃了对本国居民纳税人来源于居住国境外的跨国所得的征税权，从而避免了在这部分跨国所得上居住国的居民税收管辖权与所得来源地的来源地税收管辖权的冲突，有效地防止了国际双重征税的发生。

作为消除国际重复征税的一种措施，免税法的优点主要有：一是采用免税法能够彻底消除国际双重征税。因为居住国对居民纳税人来源于境外的所得都放弃了征税权，只有来源地国单一税收管辖权，从而避免了在这部分跨国所得上与非居住国的来源地税收管辖权的冲突重叠，有效防止了国际双重征税的发生（假如居民国的免税法不附加条件，在来源地国也不主张管辖权时，居民国居民纳税人的境外所得还会出现双重不征税的情况）。二是在来源地国税率低于居住国税率的情形下，居住国采用免税法，能够使得居民纳税人实际享受到来源地国政府给予的低税负或减免税优惠，从而有利于鼓励跨国投资。三是实行免税法在税务征收管理上较为简便易行。因为居住国的税务机关无须对居民纳税人在来源地国的经营收支状况和实际纳税情况进行困难和费时的调查核实工作，方便和简化了征纳双方的工作和手续。

虽然有上述优点与益处，免税法仍然存在诸多弊端与缺点：一是这种方法是建立在居住国放弃对其居民的境外所得行使征税权的基础之上，未能在消除国际双重征税问题兼顾到居住国、来源地国与跨国纳税人这三方主体的利益，使居住国的权益受到一定的影响。尤其是在居住国税率高于来源地国税率的情形下，采用免税法使纳税人获得的免税额超出实际缴纳的来源地国税额；二是由于采用免税法，居住国对本国居民的境外所得或财产价值免于征税，在来源地国税率水平低于居住国税率水平的情形下，将造成有境外所得或财产价值的跨国纳税人税收负担低于仅有同样数额的境内所得或财产价值的国内纳税人的税收负担的结果，从而有损于税收公平原则。换句话说，居民国采用免税法时，纳税人的总体税负因来源地国税率高低而有所不同。

本案中如果居住国甲国采用免税法防止国际双重征税，那么，该纳税年度居民公司 A 应当向居住国甲国缴纳所得税的数额为：

居住国应征收所得税税额 = 来源于居住国境内的所得额 × 居住国所得税税率 = 600 万美元 × 40% = 240 万美元

【资料阅读】

1. 蔡连增. 美国联邦所得税法外国税收抵免制度研究［M］. 北京：科学出版社，2011.

2. 黄钦. 国际税收竞争与最优资本课税研究［M］. 北京：中国税务出版社，2009.

3. 高峻，凌金. 欧盟基本的免税法在我国的运用——针对金融业的分析［J］. 财会月刊，2014（12）.

4.《联合国范本》第五章第 23 条 A 款关于免税法的相关规定：

Chapter Ⅴ METHODS FOR THE ELIMINATION OF DOUBLE TAXATION

Article 23 A EXEMPTION METHOD

1. Where a resident of a Contracting State derives income or owns capital which, in accordance with the provisions of this Convention, may be taxed in the other Contracting State, the first-mentioned State shall, subject to the provisions of paragraphs 2 and 3, exempt such income or capital from tax.

2. Where a resident of a Contracting State derives items of income which, in accordance with the provisions of Articles 10, 11 and 12, may be taxed in the other Contracting State, the first-mentioned State shall allow as a deduction from the tax on the income of that resident an amount equal to the tax paid in that other State. Such deduction shall not, however, exceed that part of the tax, as computed before the deduction is given, which is attributable to such items of income de-

rived from that other State.

3. Where in accordance with any provision of this Convention income derived or capital owned by a resident of a Contracting State is exempt from tax in that State, such State may nevertheless, in calculating the amount of tax on the remaining income or capital of such resident, take into account the exempted income or capital.

5.《OECD 范本》第五章第 23 条 A 款关于免税法的相关规定：

Chapter Ⅴ METHODS FOR ELIMINATION OF DOUBLE TAXATION

Article 23 A EXEMPTION METHOD

1. Where a resident of a Contracting State derives income or owns capital which, in accordance with the provisions of this Convention, may be taxed in the other Contracting State, the first-mentioned State shall, subject to the provisions of paragraphs 2 and 3, exempt such income or capital from tax.

2. Where a resident of a Contracting State derives items of income which, in accordance with the provisions of Articles 10 and 11, may be taxed in the other Contracting State, the first-mentioned State shall allow as a deduction from the tax on the income of that resident an amount equal to the tax paid in that other State. Such deduction shall not, however, exceed that part of the tax, as computed before the deduction is given, which is attributable to such items of income derived from that other State.

3. Where in accordance with any provision of the Convention income derived or capital owned by a resident of a Contracting State is exempt from tax in that State, such State may nevertheless, in calculating the amount of tax on the remaining income or capital of such resident, take into account the exempted income or capital.

4. The provisions of paragraph 1 shall not apply to income derived or capital owned by a resident of a Contracting State where the other Contracting State applies the provisions of this Convention to exempt such income or capital from tax or applies the provisions of paragraph 2 of Article 10 or 11 to such income.

【延伸思考】

1. 简述国际税收协定中的免税法的特点与应用。

2. 我国近年来一直鼓励企业"走出去"，同时加强吸引外资进入，在此背景下分析我国现行的免税法制度。

★ 典型案例四：

运用抵免法防止国际双重征税案

【基本案情】

甲国居民公司 A 某一纳税年度内在甲国境内的经营所得为 100 万美元，甲国企业所得税税率为 33%。其设在乙国的分支机构的所得为 80 万美元：其中生产经营所得为 60 万美元，乙国规定的税率为 40%；利息所得为 20 万美元，乙国规定的税率为 20%。其设在丙国的分支机构的所得为 60 万美元：其中生产经营所得为 40 万美元，丙国规定的税率为 30%；租金所得为 20 万美元，丙国规定的税率为 10%。在计算抵免限额方面，甲国税法采用的是分国不分项的计算方法。所谓分国计算，是指企业在境外两个或两个以上国家设有分支机构，应分不同国家计算税收抵免限额；而所谓不分项计算，是指企业在境外一方面有分支机构获取的营业所得，另一方面又有消极投资取得的股息、利息、特许权使用费等项所得，在计算抵免限额时，可不必区分各项所得，而分别按照在每个国家取得的所得总额计算税收抵免限额。①

【法律分析】

本案涉及的法律问题主要是运用抵免法避免双重征税。抵免法是指居住国按照居民纳税人的境内外所得或一般财产价值的全额为应税所得，但对居民纳税人已经在来源地国缴纳的所得税或财产税额，允许从向居住国应纳的税额中扣除，应税所得乘以应适用的税率减去该居民纳税人已经在境外实际缴纳的所得税额为其在居民国的应纳税额。以此方法来达到避免对居民纳税人的境外所得或财产价值的国际重复征税的效果。

在采用抵免法消除国际双重征税的国家中，大多数国家均采用限额抵免法。目前，国际上普遍实行的是限额抵免，即对国外所纳税款的抵免额，不能超过按本国税法规定的税率所应缴纳的税款额。抵免限额的计算方式为：

抵免限额 = 在来源地国的所得 × 居住国的适用税率

值得注意的是，在限额抵免计算中，允许抵免的已缴来源地国税额的概念相当重要。抵免限额只是外国税收抵免的最高限度，并不一定是按照抵免限额来抵免外国税收。因此，当抵免限额小于跨国纳税人已缴来源地国税款

① 刘剑文. 国际税法学[M]. 北京大学出版社，2013：158－160.

时，抵免限额即为允许抵免额；当抵免限额高于跨国纳税人已缴来源地国税款时，则纳税人已缴来源地国税款即为允许抵免额；当抵免限额与跨国纳税人已缴来源地国税款数额相等时，则该纳税人已缴来源地国的税款即为允许抵免额。因此，允许抵免的已缴来源地国的税额等于抵免限额与纳税人实际缴纳的来源地国税款两者之间数额较小者。

在实行综合所得税制的国家，抵免限额可分为两种：

①综合限额。其计算公式为：

综合抵免限额 = 纳税人来源于居住国境内外应税所得总额 × 居住国税率 × （来源于各非居住国的应税所得之和 ÷ 来源于居住国境内外应税所得总额）

这一公式可以简化为

综合抵免限额 = 来源于各非居住国的应税所得之和 × 居住国税率

②分国限额。其计算公式为

分国抵免限额 = 纳税人来源于居住国境内外应税所得总额 × 居住国税率 × （来源于某个非居住国应税所得 ÷ 来源于居住国境内外应税所得总额）

这一公式可以简化为

分国抵免限额 = 来源于某个非居住国应税所得 × 居住国税率

此外，在实行分类所得税制的国家还采用分项抵免限额，即跨国纳税人的居住国，在对纳税人已向外国缴纳的税款进行抵免计算时，将某些低税率项目，与其他项目分开，单独计算抵免限额。其计算公式为

分享限额 = 纳税人来源于居住国境内外应税所得总额 × 居住国税率 × （来源于非居住国的专项所得额 ÷ 来源于居住国境内外应税所得总额）

这一公式可以简化为

分项限额 = 来源于非居住国的专项所得额 × 居住国税率

根据以上计算公式，该纳税年度 A 公司应当向甲国缴纳所得税税额为

①设在乙国的分支机构在乙国实际缴纳的所得税额：

60 万美元 × 40% + 20 万美元 × 20% = 28 万美元

②设在丙国的分支机构在丙国实际缴纳的税额：

40 万美元 × 30% + 20 万美元 × 10% = 14 万美元

③按照分国不分项的计算方法，A公司的应纳税额：

（100万美元＋80万美元＋60万美元）×33％＝79.2万美元

④乙国分支机构税额抵免限额：

80万美元×33％＝26.4万美元

虽然A公司设在乙国的分支机构在乙国已实际纳税28万美元，但抵免限额为26.4万美元，超过抵免限额的1.6万美元部分不能扣除。

⑤丙国分支机构的税额抵免限额：

60万美元×33％＝19.8万美元

A公司设在丙国的分支机构在丙国已实际纳税4万美元，但抵免限额为19.8万美元，因而，能按实际缴纳的税额扣除。

⑥A公司汇总计算的应纳税额：

79.2万美元－26.4万美元－14万美元＝38.8万美元

【资料阅读】

1. 宋小宁，葛锐. "走出去"企业境外投资所得税制：抵免法与免税法适用比较[J]. 东北师范大学学报(哲社版)，2014(1).

2. 刘磊，赵德芳. 企业境外所得税收抵免制度研究[J]. 涉外税务，2011(7).

3. 孙隆英. 现行企业境外所得税抵免制度评析[J]. 涉外税务，2011(7).

4. Johannes Voget：Relocation of Headquarters and International Taxation. Journal of Public Economics，2010 (9).

5.《联合国范本》第五章第23条B款关于抵免法的相关规定：

Chapter Ⅴ METHODS FOR THE ELIMINATION OF DOUBLE TAXATION

Article 23 BCREDIT METHOD

1. Where a resident of a Contracting State derives income or owns capital which, in accordance with the provisions of this Convention, may be taxed in the other Contracting State, the first-mentioned State shall allow as a deduction from the tax onthe income of that resident an amount equal to the income tax paid in that other State; and as a deduction from the tax on the capital of that resident, an amount equal to the capital tax paid in that other State. Such deduction in either case shall not, however, exceed that part of the income tax or capital tax, as computed before the deduction is given, which is attributable, as the case may be, to the income or the capital which may be taxed in that other State.

2. Where, in accordance with any provision of this Convention, income derived or capital owned by a resident of a Contracting State is exempt from tax in that State, such State may nevertheless, in calculating the amount of tax on the remaining income or capital of such resident, take into account the exempted income or capital.

6.《OECD 范本》第五章第 23 条 B 款关于抵免法的相关规定：

Chapter Ⅴ METHODS FOR ELIMINATION OF DOUBLE TAXATION

Article 23 B CREDIT METHOD

1. Where a resident of a Contracting State derives income or owns capital which, in accordance with the provisions of this Convention, may be taxed in the other Contracting State, the first-mentioned State shall allow:

a) as a deduction from the tax on the income of that resident, an amount equal to the income tax paid in that other State;

b) as a deduction from the tax on the capital of that resident, an amount equal to the capital tax paid in that other State.

Such deduction in either case shall not, however, exceed that part of the income tax or capital tax, as computed before the deduction is given, which is attributable, as the case may be, to the income or the capital which may be taxed in that other State.

2. Where in accordance with any provision of the Convention income derived or capital owned by a resident of a Contracting State is exempt from tax in that State, such State may nevertheless, in calculating the amount of tax on the remaining income or capital of such resident, take into account the exempted income or capital.

【延伸思考】

1. 简述国际税收协定中抵免法的特点与应用。

2. 我国近年来一直鼓励企业"走出去"，同时加强吸引外资进入，在此背景下分析我国现行的抵免法制度。

★ **典型案例五：**

税收饶让抵免案

【基本案情】

甲国居民公司 A 公司在某纳税年度内获得所得 150 万元，其中 50 万元为来自设在乙国境内的分公司 B 公司的经营所得。已知甲国公司所得税税率为 40% 的比例税率，乙国的公司所得税税率为 30%，分公司 B 的 50 万元所得在乙国享受减半征税的优惠，实际缴纳乙国所得税税额 7.5 万元。在甲乙两国间的税收协定中规定甲国实行饶让抵免。

【法律分析】

本案涉及的法律问题主要是税收饶让抵免。税收饶让抵免中的抵免额一般要大于纳税人实际在来源地国实际缴纳的税额，而一般税收抵免中的抵免额则等于纳税人在来源地国实际缴纳的税额。

本案中，甲国对其居民公司 A 公司在该纳税年度境内外所得应征所得税额计算如下：

①确定甲国对 A 公司来源于乙国所得的抵免限额：

抵免限额 = 乙国分公司所得 × 甲国税率 = 50 万元 × 40% = 20 万元

②确定甲国实际允许直接抵免的 A 公司已缴乙国所得税税额：

已缴乙国税额 = 实缴乙国税额 + 视同已缴乙国减免税额 = 7.5 万元 + 7.5 万元 = 15 万元

因为在甲国实行饶让抵免的条件下，认定纳税人 A 公司在来源地国乙国已缴所得税额应包括 A 公司实际在乙国缴纳的税额和视同已经缴纳的减免税额。因此可以认定 A 公司已经缴纳乙国所得税税额为 15 万元。

由于 A 公司已缴纳乙国税额 15 万元低于前述按照甲国税率计算出的抵免限额 20 万元，因此甲国实际允许抵免的 A 公司已经缴纳乙国税额为 15 万元。

③计算甲国最终应征收 A 公司所得税税额：

A 公司应纳甲国税额 = A 公司总所得 × 甲国税率 − A 公司已缴纳乙国税额（直接饶让抵免税额）= 150 万元 × 40% − 15 万元 = 45 万元

上述所有计算步骤和过程表明，尽管 A 公司实际缴纳乙国税额为 7.5 万元，但居民国甲国在实行饶让抵免的情形下，实际允许 A 公司直接抵免的乙国税额中包括了因享受减免税优惠而未缴纳的 7.5 万元税款。如果甲国不提供税收饶让抵免，认定 A 公司已经缴纳乙国税额仅限于其实际缴纳的 7.5 万元，并依次数额进行抵扣，则 A 公司最终应纳居民国甲国税额将为 52.5 万元。与甲国实行饶让抵免情形下的结果 45 万元相比，相差 7.5 万元。这表明在居民国甲国没有实行饶让抵免的情形下，作为来源地国的乙国给予 A 公司的减免税优惠 7.5 万元，并未使跨国纳税人 A 公司真正受惠，而是全部转化为居民国甲国的税收收入。

【资料阅读】

1. 王玮，叶舟舟. 税收饶让抵免对涉外投资影响效应的实证研究 [J]. 湖北经济学院学报，2013(4).

2. 罗伊·罗哈吉. 国际税收基础 [M]. 林海宁，范文祥，译. 北京：北京大学出版社，2006.

3. 李娜. 金砖国家税收合作展望：求同存异 互信共赢 [J]. 国际税收，2015(1).

4.《联合国范本》第二部分关于第五章消除双重征税方法规定的注释：

B. Description of methods for elimination of double taxation

In the existing conventions, two leading principles are followed for the elimination of double taxation by the State of which the taxpayer is a resident. For purposes of simplicity, only income tax is referred to in what follows; but the principles apply equally to capital tax.

1. The principle of exemption

Under the principle of exemption, the State of residence R does not tax the income which according to the Convention may be taxed in State E or S (nor, of course, also income which shall be taxable only in State E or S [...]).

The principle of exemption may be applied by two main methods:

a) the income which may be taxed in State E or S is not taken into account at all by State R for the purposes of its tax; State R is not entitled to take the income so exempted into consideration when determining the tax to be imposed on the rest of the income; this method is called "full exemption";

b) the income which may be taxed in State E or S is not taxed by State R, but State R retains the right to take that income into consideration when determining the tax to be imposed on the rest of the income; this method is called "exemption with progression".

2. The principle of credit

Under the principle of credit, the State of residence R calculates its tax on the basis of the taxpayer's total income including the income from the other State E or S which, according to the Convention, may be taxed in that other State (but not including income which shall be taxable only in State S; see paragraph 6 above). It then allows a deduction from its own tax for the tax paid in the other State.

The principle of credit may be applied by two main methods: State R allows the deduction of the total amount of tax paid in the other State on income which may be taxed in that State, this method is called "full credit"; the deduction given by State R for the tax paid in the other State is restricted to that part of its own tax which is appropriate to the income which may be taxed in the other State; this method is called "ordinary credit".

Fundamentally, the difference between the methods is that the exemption methods look at income, while the credit methods look at tax.

【延伸思考】

1. 适用税收饶让抵免有哪些限制?
2. 简述我国的税收饶让抵免制度规则体系。

第三节　国际逃税与国际避税

严格意义上的逃税, 是指纳税人故意或有意识地不遵守征税国法律, 不履行自己的纳税义务, 不缴或少缴税款的行为。广义上的逃税行为也包括纳税人无主观上的故意, 仅因过失或疏忽而未履行法律规定的纳税义务的情形。逃税是违法行为, 严重的逃税行为构成犯罪。避税则是纳税人利用法律上的某种漏洞或含糊之处, 或者法律上没有禁止的方法来做出适当的税务安排和税务策划, 以减少或不承担其本应承担的纳税义务。避税并不违法, 更不会构成犯罪。虽然避税行为可能被认为是不道德的, 但避税所使用的方式是合法的, 而且纳税人的行为不具有欺诈性质。因此, 纳税人逃税与避税的目的相同, 即减轻或免除本应该承担的税负, 但纳税人在进行避税中所采用的手段有本质区别, 即非法与合法的区别。

国际逃税、国际避税与上述逃税、避税的不同就在于其具有"跨国"因素。纳税人的逃税活动、避税安排具有跨国因素, 与两个或两个以上国家的税收管辖权产生联系, 就构成了国际逃税和国际避税。国际逃税是指纳税人采取某种非法的手段与措施，减少或逃避就其跨国所得应该承担的纳税义务的行为；国际避税则是指跨国纳税人通过某种不违法的方式，减少或避免就其跨国所得应该承担的纳税义务的行为。概括的说，国际逃税、国际避税就是跨国纳税人通过非法或合法的手段来减轻或者免除就其跨国所得本应承担的国际纳税义务的行为。在国际税法实践中，对跨国纳税人减轻税负行为进行合法与非法的划分确实存在着一定困难。

★ 典型案例一：

克罗南伯格诉美国国内收入局改变国籍避税案件

【基本案情】

克罗南伯格是一名美国人，同时保留了其瑞士国籍。1955年至1966年间，克罗南伯格及其妻子共同拥有 PIC 公司 95.30% 的股份，并出任该公司经济和董事。后来克罗南伯格决定出售其公司并考虑移居瑞士。PIC 公司股东投票表决进行清算，预计一年后完成。克罗南伯格从其财务顾问处得知，如其在获得清算分配之前放弃美国国籍，那么该笔分配收益就不承担对美国的纳税义务。此后，克罗南伯格即匆忙投入工作，委托律师准备清算文件，出售了住宅，为其全家移居瑞士做各种安排。PIC 公司于 1967 年 2 月 20 日完成公司清算。克罗南伯格指示其律师在可能做到的最晚时间再对 PIC 财产进行分配。克罗南伯格及其家人于 2 月 21 日离开美国，次日到达苏黎世。2月 23 日，他和妻子宣布放弃美国国籍。依其指示，他的律师在 2 月 24 日将 PIC 公司财产转入其私人账户。根据上述证据，法庭认为克罗南伯格出具的证据根本不能证明其不存在避税目的，从而判定征税。①

【法律分析】

本案涉及的法律问题主要是跨国自然人纳税人如何通过纳税主体的跨国移动进行国际避税。

本案中，美国对自然人的纳税义务是由其国籍决定的，自然人想摆脱美国的公民税收管辖权，唯一的途径是放弃美国国籍，获得别国国籍，克罗南伯格正是想通过改变国籍，放弃美国国籍而摆脱美国公民税收关系权的制约，从而不承担在美国纳税的义务。一般而言，国籍的变更受国籍法和移民

① http://eol. cqu. edu. cn/eol/jpk/course/preview/jpkmaterials _ folder _ txtrtfview. jsp? resId = 19453&columnId = 17218.

法的制约，因为改变国籍对国家税收有影响，因此各国一般都实行严格管理。此外，自然人还可以以下方式实现国际避税：住所、居所的迁移；住所的短期迁移，再迁回原来的居民国，这被称之为假移居；缩短居住时间和短期离境；成为临时纳税人等方式。

本案中，克罗南伯格得知，如其在获得清算分配之前放弃美国国籍，那么该笔分配收益就不承担对美国的纳税义务。随后其委托律师准备清算文件，出售了住宅，为其全家移居瑞士做各种安排。2月20日，PIC完成公司清算。克罗南伯格指示其律师在可能做到的最晚时间再对PIC财产进行分配。克罗南伯格及其家人于2月21日离开美国，次日到达苏黎世。2月23日，他和妻子宣布放弃美国国籍。依其指示，他的律师在2月24日将PIC财产转入其私人账户。从以上种种行为可以推断出克罗南伯格试图通过放弃美国国籍方式来规避美国居民税收管辖权的意图非常明显。克罗南伯格的做法实质上是纳税主体的跨国移动，改变国籍就是改变纳税主体与税收管辖权之间的连接因素。克罗南伯格避税意图明显，因此，法院判决克罗南伯格行为属于避税行为，应就其收入向美国纳税。

本案涉及的另一个法律问题是对跨国纳税人通过纳税主体的跨国移动进行国际避税的行为，应该如何进行规制。对自然人跨国移动的国际避税行为的管制主要包括：一是对自然人避税性移居的制约。个人的移居自由得到许多国际规范性法律文件和各国法律的保障，因此很容易被跨国自然人利用进行国际避税，同时对自然人避税性移居进行限制也并非易事。许多国家利用对自由移居原则的例外规定，来禁止自然人离境。例如许多国家规定欠税者不得离境，然而对没有违法的避税意图的移居者则不能禁止其离境。对于有避税意图的自然人的跨国迁移，有些国家采取了强制措施，使该自然人在移居后很长一段时间内，在其原居民国或国籍国仍负有纳税义务。例如，本案中，克罗南伯格原本具有美国国籍，受美国公民税收管辖权的制约。美国法律规定，如果一个美国人以逃避美国联邦所得税为主要目的而放弃美国国籍移居他国，美国在该人移居后的10年内保留对其征税权。美国税务机关通过对该人滞留在美国境内的银行存款、房地产等财产的留置权，对该人实行有效的征管。如果该人不纳税，则可以从其在美国的财产中加以扣除。美国法庭认定克罗南伯格具有国际避税的意图，据此判定其仍需要向美国承担纳税义务。二是不承认假移居，对居住天数严格计算。对各种以避税为目的的假移居和临时移居，原居民国可以采取不予承认的方法来加以约束。

对法人国际逃税与国际避税的管制包括：加强对迁移出境的控制；对转

移营业和资产的限制；防止法人利用公司重组进行避税；取消延期纳税节制对避税地公司的使用；在税收征管与税务司法中运用"实质重于形式"的原则，该原则是指法律上不承认那些形式上合法而实质上违背立法意图的行为和安排。在税务司法中，法院不承认那些符合正式法律要求却没有充分商业理由的公司和交易。

【资料阅读】

1. 梁蓓. 国际税收策划[M]. 北京：对外经济贸易大学出版社，2011.
2. 黄焱. 国际税收竞争与最优资本课税研究[M]. 北京：中国税务出版社，2009.
3. 冯辉. 国际税收监管协作的新发展[J]. 环球法律评论，2014(5).

【延伸思考】

1. 简析国际逃避税的成因与危害。
2. 比较逃税与避税的异同，并阐述区分两者在法律上的重要意义。
3. 归纳总结反避税的基本思路。

★ 典型案例二：

深黄合金制品有限公司关联交易调整案

【基本案情】

深黄合金制品有限公司，是由中方深广合金制品厂与香港黄记合金公司共同兴办的中外合资企业，公司于1991年12月开业，从事各类合金制品的生产销售业务。深黄合金制品有限公司1992年度商品外销额为16374862元，账面盈利33972.45元。税务机关1993年度所得税汇算清缴检查工作中发现，公司的盈利水平与类似中资企业的盈利水平相差较大，也与合金制品紧缺、利润率较高的常规不符，怀疑该企业存在不正常交易，遂根据有关法律和工作规程展开调查。

调查发现：深黄合金制品有限公司自企业开业以来，生产所需原材料，均由香港黄记合金公司提供，产品全部返销香港，大部分返销香港黄记合金公司。依据《中华人民共和国外商投资企业和外国企业所得税法实施细则》第52条之规定，认定该外贸公司与香港黄记合金公司之间构成关联企业关系。

为了查明该合资企业与其关联企业业务往来中是否存在转移定价问题及少报应纳税所得和收入额的问题，税务机关检查了企业有关账簿凭证，主要是销售收入账和1992年销售凭证，通过检查证实，该企业1992年度销售给香港黄记合金公司的合金制品的定价为每吨815元港币，共销售9 500吨，总金额为港币7 742 500元，而企业销售给香港另一家非关联企业——飞利达贸易有限公司的同样产品，包括规格、型号、质量条件均相同，每吨平均定价为港币1 755元，共销售686吨，总金额港币1 203 930元，是该企业销售给关联企业——香港黄记合金公司价格的1倍多。销售给其他企业的价格与销售给飞利达贸易有限公司的价格差别不大。为此，税务机关初步认定，深黄合金制品有限公司与香港黄合金记公司之间的业务往来作假，违背了正常交易原则。在掌握事实的情况下，又进一步与该企业核对上述情况后，该企业最终承认与关联企业交易往来是压低了产品销售价格。

鉴于深黄合金制品有限公司利用关联公司转移定价的行为，违反了《中华人民共和国外商投资企业和外国企业所得税法》第13条之规定，根据该法实施细则第54条第1款规定，决定按销售给非关联企业——香港飞利达贸易有限公司的作价每吨港币1 755元调整其与香港黄记合金公司的销售价格，调增销售收入：$(1\ 755 - 815) \times 9\ 500 = 8\ 930\ 000$（港元），按市场外汇牌价1港元＝0.6945元人民币，折合人民币5 826 855元。相应调增1992年度企业利润5 826 855元。因1992年为企业缴纳所得税减半征收年度，所以补征企业所得税：$5\ 826\ 855 \times 12\% = 699\ 242.60$（元）。[①]

【法律分析】

本案涉及的法律问题主要是关联企业与转让定价。利用转让定价进行国际避税主要发生在跨国关联企业之间。

关联企业是指存在关联关系的企业。何谓关联关系，各国税法规定的判断标准有一定的差异。从国际税收的角度来定义，所谓关联企业是指资本股权和财务税收相互关联达到一定程度，需要在国际税收上加以规制的企业。[②] OECD与联合国分别制定的税收协定范本也对关联企业进行了描述，凡是缔约国一方企业直接或间接参与缔约国另一方企业的管理、控制或资本，或者同一人直接或间接参与缔约国一方企业和缔约国另一方企业的管理、控制或资本，那么该企业就可以被认为与另一企业据有关联关系。一般而言，有两个主要的判断标准：其一是股权控制标准；其二是企业经营管理或决策人员的人身关系标准。此外，有些国家在采用上述两个标准的同时，

---

① http://www.sdnsfw.com/law/n - 39936. aspx?
② 刘剑文. 国际税法学[M]. 北京：北京大学出版社，2013：207.

还采用了其他一些标准,如资金、技术上的依赖标准等。

转让定价是指对关联企业间的交易进行定价的行为。关联企业在对内部交易进行定价时,往往会利用其内部控制的优势,不按照市场价格水平进行定价,即不当操纵转让定价。关联企业之间的经济往来、经营关系和财务关系不同于独立企业之间的关系。独立企业之间的交易往来是按照市场原则进行的,它们之间销售货物或转让财产,按照市场行情估价定价,双方自愿达成交易。而关联企业之间的交易往来不完全遵循市场原则,会发生种种扭曲市场原则,人为转移和分配利润的情形。

本案中,我国税务机关发现深黄合金制品有限公司,自企业开业以来,生产所需原材料均由香港黄记合金公司提供,产品全部返销香港,大部分返销香港黄记合金公司,根据《中华人民共和国外商投资企业和外国企业所得税法实施细则》第52条之规定,认定该外贸公司与香港黄记合金公司之间构成关联企业关系,税务机关的认定是正确的。税务机关同时发现该公司的盈利水平与类似中资企业的盈利水平相差较大,也与合金制品紧缺、利润率较高的常规不符。经过调查发现,在所销售产品的规格、型号、质量条件均相同的条件下,该企业销售给香港黄记合金公司的合金制品的价格与销售给其他非关联企业的价格相差较大,而销售给其他非关联企业之间的价格差别不大。据此,税务机关认定深黄合金制品有限公司与香港黄记公司之间的业务往来作假,违背了独立交易原则。

深黄合金制品有限公司利用低价销售的方式,将应在中国境内合资企业实现的利润转移到香港的关联企业,而香港又是按照收入来源地原则征税,这就大大减轻了深黄合金制品有限公司的纳税义务。在我国的中外合资企业、中外合作企业和外资企业中,往往由外商负责商品的对外销售,其好处是可以利用外商原有的销售网络和经验,有利于扩大企业的出口,其严重弊端则是中方不易了解国际市场的行情,销售价格被外商操纵,转移利润,不仅有损于国家的税收利益,也有损于合作中方的经济利益。鉴于深黄合金制品有限公司利用关联公司转移定价的行为,违反了《中华人民共和国外商投资企业和外国企业所得税法》第13条的规定,要求其补缴企业所得税的做法是正确的。

本案涉及的另一个法律问题是防止跨国关联企业运用转让定价逃避税收的法律措施。转让定价制度是防止跨国关联企业运用转让定价逃避税收的主要制度。该制度在西方国家的实施已经有近百年的历史,近年以来,该制度有了新的发展,即传统上仅适用于有形财产交易的转让定价制度也开始被适用于无形资产的转让、劳务的提供等，并发展了利润定价法；在征管程序上又发展了预约定价安排等。转让定价制度主要包括关联企业的概念与认定（上文已经详细阐述）、独立交易原则、转让定价方法以及转让定价的征管程序等。

独立交易原则是转让定价制度的核心原则。一般而言，一项交易只有符合市场经济规则，才能被认为是正常交易。事实上，一项交易是否正常，也就是指其价格是否正常。当关联企业之间不当地操作转让价格，以非市场价格对其内部交易进行定价时，该内部交易就应是非正常交易。因此独立交易原则的含义是指关联企业内部交易价格，应当与独立企业之间在相同或类似的条件下的交易价格相仿，如有背离，有关国家的税务机关有权进行调整。[①]独立交易原则的核心是比较，即将独立企业之间的交易与关联企业之间的交易进行比较。

转让定价方法主要有可比非受控价格法、再销售价格法、成本加成法、交易利润定价法等。其中可比非受控价格法被认为是最具有代表性，是独立交易原则最理想的体现。各国均把这一方法放在优先适用的地位，只有该方法不适用的情况下，才可以依次适用再销售价格法和成本加成法。可比非受控价格法也被称为市场价格法，通过对一个可比非受控交易的价格的参考而评估该受控交易是否属于正常交易。如果两者之间存在差异，则说明受控交易不属于正常交易，且应以非受控交易的价格作为该受控交易的价格。[②]根据 OECD《转让定价指南》的定义，再销售价格法是指以从关联企业购进的产品再销售给一个独立的企业的价格为基础的一种转让定价方法。根据 OECD《转让定价指南》的定义，成本加成法是指运用产品的提供者在受控交易中所花费的成本的一种转让定价方法。也就是说将关联企业中卖方的产品成本加上正常的利润作为公平成交价格。交易利润定价法是指以关联企业或非关联企业在可比非受控交易中所获的利润为基础确定关联企业在正常交易中的独立交易价格。

转让定价征管程序是指税务机关为了有效实施转让定价而采取的一系列程序性措施，包括纳税人的申报、税务机关的调查与审计、对转让定价争议的解决等，近年来新发展的一种措施是预约定价安排。预约定价安排是

① 高尔森. 论各国税法处置转让定价的基本原则[J]. 国际经济法文选，天津人民出版社，1994：100.

② 刘剑文. 国际税法学[M]. 北京：北京大学出版社，2013：225.

OECD 所采用的术语，是指税务机关和纳税人在受控交易发生之前，就一定期限内的那些交易的转让定价问题而确立一套适当的标准和重要假设的安排。这种安排可以分为单边安排和双边或多边安排，前者是指没有涉及相互协商程序的安排，后者是指涉及相互协商程序的安排。

【资料阅读】

1. 朱长胜，等. 对 OECD 关于转让定价新规则"商业重构"的评述[J].涉外税务，2011(8).

2. 章玲洁，李忠. 试论企业在转让定价中的纳税筹划[J]. 经济研究导刊，2014(12).

3. 杨永凤. 完善我国转让定价税务管理的建议[J]. 经济管理者，2014(12).

4.《联合国范本》第 9 条关于关联企业的相关规定：

Article 9 ASSOCIATED ENTERPRISES

1. Where：

(a) an enterprise of a Contracting State participates directly or indirectly in the management, control or capital of an enterprise of the other Contracting State, or

Where：

(b) the same persons participate directly or indirectly in the management, control or capital of an enterprise of a Contracting State and an enterprise of the other Contracting State, and in either case conditions are made or imposed between the two enterprises in their commercial or financial relations which differ from those which would be made between independent enterprises, then any profits which would, but for those conditions, have accrued to one of the enterprises, but, by reason of those conditions, have not so accrued, may be included in the profits of that enterprise and taxed accordingly.

2. Where a Contracting State includes in the profits of an enterprise of that State—and taxes accordingly—profits on which an enterprise of the other Contracting State has been charged to tax in that other State and the profits so included are profits which would have accrued to the enterprise of the first-mentioned State if the conditions made between the two enterprises had been those which would have been made between independent enterprises, then that other State shall make an appropriate adjustment to the amount of the tax charged therein on those profits. In

determining such adjustment, due regard shall be had to the other provisions of the Convention and the competent authorities of the Contracting States shall, if necessary, consult each other.

3. The provisions of paragraph 2 shall not apply where judicial, administrative or other legal proceedings have resulted in a final ruling that by actions giving rise to an adjustment of profits under paragraph 1, one of the enterprises concerned is liable to penalty with respect to fraud, gross negligence or willful default.

7.《OECD 范本》第 9 条关于关联企业的相关规定：

Article 9 ASSOCIATED ENTERPRISES

1. Where a) an enterprise of a Contracting State participates directly or indirectly in the management, control or capital of an enterprise of the other Contracting State, or b) the same persons' participate directly or indirectly in the management, controlor capital of an enterprise of a Contracting State and an enterprise of the other Contracting State, and in either case conditions are made or imposed between the two enterprises in their commercial or financial relations which differ from those which would be made between independent enterprises, then any profits which would, but for those conditions, have accrued to one of the enterprises, but, by reason of those conditions, have not so accrued, may be included in the profits of that enterprise and taxed accordingly.

2. Where a Contracting State includes in the profits of an enterprise of that State—and taxes accordingly—profits on which an enterprise of the other Contracting State has been charged to tax in that other State and the profits so included are profits which would have accrued to the enterprise of the first-mentioned State if the conditions made between the two enterprises had been those which would have been made between independent enterprises, then that other State shall make an appropriate adjustment to the amount of the tax charged therein on those profits. In determining such adjustment, due regard shall be had to the other provisions of this Convention and the competent authorities of the Contracting States shall if necessary consult each other.

【延伸思考】

1. 如何理解独立交易原则？

2. 如何完善我国的转让定价制度？

★ 典型案例三：

陕西地税局查处非居民企业间接转让股权案

【基本案情】

M 商贸公司是咸阳商业零售行业的知名企业，在咸阳拥有 2 家商场和 5 家超市。2011 年 7 月，该公司个人股东朱某向咸阳市地税局申报缴纳股权转让税款。朱某提供的《股权变动交易情况报告》显示，该公司于 2010 年 12 月底以 6000 万元的价格向 HB 公司（注册于香港）转让了 100% 的股权，并于 2011 年 1 月变更了企业名称。因涉及金额较大，咸阳市地税局及时对该交易进行了专项评估，并在评估中发现两处疑点：一是根据企业经营情况和重估股权交易价格来看，这起股权交易价格偏低；二是企业在股权交易后迅速变更了名称，而且变更后的企业名称与香港 L 上市公司名称一致。M 商贸公司是否发生了二次转让，带着疑问，评估人员对香港 L 公司和 HB 公司情况进行调查，并在凤凰财经网上获取一条重要线索：香港 L 上市公司，于 2011 年 5 月订立收购协议，以 3.48 亿港元的价格全额收购 H 公司（注册于英属维尔京群岛）的全资子公司 HA 公司（注册于英属维尔京群岛），目标公司主要为咸阳经营 2 家百货公司与 5 家超市。收购价中 2.54 亿港元以现金支付，余额以可换股债券支付。

根据初步的调查结果，咸阳市地税局人员凭借职业敏感，意识到这起交易可能存在着间接转让境内企业股权的行为，并立即向陕西省地税局进行汇报。在省局的安排部署下，咸阳市地税局立即成立专案调查组，抽调业务骨干组成取证、执行和综合三个小组，全面深入开展调查。至此，这起股权转让交易开始正式进入反避税调查阶段。

调查组对前期调查情况和企业的信息进行梳理，并查阅了相关涉外税收法律法规。根据《国家税务总局关于加强非居民企业股权转让所得企业所得税管理的通知》（国税函〔2009〕698 号），对于非居民企业间接转让股权行为，我国具有征税权。要行使征税权，必须查清三个问题，即 M 商贸公司的实际控制人，H 公司、HA 公司和 HB 公司之间的关系和此次股权转让的价格。由于股权转让的双方均为境外企业，地税机关没有直接管辖权，如何从其他途径获取有力证据，成为该起案件能否取得突破的关键。L 公司是一家上市公司，按照证监会的规定，上市公司发生重大事项必须对外公告。利用这一突破口，调查组决定通过"大智慧"股票操作软件查询香港 L 上市公司公告。不出所料，调查人员通过企业发布的重大事项报告再次获取重要信息："L公司于2011年5月收购了咸阳M商贸公司。H公司是HA公司和HB公司的控股方，其中HA公司是H公司在英属维尔京群岛以8港元注册成立的全额子公司，HB公司又是HA公司在香港以1港元注册成立的全额子公司。两公司均于2010年10月期间设立，而且自注册成立以来，除此股权收购以外，并无任何业务活动。"这些信息使调查人员进一步确认，H公司向L公司转让HA公司，实质上就是为了转让位于咸阳的M商贸公司。

根据调查掌握的情况，咸阳市地税局立即向M商贸公司下达了《税务约谈通知书》，了解股权转让交易的真实情况，并请其转交向H公司发出的《税务事项通知书》，要求H公司提供股权转让真实有效的合同等相关资料。

经过多方努力，H公司终于作出了回应，委托陕西某咨询公司的张某为代理人出面接受约谈。委托代理的方式加大了税务机关的约谈难度，税企双方举证不能面对面进行，而是通过代理人转达、电话、传真等方式交流，一次约谈往往要花费一个多月的时间。在长达一年多的约谈进程中，咸阳市地税局前后历经了10余次举证、约谈和政策辅导。为确保税款追缴成功，咸阳市地税局与省内外多个税务机关协作，并通过陕西省出入境管理局和边防管理站对企业实际所有人采取限制出境措施。在税务机关的强大攻势下，H公司最终承认了自己通过间接股权转让避税的事实，分批补缴了全部税款1576万元。①

【法律分析】

对于股权转让，征税依据有两种：一是依据来源地原则，确定该股权转让的所得是来源于中国境内的所得据以征税；二是行使居民管辖权对本国居民的全球所得进行课税。非居民企业往往通过税收筹划，采取间接转让股权等手段来规避纳税义务，具有隐蔽性和复杂性，该案件历时两年多的调查取证和艰难谈判，陕西省咸阳市地税局成功追缴非居民企业股权转让所得税税款1576万元，不仅捍卫了国家税收主权，也为加强非居民企业税收管理提供了经验和借鉴。

本案中，非居民企业间接股权转让往往具有专业性、多样性、复杂性和隐蔽性的特点，避税方案更是经过了精心设计和层层伪装，税务机关面临的首要问题就是信息获取难。陕西省税务人员通过凤凰财经网和"大智慧"软

① 案件来源：《中国税务报》2015-11-17.

件发现并印证企业股权交易信息疑点是案件突破的关键。受此启发，税务机关应以数据管税为抓手，引入"互联网＋"思维，做好互联网涉税情报处理平台和第三方涉税信息交换平台的研发工作，通过对新闻媒体、重点企业和政府职能部门等渠道的涉税信息进行抓取、采集和印证，来破解股权转让税收无从核查的征管难题。随着投融资渠道的多元化，企业股权转让行为日益活跃，转让形式却日趋复杂和隐蔽。要管住股权转让税收，严格规制国际避税，必须有"互联网＋大数据"的时代思维、敬业扎实的专业团队、内外协作、上下联动的工作机制。

一般而言，在股权转让税收管理中，税务机关面临的首要问题就是信息与情报获取困难，因此，如何防范与规制国际逃、避税，需要各国税务机关的国际合作，其中一项重要内容是建立国际税收情报交换制度。国际税收情报交换主要是指各国的税务主管当局之间为税收征管目的而彼此交换情报的过程。① 各国税务机关之间根据约定方式，对所掌握或收集的情报进行交换，这种税务合作有助于有效打击和规制国际逃、避税行为。此外国际逃、避税的规制还包括在双重征税协定中增设反套用协定条款、在税款征收方面的相互协助等。总之，随着国际逃税和避税现象的日益严重，单纯依靠各国单方面的国内法措施，难以有效管制国际逃税和避税行为，只有通过国际合作，综合运用国内法和国际法措施，才能有效地制止国际逃税和避税现象。

【资料阅读】

1. 杨雷东，田坤. 企业股权转让的价值评估问题[J]. 税务研究, 2014(11).

2. 张泽平. 跨国避税治理模式的现状与发展趋势——以海外税收情报的获取途径为视角[J]. 社会科学家, 2014(11)。

3. 付慧姝. 税务情报交换制度法律问题研究[M]. 北京：群众出版社,2011.

4. The Committee on Fiscal Affairs of OECD, Harmful Tax Competition—An Emerging Global Issue, http://www. oecd. org/tax/harmfultaxpractices/1904176. pdf.

5. 2008 G20 Summit on Financial Markets and the World Economy, Washington Declaration, http://news. bbc. co. uk/2/hi/business/7731741. stm.

---

① 蔡庆辉. 有害国际税收竞争的规制问题研究[M]. 北京：科学出版社, 2010：170.

6. OECD/G20 打击跨国企业税基侵蚀和利润转移(BEPS)计划报告:

PART I

Base Erosion and Profit Shifting (BEPS) Tax transparency through information exchange

Tax and Development

A—BASE EROSION AND PROFIT SHIFTING (BEPS)

Overview

In September 2013, the G20 Leaders endorsed the ambitious BEPS Action Plan proposed by the OECD. In accordance with this 2-year Plan, the first batch of seven deliverables was presented to and endorsed by the G20 Finance Ministers in September 2014 in Cairns and by the G20 leaders at their Summit in Brisbane.

This first batch consisted of: three reports assessing the tax challenges of the digital economy (Action 1), harmful tax practices (Action 5) and the feasibility of a multilateral instrument to implement the BEPS measures (Action 15), and four instruments, tackling hybrid mismatches (Action 2), tax treaty measures (Action 6), transfer pricing (Actions 8 ~ 10), and transfer pricing documentation including country-by-country reporting (Action 13). The Explanatory Statement published with the 2014 deliverables described the interaction between those deliverables and the remaining work on the BEPS Actions to be delivered in 2015.

Latest updates

Since then, strong progress has been made on the remaining eight actions with a view to completing the full BEPS package, as agreed, which will be presented at the end of 2015. I am glad to report that the 2015 Actions are on schedule, and that agreement has been reached on the implementation of key 2014 deliverables:

Developing a Multilateral Instrument to give effect to BEPS measures

A mandate for the development of a multilateral instrument to give effect to the treaty-related BEPS measures has now been approved, and is attached at Annex 1 for your endorsement. The multilateral instrument will be a tool that can modify existing bilateral tax treaties to reflect the outcomes of the BEPS Project, many of which concern issues relating to tax treaties. With more than 3 000 tax treaties currently in force, a single instrument, that can effectively update this network is critical to ensure that implementation of BEPS measures is rapid and consistent. This was emphasised in the Action 15 report published in September, which confirmed the feasibility of a multilateral instrument. An ad-hoc group hosted at the OECD, open to participation from all States, will undertake this work, and will hold their first meeting by July 2015, aiming to conclude the drafting of the instrument by 31 December 2016.

Country by Country Reporting—transfer pricing documentation (Action 13)

Following the publication in September of revised standards for transfer pricing documentation and a template for country-by-country reporting, key elements of the implementation package for Action 13 have now been agreed. The country by country template requires multinationals to provide information on revenues, profits, taxes accrued and paid and some activity indicators. To support implementation, the following elements have now been defined: preparation and filing for the country-by-country reporting by multinationals with a turnover above EUR 750 million is expected to start in 2016 so that the first pieces of information are obtained by tax administrations by 2017. Information will be filed in the country of residence of the multinational and will further be automatically exchanged with countries fulfilling a number of conditions, in particular confidentiality and proper use of the information. Local filing will be deemed appropriate only in a limited number of enumerated cases. A work plan for an implementation package to support the exchange of country-by-country reporting information has also been approved, and will be developed by April 2015. The details of these agreed elements are described in Annex 2. In this regard, as noted in Section B of this Report, 84 jurisdictions are

now covered by the Multilateral Convention on Mutual Administrative Assistance in Tax Matters, one of the major legal instruments which provide for exchange of tax information between governments, and which could include exchanges of transfer pricing documentation.

【延伸思考】

1. 阐述我国税收情报交换工作的现状与发展。

2. 阐述 OECD 在推动国际范围内税收情报交换制度发展中的主要贡献。

第九章　国际经济贸易争端解决机制

第一节　国际商事诉讼

当国际商事争议的当事人没有达成通过仲裁解决争议的仲裁协议，则可以在一国国内法院起诉解决争议。在国内法院进行的国际商事诉讼涉及的主要法律问题包括：①对争议案件的管辖权；②解决争议应适用的法律；③外国法院判决的承认与执行。

一、法院对国际商事争议的管辖

国际商事管辖权，是指一国法院对特定的涉外商事案件行使审判权的资格。在国际商事诉讼中，解决管辖权问题是进行国际商事诉讼程序的前提，也关系到判决的域外承认与执行。由于各国法律可以根据当事人的国籍、住所或居所、营业地以及他们之间的管辖权协议等行使管辖权，在实践中就可能发生各国对同一争议都有管辖权的现象。如果不同国家都受理了同一争议，便产生了平行诉讼的问题。《海牙选择法院协议公约》已于2015年10月1日生效，该公约规定了缔约国承认和执行排他选择法院协议所指定的其他缔约国法院所做判决的一般义务。

★ **典型案例：**

王莘与北京谷翔信息技术有限公司等著作权权属、侵权纠纷案①

【基本案情】

笔名为棉棉的王莘是《盐酸情人》一书（简称涉案作品）的作者。2009 年 10 月，王莘的委托代理人登录北京谷翔信息技术有限公司（简称谷翔公司）经营的域名为 http://www.google.cn 网站（简称谷歌中国网站），进入其中图书搜索栏目页面，在搜索框中键入"棉棉"进行搜索，发现第一个搜索结果即为涉案作品。点击该搜索结果进入下一页面，显示有涉案作品的概述、作品片段、常用术语和短语、作品版权信息等内容。在该页面中，使用关键词搜索，可以看到涉案作品包含有该关键词的相关作品片段。王莘以谷歌公司电子化扫描涉案作品、谷翔公司在谷歌中国网站上显示涉案作品片段的行为构成侵权为由，向北京市第一中级人民法院提起诉讼，请求法院判令：两被告立即停止侵权，并公开赔礼道歉；连带赔偿原告经济损失人民币 1762462 元、精神损害赔偿人民币 67787 元；两被告连带赔偿原告合理支出人民币 1500 元。

第一被告谷翔公司辩称：一、原告与涉案图书的作者为"棉棉"，二者名称不同，涉案图书的著作权人并非原告。二、涉案网站实施的系对涉案图书的搜索、链接行为，而非信息网络传播行为。作为搜索、链接服务提供商，在知晓本案诉讼后即已删除涉案图书已尽到法定义务，并不构成侵权，亦不存在与谷歌公司共同实施被控侵权行为的情形。第二被告谷歌公司辩称：谷歌公司为美国公司，对涉案图书进行数字化扫描的行为发生在美国，并未违反美国法律，中国法院无管辖权，不应适用中国《著作权法》。

北京市第一中级人民法院认为，谷翔公司提供涉案作品片段的行为构成信息网络传播行为，但该行为构成合理使用；谷歌公司的全文扫描行为不构成合理使用，应当承担侵权责任。一审法院判决谷歌公司停止侵权行为，赔偿经济损失 5000 元和诉讼合理支出 1000 元。王莘不服一审判决，向北京市高级人民法院提起上诉。二审驳回上诉，维持原判。

【法律分析】

第一，中国法院对本案是否具有管辖权？

《中华人民共和国民事诉讼法》（简称《民事诉讼法》）第二百四十三条规

---

① 北京市高级人民法院(2013)高民终字第 1221 号。

定："因合同纠纷或者其他财产权益纠纷,对在中华人民共和国领域内没有住所的被告提起的诉讼,如果合同在中华人民共和国领域内签订或者履行,或者诉讼标的物在中华人民共和国领域内,或者被告在中华人民共和国领域内有可供扣押的财产,或者被告在中华人民共和国领域内设有代表机构,可以由合同签订地、合同履行地、诉讼标的物所在地、可供扣押财产所在地、侵权行为地或者代表机构住所地人民法院管辖。"由上述规定可知,涉外民事案件管辖权的确定可以依据多种联结因素,"侵权行为地"即为其中之一。因民事案件中涉及的被控侵权行为既可能是单一的侵权行为,亦可能是多个侵权行为,而多个侵权行为的发生地可能并不相同,因此,上述规定应理解为只要案件中所涉侵权行为"之一"发生在中国境内,中国法院即对整个案件具有管辖权。侵权行为地既包括侵权行为"实施地",亦包括侵权行为"结果发生地",故只要案件中上述任一地点位于中国境内,中国法院即对整个案件具有管辖权。

具体到本案,原告指控两被告实施了如下两个被控侵权行为:将原告作品进行电子化扫描(即复制)的行为;涉案网站将原告作品向公众进行信息网络传播的行为。

对于涉案信息网络传播行为,鉴于涉案网站是在中国登记注册的网站,在无相反证据的情况下,该网站中的相关行为均应认定发生在中国境内,故现有证据可以认定中国是被控信息网络传播行为的侵权行为地,依据这一联结点,中国法院即可对本案全部涉案侵权行为具有管辖权。

对于涉案复制行为,两被告虽主张该行为发生于美国,但因其未提交证据佐证,故本院对两被告这一主张无法确认。在此基础上,本院进一步认为,即便扫描行为确实发生在美国,但鉴于第二被告认可其扫描的目的在于最终为用户提供相关作品,在结合考虑中文书籍的受众多数位于中国,且两被告均认可第一被告网站中所提供的原告作品确系来源于第二被告的情况下,本院合理认为作为关联公司的两被告所实施的复制行为及信息网络传播行为属于系列行为(即第二被告在复制原告作品后将其传输给第一被告并由第一被告向中国公众提供),据此,涉案扫描(复制)行为的结果已及于中国,中国法院对该扫描(复制)行为亦具有管辖权。

综上,北京市第一中级人民法院认为,中国对本案全部被控侵权行为均具有管辖权。在此基础上,鉴于第一被告住所地位于本院辖区(北京市海淀区),而第二被告属于涉外民事主体,故依据《民事诉讼法》中有关级别管辖及地域管辖的规定,本院对本案具有管辖权。

第二,关于本案的实体法法律适用问题。

本案中,因被告谷歌公司为在美国登记注册的公司,属于外国法人,故本案纠纷属于涉外民事纠纷。涉外民事纠纷的审理并非当然地适用中国法,故本案首先应根据我国的冲突规范确定应适用的准据法。

因本案为民事侵权纠纷案件,故本案准据法的确定应依据《中华人民共和国民法通则》第八章"涉外民事关系的法律适用"中有关涉外侵权案件法律适用的相关规定。该部分第一百四十六条规定,"侵权行为的损害赔偿,适用侵权行为地法律"。对于何为"侵权行为地",《最高人民法院关于贯彻执行〈中华人民共和国民法通则〉,若干问题的意见(试行)》第187条作了进一步限定,"侵权行为地的法律包括侵权行为实施地法律和侵权结果发生地法律。如果两者不一致时,人民法院可以选择适用"。由此可知,涉外侵权民事案件的审理既可以适用侵权行为实施地法律,亦可以适用侵权行为结果发生地法律。

本案中,原告认为两被告应对如下两个侵权行为承担民事责任:将原告作品进行电子化扫描(即复制)的行为;涉案网站将原告作品向公众进行信息网络传播的行为。而中国为涉案信息网络传播行为的行为实施地和涉案复制行为的结果发生地,故法院应依据中国的相应法律对涉案被控侵权行为进行审理。

第三,两被告是否应承担侵权责任?

法院认为,被告谷翔公司实施的涉案信息网络传播行为虽然未经原告许可,但鉴于其并未与作品的正常利用相冲突,也没有不合理地损害著作权人的合法利益,因此,该行为属于对原告作品的合理使用,并未构成对原告信息网络传播权的侵犯。被告谷歌公司对原告作品进行全文复制的行为已与原告作品的正常利用相冲突,亦会不合理地损害著作权人的合法利益,这一复制行为并未构成合理使用行为,已构成对原告著作权的侵犯。

【资料阅读】

1. 李双元,谢石松. 国际民事诉讼法概论[M]. 武汉:武汉大学出版社,2001.

2. 鞠海亭. 网络环境下的国际民事诉讼法律问题[M]. 北京:法律出版社,2006.

3. 李旺. 国际民事诉讼法:第2版[M]. 北京:清华大学出版社,2011.

4. 何其生. 比较法视野下的国际民事诉讼[M]. 北京:高等教育出版社,2015.

【延伸思考】

1. 对于涉外网络侵权案件，可能很多国家都有管辖权，如何协调这种管辖权冲突？

2. 如果本案相同争议已由美国法院受理并作出判决，我国法院是否还可以受理本案？

二、外国法院判决的承认与执行

多数国家在其民事诉讼法中规定承认与执行外国法院判决的法律依据是国际条约和互惠。综观各国国内立法以及有关国际条约的规定，除了该判决必须是民事判决或刑事判决中的附带民事部分外，承认和执行外国法院判决，通常还应具备以下条件：①原判决国法院必须具有合格的管辖权；②外国法院判决已经生效或具有执行力；③外国法院进行的诉讼程序是公正的；④外国法院判决必须合法取得；⑤不存在诉讼竞合的情形；⑥承认与执行外国法院判决不违背国内公共秩序；⑦存在互惠关系；⑧外国法院适用了内国冲突法规定的准据法。

外国法院判决如果得到内国法院承认或决定可予执行，则产生如下法律效力：该外国法院判决即具有内国法院判决同等的效力，该外国法院判决所确定的当事人之间的权利义务关系在内国得以肯定，如果在内国境内他人就跟外国判决相同的事项提出与该判决内容不同的请求，即可以用该外国判决作为对抗他人的理由，而且，如果被执行人拒绝履行该外国判决确认的义务，另一方当事人即有权请求内国法院强制执行。

★ **典型案例：**

辛波特·桑登猜、采耀版权有限公司与圆谷制作株式
会社、上海圆谷策划有限公司、广州购书中心有限公司、
上海音像出版社侵害著作权纠纷申请再审案①

【基本案情】

2005 年 9 月 30 日，辛波特·桑登猜(以下简称辛波特)、采耀版权有限公司(以下简称采耀公司)以圆谷制作株式会社、上海圆谷策划有限公司(以下简称上海圆谷公司)、广州购书中心有限公司(以下简称广州购书中心)、

---

① 最高人民法院(2011)民申字第 259 号民事裁定书。

上海音像出版社四被告侵害其著作权为由，向广州市中级人民法院提起诉讼。请求判令四被告分别停止侵权行为、公开赔礼道歉以及赔偿经济损失，其中广州购书中心、上海音像出版社分别赔偿人民币10万元、30万元，上海圆谷公司、圆谷制作株式会社共同赔偿人民币100万元。辛波特、采耀公司主张权利主要依赖如下证据：①1976年3月4日的合同（以下简称《1976年合同》）。该合同授予采耀公司总裁辛波特《巨人对詹伯A》等9部奥特曼作品的无期限的、在日本国以外的独占专权。②1996年7月23日的《致歉信》。该信再次提到辛波特根据《1976年合同》取得的独家权利，并对圆谷制作株式会社再次授权他人表示歉意。另外，2001年圆谷制作株式会社在日本国提起著作权确认之诉。经日本国东京地方裁判所、东京高等裁判所、日本国最高裁判所裁决，认定《1976年合同》真实有效，确认辛波特享有在日本国以外的奥特曼作品的独占使用权，驳回圆谷制作株式会社的其他诉讼请求。圆谷制作株式会社在泰国起诉采耀公司、辛波特等四被告侵害著作权，泰国中央知识产权和国际贸易法院于2000年4月4日判决认定《1976年合同》真实有效，圆谷制作株式会社须根据反索赔向辛波特赔偿。圆谷制作株式会社提起上诉。泰国最高法院于2008年2月5日作出终审判决，采信了由泰国警察总署证据检验处处长任命的7名文件和伪造品核查方面的专家组成的文件审核委员会出具的鉴定意见，对《1976年合同》不予确认，支持了圆谷制作株式会社的诉讼请求。广州市中级人民法院一审认为，《1976年合同》的真实性不能确认，故判决驳回辛波特、采耀公司的诉讼请求。辛波特与采耀公司不服，提起上诉。广东省高级人民法院二审认为，因日本国、泰国法院判决的效力未经中国民事诉讼程序予以承认，两国判决在中国没有法律效力，不具有约束力，本案不应以日本国、泰国法院判决确认的事实作为本案认定事实的依据。一审法院直接认定泰国鉴定机构的鉴定结论缺乏法律依据。二审法院认定《1976年合同》是真实有效的合同，据此撤销一审判决，部分支持了辛波特、采耀公司的诉讼请求。圆谷制作株式会社、上海圆谷公司申请再审，最高人民法院经审查驳回了再审申请。

【法律分析】

本案虽然为侵权诉讼，但实际争议的焦点在于辛波特、采耀公司是否享有相关著作权，主要涉及的是对《1976年合同》真实性的判断问题。对该问题，日本国最高法院、泰国最高法院分别作出过不同的判决，故本案十分具有典型性，涉及国际民事诉讼中外国鉴定机构出具的鉴定结论的采信、外国判决的承认与执行和外国判决的证明力等问题。

第一，关于泰国警察总署出具的鉴定报告能否予以采信的问题。

从涉案作品著作权案件在国外法院审理情况看，泰国最高法院采信的鉴定报告是泰国法院根据该案中辛波特及圆谷制作株式会社共同确认的检材样本组织 7 名专家进行仔细比对后一致作出《1976 年合同》中的圆谷皋的签名与另一检材样本中的签名并非同一人的签名的结论。此外，该份鉴定报告认为合同中两处的"prod. and"与同行的其他字体相比对，发现打印的水平线不一致，其鉴定结论为不是同一时间打印。广州市中级人民法院认为泰国终审判决所依据的鉴定报告的结论是客观真实的，可以作为证据予以采信。辛波特、采耀公司上诉称，一审判决采信泰国的鉴定报告的结论是完全错误的。我国法院有独立的审判权，直接采信外国鉴定机构的结论并作为主要证据是缺乏依据的。上海圆谷公司、圆谷制作株式会社答辩称，辛波特、采耀公司向一审法院提交了泰国法院的判决，应该服从该判决及其所依据的鉴定报告。辛波特、采耀公司向原审法院提交泰国法院判决的行为，表明其服从判决内容及判决所依据鉴定报告的结论。中国和泰国同为国际刑警组织的成员，泰国警方作出的鉴定结论，应该作为本案的证据使用。广东高院在二审中认为，我国对于直接认定泰国鉴定机构的鉴定结论缺乏法律依据，且泰国法院的判决在我国不具约束力，故本院对泰国鉴定机构作出的鉴定结论不予采信。最高法院在再审审查中认为，中国法院对涉及外国鉴定机构出具的鉴定结论能否采信，应当按照中国的相关法律进行审查。二审法院认为本案直接认定泰国警察总署出具的鉴定结论缺乏法律依据是正确的。特别是本案在辛波特、采耀公司对该鉴定结论提出质疑的情况下，二审法院未采信圆谷制作株式会社、上海圆谷公司提交的泰国警察总署出具的鉴定结论亦无不当。

第二，关于泰国最高法院判决的承认与执行问题。

圆谷制作株式会社、上海圆谷公司在再审中向最高法院申请承认涉案泰国最高法院民事判决。《民事诉讼法》（2013 年 1 月 1 日修改施行）第二百八十一条规定："外国法院作出的发生法律效力的判决、裁定，需要中华人民共和国人民法院承认和执行的，可以由当事人直接向中华人民共和国有管辖权的中级人民法院申请承认和执行，也可以由外国法院依照该国与中华人民共和国缔结或者参加的国际条约的规定，或者按照互惠原则，请求人民法院承认和执行。"该法第二百八十二条规定，"人民法院对申请或者请求承认和执行的外国法院作出的发生法律效力的判决、裁定，依照中华人民共和国缔结或者参加的国际条约，或者按照互惠原则进行审查"。据此，最高法院认为，圆谷制作株式会社、上海圆谷公司申请承认泰国法院生效判决不管能否得到支持，都应向中国有管辖权的中级人民法院申请，并由该院依法进行审查。圆谷制作株式会社、上海圆谷公司向本院申请承认涉案泰国最高法院民事判决不符合上述规定，超出了本院对本案的审查范围。

第三，关于泰国法院刑事判决对本案是否具有证明力问题。

本案再审复查期间，圆谷制作株式会社向最高法院递交泰国刑事法院于2011年2月1日作出的刑事判决，该判决认定该刑事案件当事人2006年5月19日签订的《修订版许可授予合同》为伪造，圆谷制作株式会社递交该证据用以证明《1976年合同》系伪造。鉴于圆谷制作株式会社、上海圆谷公司申请再审期间提交的泰国法院刑事判决系未生效的一审判决，对此，本院认为，即使该刑事判决系生效判决，也不必然对本案案件事实具有证明力。中国法院审理民事纠纷案件应根据当事人提供的证据及案件事实，依据中国的相关民事程序法及实体法作出裁判。圆谷制作株式会社、上海圆谷公司以泰国法院作出的刑事判决作为否认二审判决已经认定的事实的证据，于法无据，本院不予采纳。

但在北京市第一中级人民法院的一个案例中，法院认为，外国法院判决在未获我国法院承认的情况下，不具有生效判决的法律效力，不得在我国的相关诉讼中直接作为确定双方当事人权利、义务的法律依据。但作为一份正式的书面材料，其可以作为证据，发挥一定的证明作用，人民法院应当对其进行严格审查、认证。①

【资料阅读】

1. 钱锋. 外国法院民商事判决承认与执行研究［M］. 北京：中国民主法制出版社，2008.

2. 黄海涛，李晓龙，王湘羽. 未经承认之外国判决的效力分析［J］. 人民司法，2013（22）.

【延伸思考】

1. 在本案中，最高法院认为，即使刑事判决系生效判决，也不必然对本案案件事实具有证明力。那么，在什么情况下外国生效判决在我国民事诉讼中具有证明力呢？

2.《民事诉讼法》第二百八十一条规定："外国法院作出的发生法律效力的判决、裁定，需要中华人民共和国人民法院承认和执行的，可以由当事人

---

① 黄海涛，李晓龙，王湘羽. 未经承认之外国判决的效力分析［J］. 人民司法，2013（22）：28.

直接向中华人民共和国有管辖权的中级人民法院申请承认和执行，也可以由外国法院依照该国与中华人民共和国缔结或者参加的国际条约的规定，或者按照互惠原则，请求人民法院承认和执行。"如何根据互惠原则承认与执行外国法院判决？

第二节 国际商事仲裁

国际商事仲裁，是指在国际经济贸易活动中，当事人双方依事先或事后达成的仲裁协议，将有关争议提交给某临时仲裁庭或常设仲裁机构进行审理，并作出具有约束力的仲裁裁决的制度。由于《承认及执行外国仲裁裁决公约》（简称 1958 年《纽约公约》）已有 155 个成员国，国际商事仲裁裁决在大多数国家都能得到承认，因此在国际商事争端解决中具有诉讼无法比拟的优势。

★ **典型案例：**

北京朝来新生体育休闲有限公司与北京所望之信投资咨询
有限公司申请承认和执行外国仲裁裁决案[1]

【基本案情】

北京朝来新生体育休闲有限公司（简称朝来新生公司）是国内自然人独资公司；北京所望之信投资咨询有限公司（简称所望之信公司）是外国自然人独资公司；股东（发起人）安秉柱，大韩民国公民。2007 年 7 月 20 日，朝来新生公司（甲方）与所望之信公司（乙方）签订《合同书》约定，甲、乙双方合作经营甲方现有的位于北京市朝阳区的高尔夫球场，并就朝来新生公司的股权比例、投资金额等相关事宜达成协议。合同中写明签订地在中国北京市。合同中还约定：如发生纠纷时，甲乙双方首先应进行友好协商，达成协议，对于不能达成协议的部分可以向大韩商事仲裁院提出诉讼进行仲裁，仲裁结果对于甲乙双方具有同等法律约束力。

合同签订后，双方开始合作经营，在经营过程中高尔夫球场土地租赁合同解除，土地被收回。因土地租赁合同解除，高尔夫球场获得补偿款 1800 万元，朝来新生公司与所望之信公司因土地补偿款的分配问题发生纠纷。为

---

[1] 北京市第二中级人民法院(2013)二中民特字第 10670 号民事裁定书。

此，所望之信公司于 2012 年 4 月 2 日向大韩商事仲裁院提起仲裁，请求朝来新生公司支付所望之信公司土地补偿款 248 万元。朝来新生公司提起反请求，要求所望之信公司给付朝来新生公司土地补偿款 1100 万元及利息。

大韩商事仲裁院依据双方约定的仲裁条款受理了所望之信公司的仲裁申请及朝来新生公司反请求申请，适用中华人民共和国法律作为准据法，于 2013 年 5 月 29 日作出仲裁裁决，裁决：①所望之信公司给付朝来新生公司中华人民共和国货币 1000 万元整及利息；②所望之信公司及朝来新生公司其余之请求驳回。裁决作出后，朝来新生公司于 2013 年 6 月 17 日向北京市第二中级人民法院提出申请，请求法院承认上述仲裁裁决。北京市第二中级人民法院于 2014 年 1 月 20 日作出裁定，驳回朝来新生公司要求承认大韩商事仲裁院仲裁裁决的申请。

【法律分析】

本案的争议焦点是将无涉外因素的争议提交外国仲裁机构的仲裁协议是否有效以及涉外因素的判断标准。

第一，将无涉外因素争议提交外国机构的仲裁协议是否有效？

《民事诉讼法》第 271 条（原第 257 条）规定，涉外经济贸易、运输、海事中发生的纠纷，当事人可以通过订立合同中的仲裁条款或者事后达成的书面仲裁协议，提交我国仲裁机构或者其他仲裁机构仲裁。《仲裁法》第 65 条也有同样的规定。法院据此得出法律并未允许国内当事人将其不具有涉外因素的争议提请外国仲裁的结论。

法院得出这一结论并不意外，最高人民法院在之前的一些文件中也表明了这一倾向。2003 年，最高人民法院发布的《关于人民法院处理涉外仲裁及外国仲裁案件的若干规定（征求意见稿）》第二十条规定："有下列情形之一的，经一方当事人申请，人民法院应认定仲裁协议无效……（七）国内当事人将无涉外因素的争议约定外国仲裁的。2004 年最高人民法院民四庭《涉外商事海事审判实务问题解答（一）》第 83 条同样规定："根据《中华人民共和国民事诉讼法》第 257 条和《中华人民共和国仲裁法》第 65 条的规定，涉外经济贸易、运输、海事中发生的纠纷，当事人可以通过订立合同中的仲裁条款或者事后达成的书面仲裁协议，提交我国仲裁机构或者其他仲裁机构仲裁。但法律并未允许国内当事人将其不具有涉外因素的争议提请外国仲裁。因此，如果国内当事人将其不具有涉外因素的合同或者财产权益纠纷约定提请外国仲裁机构仲裁或者在外国进行临时仲裁的，人民法院应认定有关仲裁协议无效。"在最高人民法院编写的《立案工作指导》2011 年第 1 辑（总第 28 辑）刊载的六盘水恒鼎实业有限公司与张洪兴采矿权转让合同争议管辖权异议案中，最高人民法院指出，"非涉外民事案件双方当事人约定发生争议由我国大陆境外的仲裁机构裁决，因违反司法主权原则，应当认定该约定无效"。在 2012 年 8 月 31 日的《最高人民法院关于江苏万源风电设备制造有限公司与艾尔姆风能叶片制品（天津）有限公司申请确认仲裁协议效力纠纷一案的请示的复函》中，最高人民法院认为，由于仲裁管辖权系法律授予的权力，而我国法律没有规定当事人可以将不具有涉外因素的争议交由境外仲裁机构或者在我国境外临时仲裁机构仲裁，故应当认定本案当事人将有关争议提交国际商会仲裁是没有法律依据的，因而认定涉案仲裁协议无效。

第二，本案是否具有涉外因素？

《最高人民法院关于适用〈中华人民共和国民事诉讼法〉若干问题的意见》第 304 条规定：当事人一方或者双方是外国人、无国籍人、外国企业或者组织，或者当事人之间民事法律关系的设立、变更、终止的法律事实发生在外国，或者诉讼标的在外国的民事案件，为涉外民事案件。本案所望之信公司与朝来新生公司，均属于在中国境内设立的公司法人；双方之间的股权转让合同，无论是合同签订地、合同履行地均在中国北京；双方争议的补偿款分配问题也发生在中国北京。因此，法院认为本案不具有任何涉外因素。

本案中，朝来新生公司与所望之信公司均为中国法人，双方签订的《合同书》，是双方为在中华人民共和国境内经营高尔夫球场设立的合同，转让的系中国法人的股权。双方之间的民事法律关系的设立、变更、终止的法律事实发生在我国境内，诉讼标的亦在我国境内，不具有涉外因素，故不属于我国法律规定的涉外合同。该合同以及所包含的仲裁条款之适用法律，无论当事人是否作出明示约定，均应确定为中国法律。据此，法院认为，《合同书》中关于如发生纠纷可以向大韩商事仲裁院提出诉讼进行仲裁的约定违反了我国《民事诉讼法》《仲裁法》的相关规定，该仲裁条款无效。

第三，承认及执行外国仲裁裁决的条件为何？

1958 年联合国《承认及执行外国仲裁裁决公约》第五条规定："一、裁决唯有于受裁决援用之一造向声请承认及执行地之主管机关提具证据证明有下列情形之一时，始得依该造之请求，拒予承认及执行：（甲）第二条所称协定之当事人依对其适用之法律有某种无行为能力情形者，或该项协定依当事人作为协定准据之法律系属无效，或未指明以何法律为准时，依裁决地所在国法律系属无效者；（乙）受裁决援用之一造未接获关于指派仲裁员或仲裁程序之适当通知，或因他故，致未能申辩者；（丙）裁决所处理之争议非为交付仲裁之标的或不在其条款之列，或裁决载有关于交付仲裁范围以外事项之决定者，但交付仲裁事项之决定可与未交付仲裁之事项划分时，裁决中关于交付仲裁事项之决定部分得予承认及执行；（丁）仲裁机关之组成或仲裁程序与各造间之协议不符，或无协议而与仲裁地所在国法律不符者；（戊）裁决对各造尚无拘束力，或业经裁决地所在国或裁决所依据法律之国家之主管机关撤销或停止执行者。二、倘声请承认及执行地所在国之主管机关认定有下列情形之一，亦得拒不承认及执行仲裁裁决：（甲）依该国法律，争议事项系不能以仲裁解决者；（乙）承认或执行裁决有违该国公共政策者。"

我国及大韩民国均为加入 1958 年联合国《承认及执行外国仲裁裁决公约》的国家，现朝来新生公司申请承认和执行大韩民国大韩商事仲裁院作出的仲裁裁决，法院应依据《承认及执行外国仲裁裁决公约》的相关规定审理本案。因大韩商事仲裁院受理的所望之信公司与朝来新生公司《合同书》项下的纠纷所依据的仲裁条款为无效条款，根据《承认及执行外国仲裁裁决公约》第五条第一款（甲）项之规定，法院对大韩商事仲裁院于 2013 年 5 月 29 日作出的仲裁裁决不予承认及执行。

【资料阅读】

1 齐湘朱. 外国仲裁裁决承认及执行论［M］. 北京：法律出版社，2010.

2. 李鹏. 试论无涉外因素争议的外国仲裁裁决［J］. 行政与法，2013 (10).

【延伸思考】

1. 在本案中，法院基于《民事诉讼法》和《仲裁法》有关"涉外经济贸易、运输、海事中发生的争议，当事人可以通过订立合同中的仲裁条款或者事后达成的书面仲裁协议，提交我国仲裁机构或者其他仲裁机构仲裁"的规定，得出"法律并未允许国内当事人将其不具有涉外因素的争议提请外国仲裁"的结论，从而认定涉案仲裁协议无效。但对于这种授权性规范能否得出未获得授权的类似行为一概无效的结论？

2. 自 2013 年 1 月 7 日起施行的《最高人民法院关于适用〈中华人民共和国涉外民事关系法律适用法〉若干问题的解释（一）》第一条规定："民事关系具有下列情形之一的，人民法院可以认定为涉外民事关系：（一）当事人一方或双方是外国公民、外国法人或者其他组织、无国籍人；（二）当事人一方或双方的经常居所地在中华人民共和国领域外；（三）标的物在中华人民共和国领域外；（四）产生、变更或者消灭民事关系的法律事实发生在中华人民共和国领域外；（五）可以认定为涉外民事关系的其他情形。2015 年 2 月 4 日起施行的《最高人民法院关于适用〈中华人民共和国民事诉讼法〉的解释》第五百二十二条规定："有下列情形之一，人民法院可以认定为涉外民事案件：（一）当事人一方或者双方是外国人、无国籍人、外国企业或者组织的；（二）当事人一方或者双方的经常居所地在中华人民共和国领域外的；（三）标的物在中华人民共和国领域外的；（四）产生、变更或者消灭民事关系的法律事实发生在中华人民共和国领域外的；（五）可以认定为涉外民事案件的其他情形。"这两份司法解释都在认定涉外案件的标准中增加了一项，即"可以认定为涉外民事案件的其他情形"，从而扩大了涉外案件的范围。你认为，可以认定为涉外民事案件的其他情形具体有哪些？外资企业是否可以成为认定涉外案件的因素？

第三节 WTO 争端解决机制

乌拉圭回合谈判的重要成果不仅在于建立了世界贸易组织（WTO），而且达成了《关于争端解决规则与程序的谅解》（简称 DSU），在吸收、继承 GATT 1947 关于争端解决基本原则的基础上，建立了一套 WTO 争端解决机制。这一机制自 WTO 成立以来，在处理国际经贸纠纷方面取得了显著的成绩，被誉为"WTO 皇冠上的明珠"，是国际法上最具活力的争端解决机制。正如 WTO 首席总干事鲁杰罗所说："世界贸易组织的所有成就中若不提及争端解决机制将是不完整的，而该机制在许多方面是整个多边贸易体系的中流砥柱，也是 WTO 对全球经济稳定的最大的、最突出的贡献。"WTO 争端解决是一项高度专业化的工作，这不仅要求对 WTO 规则和案例有全面深入的研究与掌握，而且还要求精心设计诉讼策略，采用高超的诉讼技巧。① WTO 诉讼策略或诉讼技巧当中的一个重要问题就是系争措施问题。系争措施（measures at issue）指的是引起争端之措施，有关条款为 DSU 第 6 条第 2 款。其条文如下："设立专家组的请求书应以书面形式提出。请求应指出是否已进行磋商、指明具体系争措施并提供足以阐明问题的起诉的法律依据概要。在申请方请求设立的专家组不具有标准职权范围的情况下，书面请求中应包括特殊职权范围的拟议案文。"而 DSU 第 7 条第 1 款规定，专家组的职权为审理当

---

① 杨国华，纪文华，于宁，等. WTO 争端解决机制中的专家组程序研究（上）[J]. 法学评论，2004（3）：78.

事方在设立专家组请求书中提交争端解决机构(DSB)的事项。因此,系争措施是专家组审理的对象,系争措施的确定决定着专家组职权范围的确定。从1995年WTO成立以来,已有大量的争端解决案例涉及系争措施的确定问题,而2006年12月11日通过的欧共体特定海关事项案上诉机构报告对系争措施更是进行了详尽的分析。

★ **典型案例:**

欧共体特定海关事项案①

【基本案情】

2004年9月12日,美国根据《关于争端解决规则与程序的谅解》(简称DSU)第1条和第4条以及《1994年关税与贸易总协定》(简称GATT 1994)第22条第1款的规定,就欧共体特定海关事项向欧共体提请磋商。美国与欧共体于2004年11月16日在日内瓦进行了磋商,但未能解决争端。2005年1月,美国要求WTO争端解决机构成立专家组,争端解决机构于3月21日成立专家组处理该争端。2006年6月16日,专家组报告公布。2006年8月,美国和欧共体均对专家组报告提出上诉,2006年12月11日,上诉机构报告通过。本案的主争点有二:

①美国控诉欧共体对GATT 1994第10条第1款所指的法律、规章、判决和裁决的执行方式是不统一、不公正或不合理的,因而违反了GATT 1994第10条第3款a项。美国在设立专家组请求书中指出,这些法律文件包括《欧共体海关法典》《欧共体海关法典实施规定》《共同海关税则》《欧共体统一关税税率》(TARIC)以及以上法律文件的修订和其他有关措施。美国还提交了欧共体海关法律执行不统一的不同事例,以证明欧共体海关执行制度整体违反了GATT 1994第10条第3款a项的统一执行要求。

②美国指控欧共体将其成员国海关当局的行政决定的上诉程序交由各成员国负责,而各成员国之裁决只能适用于该国境内,因此违反了GATT 1994第10条第3款b项中对于缔约方应保持或尽快设立司法、仲裁、或行政的法庭或者程序,以迅速审查与纠正有关海关事项的行政行为的规定。

【法律分析】

本案的意义不在于上诉机构对实体问题的认定,而在于其对程序问题的

---

① Appellate Body Report, EC—Selected Customs Matters, WT/DS315/AB/R, 2006 - 11 - 13.

分析。上诉机构在其报告中用了大量篇幅分析程序问题，尤其是专家组的职权范围问题，使得本案程序问题具有典型意义。

第一，DSU 第 6 条第 2 款和 DSU 第 19 条第 1 款的关系。

DSU 第 19 条第 1 款的条文为："如专家组或上诉机构认定一措施与一适用协定不一致，则应建议有关成员使该措施符合该协定。"本案专家组认为，DSU 第 6 条第 2 款中的系争措施一词应根据具体争议中起诉方所主张的该措施所违反的具体 WTO 义务来进行解释，因为根据 DSU 第 19 条第 1 款，如果该措施被认定违反了 WTO 义务，那么该系争措施就要成为争端解决机构建议的对象。而 GATT 1994 第 10 条第 3 款 a 项下的义务是以统一、公平、合理的方式执行有关法律文件。如果某一 WTO 成员被认定违反了该项下的义务，争端解决机构就应根据 DSU 第 19 条第 1 款提出建议，要求该成员使系争措施符合 GATT 1994 第 10 条第 3 款。为履行该建议，该 WTO 成员就需要改变相关法律文件的执行方式。根据以上推理，专家组进而认为，根据 GATT 1994 第 10 条第 3 款 a 项提出的诉请，其系争措施必定为起诉方所主张的不统一、不公正或不合理的执行方式。

本案上诉机构认为，专家组的以上推理是错误的，因为专家组将某种措施是否属于其职权范围这一先决问题与确立了违反之后建议的履行方式问题混在了一起。DSU 第 19 条第 1 款只涉及报告的履行阶段，而与某种措施是否属于专家组的职权范围这一问题无关。本案上诉机构还援引了美国高地棉花案，该案上诉机构强调，专家组对某一措施所提建议的性质不能左右专家组能否审理有关该措施的诉请这一先决问题。在该案的支持下，本案上诉机构提出了其观点，即 DSU 第 19 条第 1 款没有对根据 DSU 第 6 条第 2 款提出的设立专家组请求书中所能指明的措施类型施以限制。

第二，"包括但不限于"一词的法律效果。

很多起诉方在起草设立专家组请求书时经常使用"包括但不限于"一词，该措辞能否起到将请求书中没有明确列出的措施纳入专家组职权范围之法律效果？本案专家组表达了对这一问题的观点："'包括但不限于'这一用语本身不能起到将设立专家组请求书中明确指出的领域以外的所有海关执行领域纳入专家组的职权范围之法律效果。如果将这一用语解释成包括所有海关执行领域，将违背 DSU 第 6 条第 2 款所要求的正当程序目的——向被诉方和第三方提供案件性质的充分通知。"本案上诉机构虽然没有对这一问题进行分析，但也没有反对专家组的观点。

第三，系争措施和论据的区别。

本案专家组就是因为将论据视为系争措施，从而没有对美国的诉请本身进行审理，导致美国表面胜诉但目的却没有达到。上诉机构认为，设立专家组请求书第三段所列的是美国认为欧共体海关法律没有以统一的方式得到执行的例子，是美国用来说明为何请求书第一段所列法律文件没有以 GATT 1994 第 10 条第 3 款 a 项要求的统一方式执行的论据。DSU 第 6 条第 2 款没有禁止起诉方在设立专家组请求书中简单列出支持其诉请的论据。这些论据不应被解释为对系争措施的限制。

第四，系争措施的时间限制。

本案上诉机构在分析这一问题时，首先援引了欧共体鸡块案中上诉机构的观点，"原则上，可纳入专家组职权范围之系争措施必须为专家组成立时存在的措施"。然而，这一原则有两个例外。一为智利农产品价格幅度案。该案上诉机构认为，"如果对设立专家组请求书中指明的措施进行修订的一项法律制订在专家组成立之后，只要该修订后的法律与设立专家组请求书中指明的措施没有本质区别，专家组就有权审理这一专家组成立后制定的法律"。二为美国高地棉花案。该案上诉机构认为，"如果一项措施在成立专家组时已丧失了法律基础，但起诉方认为该措施仍对其根据涵盖协定获得的利益造成减损，则专家组有权审理该措施"。

本案上诉机构认为，系争措施具有时间限制，但这一限制不能同样适用于证据。因此，应将系争措施和用来证明系争措施违反 WTO 规则的证据区分开来。不能仅仅因为某一证据存在于专家组成立之前或之后，专家组就不能对其进行考虑。专家组在确定某一存在于专家组成立之前或之后的证据之关联性和重要性时，拥有一定的自由裁量权。

第五，本案对系争措施的认定。

本案专家组将系争措施认定为欧共体海关法律在具体海关领域的执行，而上诉机构认为本案系争措施为欧共体海关法律整体的执行。由于专家组将系争措施限定在一个较为狭窄的领域，导致美国的主要实体主张没有得到审理。美国贸易副代表约翰·裴农努指出，"我们还将申请原专家组对欧盟海关法律体系视为一个整体作出更广泛的裁决"。

【资料阅读】

1. 杨国华. WTO 中国案例评析[M]. 北京：知识产权出版社，2015.

2. 韩立余. 既往不咎：WTO 争端解决机制研究[M]. 北京：北京大学出版社，2009.

3. 葛壮志. WTO 争端解决机制法律和实践问题研究[M]. 北京：法律出

版社，2013.

4. 欧福永，黄文旭. 论 WTO 争端解决程序中的系争措施[J]. 湖南师范大学社会科学学报，2009(4).

【延伸思考】

1. 从欧共体特定海关事项案来看，可发现专家组对系争措施采用了较为严格的认定标准，上诉机构则采用了较为宽松的认定标准。有学者认为，如果对系争措施的认定过于宽松，将会使专家组审议范围扩大而影响效率；如果过于严格，将会有剥夺起诉方要求充分审议其案件的权利之危险。① 你认为对系争措施的认定严格一些还是宽松一些更有利于争端的积极解决？

2. DSU 第 6.2 条规定："应以书面形式提出设立专家组的请求。它应阐明是否已经进行磋商，确认争端中意见一致的各项具体措施，并提出一份简要概述足以明确说明作出该项投诉的法律依据。如果申请方请求设立的专家组具有标准职责范围以外的职责，书面申请应包括特殊职责的建议文本。"如何判断是否提出了"一份简要概述足以明确说明作出该项投诉的法律依据"。

第四节　国际投资争端解决中心

根据 1965 年华盛顿《解决国家与他国国民间投资争议公约》(简称《华盛顿公约》)设立的解决投资争议国际中心(简称 ICSID)是专门处理国家与他国国民之间的投资争议的国际机构，总部设在美国首都华盛顿。ICSID 在世界银行的赞助下运转，它的秘书长即为世界银行的总裁，秘书处的工作人员也是世界银行的雇员。除非当事人另有其他约定，ICSID 的仲裁程序在华盛顿进行。截至 2015 年 10 月 16 日，《华盛顿公约》的缔约国已有 159 个。中国也于 1992 年 11 月 1 日成为公约的缔约国。《华盛顿公约》第 25 条第 1 款规定："ICSID 的管辖适用缔约国(或缔约国指派到 ICSID 的该国任何组成部分或机构)和另一缔约国国民之间直接因投资而产生的任何法律争端，而该项争端经双方书面同意提交给 ICSID。当双方表示同意后，任何一方不得单方面撤销其同意。"可见，ICSID 管辖权的必备条件主要有三个：第一，争端当事人适格，争端当事人分别是《华盛顿公约》缔约国和另一缔约国国民；第二，争端性质适格，争端应为直接因投资而产生的法律争端；第三，争端当

---

① Pierre Pascatore. The GATT Dispute Settlement Mechanism, Its Present Situation and Its Prospects[J]. Journal of World Trade, 1993(1):10.

事人书面同意将争端提交 ICSID 管辖。

★ **典型案例：**

<h2 style="text-align:center">平安集团诉比利时政府投资仲裁案①</h2>

【基本案情】

2007 年至 2008 年间，平安集团以 238.74 亿元人民币的投资成本，通过在公开市场收购富通集团价值 20 余亿欧元的股票，成为富通集团的单一最大股东。2008 年经济危机期间，富通集团下属银行业务出现严重的流动性风险，比利时、荷兰、卢森堡政府以"国家援助"为名，实施了增资、收购、担保、强制转让股权等一系列干预措施，将富通集团银行业务全部变卖，致使平安集团投资大幅缩水近 90%，但平安集团却未获得相应补偿。2012 年 9 月，平安集团在多次与比利时当局沟通无效后，选择依据中国和比利时签订的双边投资保护协定，向 ICSID 提起仲裁，主张：①比利时政府未能给予申诉方的投资以条约规定的保护标准，违反了申诉方关于比利时（尤其是银行业）稳定、透明、可预期的法律和营商环境的正当期待；②比利时在两次干预过程中未能采取更合理和更有效的替代措施，反而强迫接受重整方案，导致比利时政府征收了申诉方实质性的且占相当比例的投资；③比利时政府未能公平、充分地赔偿申诉方因两次干预而遭受的损失，且比利时政府在干预过程中不当得利；④比利时政府在行政决策过程中未能给予申诉方及其投资以正当程序的待遇，且任意地、不合理地歧视申诉方及其投资。据此，平安集团向比政府提出 7.8 亿至 10 亿欧元的索赔主张。2015 年 4 月 30 日，ICSID 仲裁庭作出裁决书，以仲裁庭缺乏管辖权为由裁决驳回平安集团的诉求，终结仲裁程序。

【法律分析】

本案争议发生在《中华人民共和国政府和比利时—卢森堡经济联盟关于相互促进和保护投资的协定》及《议定书》（2005 年 6 月 6 日签订，2009 年 12 月 1 日生效，简称 2009BIT）生效前，申请人平安集团于 2012 年 9 月亦即 2009BIT 生效后提起仲裁。平安集团在管辖权问题上依赖于 2009BIT，在实体问题上则依赖于《中华人民共和国政府和比利时—卢森堡经济联盟关于相互鼓励和保护投资协定》及《议定书》（1984 年 6 月 4 日签订，1986 年 10 月 5 日生效，简称 1986BIT）。被申请人比利时政府主张仲裁庭对2009BIT生效前

---

① ICSID Case No. ARB/12/29.

发生的争议不具有管辖权，该异议为仲裁庭接受，最终仲裁庭以没有管辖权为由驳回平安集团的诉求，并未对任何实体问题发表意见。

本案在管辖权上的争议焦点是：2009BIT能否被解释为允许2009BIT的争端解决机制的管辖权范围扩大到包括2009年12月1日条约生效前已经存在的纠纷，而这些纠纷是基于1986BIT实体义务的违反并且已经依照BIT进行了纠纷通知？

2009BIT与管辖权密切相关的条款为：

①2009BIT第8.2条(争议解决条款)规定："如果争议(legal dispute)未能在送达通知后的6个月内通过协商的方式解决，则投资者可选择(a)将争议提交与东道国法院进行诉讼；或(b)提交与ICSID进行仲裁。"

②2009BIT第10.2条(过渡条款)规定："本条约适用于一方投资者在另一方领土之内的所有投资，无论该投资是否于在本条约生效之前还是之后作出，但不适用于在本条约生效前已进入司法或仲裁程序的与投资有关的任何争议或索偿。此等争议或索偿应继续按照1986BIT的规定解决。"

根据以上条款，仲裁庭的管辖权可建立于以下其中之一的基础上：①按照10.2条，除了在2009BIT生效前已进入司法或仲裁程序的争议，所有其他争议(不论是否在2009BIT生效前发生)都可以按照2009BIT起诉或提起仲裁；或②第8条中的"争议"可被解释为包含2009年条约生效前发生的争议。

平安集团在书面意见中提出，根据第10.2条，争议可以分为两类：一是已经进入司法或仲裁程序的争议(按照1986BIT解决)；二是其他所有争议，包括已经发出通知但未进入司法或仲裁程序的争议(按照2009BIT解决)。但是仲裁庭在裁决中却认为争议分为三类：一是已经进入司法或仲裁程序的争议(按照1986BIT解决)；二是已经通知但未成熟到可以进入司法或仲裁程序的争议(无规定)；三是2009BIT生效后发生的争议(按照2009BIT解决)。仲裁庭认为本案中的争议属于第二类别，而2009BIT没有对此类争议作出处理，因此不能适用2009BIT。对于第8条，仲裁庭则认为，由于"arises"是未来式，因此2009BIT不能适用于以前发生的争议。仲裁庭最终认定："无论是基于明文表述，还是基于暗示或推论，2009BIT的措辞都不足以证明2009BIT项下更宽泛的救济能够适用于已经依照1986BIT提起纠纷通知但尚未进入仲裁或司法程序的已经存在的纠纷。"

【资料阅读】

1. 王鹏."平安诉比利时案"仲裁裁决评析[J]."投资仲裁观察"微信公众号。

2. "平安诉比利时案"仲裁裁决(ICSID Case No. ARB/12/29)摘要：

206. Article 8(1) of the 2009BIT refers to "a legal dispute" and, if it is applicable, could encompass breaches of the 1986BIT. The question for the Tribunal is whether the 2009BIT can be interpreted to mean that the expanded subject-matter jurisdiction under the 2009BIT was to apply to existing pre-December 1, 2009 disputes which were based on breach of the 1986BIT and which had already been notified under that BIT.

207. The Tribunal recognises that if the 2009BIT cannot be so interpreted, then there is a real risk that disputes arising prior to the 2009BIT but not the subject of judicial or arbitral process might fall into some "black hole" or "arbitration gap" between the two BITs. That is because there is at least a doubt about whether the Claimants have any other remedy.

231. For all these reasons, in the view of the Tribunal there is nothing in the wording of the 2009BIT to justify on the basis of its express language, or on the basis of an implication or inferences, that the more extensive remedies under the 2009BIT would be available to pre-existing disputes that had been notified under the 1986BIT but not yet subject to arbitral or judicial process.

232. It would, of course, be regrettable, if the Claimants had valid claims (on which there is a sharp difference of view between the parties) for which they had no effective remedy. But the Tribunal has, for the reasons given, come to the conclusion that there is no legitimate method of interpretation, having regard to the requirements and the Vienna Convention and the rules reflected therein, which gives the Claimants the remedy which they seek in this arbitration under the 2009BIT. It should be emphasised, however, that the Tribunal takes no position on whether remedies may remain available to the Claimants either under the 1986BIT or through Belgium's domestic courts.

【延伸思考】

1. 平安集团诉比利时政府投资仲裁案中仲裁庭的分析是否存在问题?

2. 平安集团是否可以利用1986BIT再次申请仲裁?

3. 对于正在"走出去"的中国企业,平安集团诉比利时政府投资仲裁案有哪些经验教训值得总结?